中國學術思想 研究輯刊

初 編
林 慶 彰 主編

第 5 冊

清代《易》學八家研究（上）

康 全 誠 著

花木蘭文化出版社

國家圖書館出版品預行編目資料

清代《易》學八家研究（上）／康全誠 著—— 初版—— 台北縣
永和市：花木蘭文化出版社，2008〔民 97〕
序 2+ 目 6+206 面；19×26 公分
（中國學術思想研究輯刊 初編；第 5 冊）
ISBN：978-986-6657-77-1（精裝）
1. 易學　2. 研究考訂　3. 清代

121.17　　　　　　　　　　　　　　　　　97016034

ISBN - 978-986-6657-77-1

9 789866 657771

中國學術思想研究輯刊
初　編　第　五　冊　　　　　　ISBN：978-986-6657-77-1

清代《易》學八家研究（上）

作　　　者　康全誠
主　　　編　林慶彰
總 編 輯　杜潔祥
出　　　版　花木蘭文化出版社
發 行 所　花木蘭文化出版社
發 行 人　高小娟
聯絡地址　台北縣永和市中正路五九五號七樓之三
　　　　　　電話：02-2923-1455 ／傳眞：02-2923-1452
網　　　址　http://www.huamulan.tw 信箱 sut81518@ms59.hinet.net
印　　　刷　普羅文化出版廣告事業
封面設計　劉開工作室
初　　　版　2008 年 9 月
定　　　價　初編 28 冊（精裝）新台幣 46,000 元

清代《易》學八家研究（上）

康全誠　著

作者簡介

康全誠，臺灣省台南縣人，民國四十二年生。中國文化大學中文系、中國文學研究所碩士班、博士班畢業。曾兼任高雄海洋科技大學副教授，現為遠東科技大學通識教育中心專任副教授，教授《易經》、台灣民俗文化、大一國文。著有〈《史記‧五帝本紀》輯證〉等書。

提　要

　　有清一代，《易》學研究，人才輩出，其發展階段，有由明末至清初之宋《易》階段，及清全盛期至清末之漢《易》階段；前者可分象數《易》學及義理《易》學；後者則以樸學《易》為主流。在清代《易》學家中，王夫之、毛奇齡、李光地、程廷祚、惠棟、張惠言、焦循、姚配中等八家，其《易》學思想，皆能承先啟後，領袖《易》學風氣，恢宏開創新局。本文旨在探討諸家之生平、著作，《易》學淵源、釋《易》方法、《易》學理論、《易》學基礎建構、特色、成就、識見，以彰顯諸家在《易》學史上之地位與價值。全文共分十二章：

　　第一章，緒論：說明研究動機，及研究方法與材料，作為全書開展之基點。

　　第二章，清代以前之《易》學研究概況，文分五節，概述先秦、漢、魏晉隋唐、宋、元明之《易》學研究概況。

　　第三章，清代《易》學之發展及其特色，文分六節，清代易學概況，概述清代《易》學興盛發展之原因，以及順康雍，乾嘉、道咸以後等時期之《易》學概況，並分述清代《易》學之特色。

　　第四章，王夫之《易》學研究，文分五節，分別介紹王夫之之生平、著作、《易》學淵源、理論、特色，及釋《易》方法。特於王夫之《易》學思想中之「〈乾〉〈坤〉並建，錯綜往來，象理合一」明加詮釋。

　　第五章，毛奇齡《易》學研究，文分四節，分別介紹毛奇齡之生平、著作、《易》學淵源。並分析其推崇漢《易》、考辨〈河圖〉、〈洛書〉、考證〈太極圖〉源於佛家、道教等《易》學思想。

　　第六章，李光地《易》學研究，文分五節，分別介紹李光地之生平、著作、《易》學淵源、思想、識見。特於李光地釋《易》方法中之時、位、德、應、比、卦主詳加論述。

　　第七章，程廷祚《易》學研究，文分四節，分別介紹程廷祚之生平、著作、《易》學淵源、識見。並分析其萬物相感、生生不已，動靜之理等《易》學思想。

　　第八章，惠棟《易》學研究，文分五節，分別介紹惠棟之生平、著作、《易》學淵源、理論，治《易》方法。特別於惠棟《易》學成就中之對漢《易》之恢復與保存、建立完整之樸學《易》加以探討。

　　第九章，張惠言《易》學研究，文分四節，分別介紹張惠言之生平、著作、《易》學淵源、思想。並詳述其以虞翻之《易》義治詞、梳理漢魏諸家學說、《周易》經傳文字之訓詁、考辨《易》圖、輯存漢魏《易》注等《易》學成就。

　　第十章，焦循《易》學研究，文分五節，分別介紹焦循之生平、著作、《易》學淵源、識見、治《易》方法，並詳加分析焦循《易》學基礎建構中之旁通、相錯、比例、時行等《易》例。

　　第十一章，姚配中《易》學研究，文分四節，分別介紹姚配中之生平、著作、《易》學淵源、思想，特別於姚配中《易》學特色之元為《易》之原，用七八九六之義，以與〈月令〉之五神、五蟲、五音、五味、五祀、五臟及干支十二律相比附等項，詳加闡述。

　　第十二章，結論，分論清代《易》學八家之異同、清代《易》學八家之價值、清代《易》學八家之影響等。

目　次

序

　　自古以來，解經之書，以說《易》者爲最多。《周易》一書，卦肇伏羲，而文起周代，既開名理之先，且爲五經之首。有清一代，人才薈萃，成績斐然，治《易》而有著作傳世者，凡數百家，遂開漢《易》、宋《易》爭鳴之局。彼時王夫之修正宋學、闡明人道以爲實學，李光地博採眾家、折中求本，程廷祚力排象數，闡明爻象，此三家皆重義理。毛奇齡重考據，繼承漢《易》，批評宋《易》圖書之學。惠棟以恢復漢《易》爲主，張惠言闡明證補虞氏《易》，並輯錄漢《易》佚文遺說，姚配中善《虞氏義》、發明鄭學，此四家皆重象數。焦循則以旁通、相錯、時行爲《易》例，以數理解《易》，屬樸學《易》中之象數新派。綜觀清代《易》學史，八大《易》學家領袖時流，下啓新變，開風氣之先河，居關鍵之地位；故此八家《易》學成就，深具研究價值。茲爲深入瞭解清代《易》學之發展概況，明晰清代重要各家《易》學發展脈絡，考辨源流，爰取上述八大家爲研究對象，敘其生平，並對其《易》學著作、淵源、理論、識見、成就、價值，分別闡釋，冀能得窺各家《易》學特色。余不揣窮陋，潛心鑽研，期能使聖賢智慧結晶，顯耀於後世也。

　　本篇之作，承　黃沛榮師惠賜題目，在從事述作期間，竭精殫慮，寢饋鑽研，逐筆撰寫之時，每每中心茫然，莫適誰從，然蒙師殷殷教誨，剴切啓發，點化匡正，啓我愚頑，督勵責成，此恩此德，固非片語隻字所能盡；苟有所得，實吾夫子循循善誘之功也。師恩浩瀚，謹致謝忱。

　　寫作期間，每多苦思冥想，難以自渡，時有棄筆廢書之歎。幸承師長及同學之鼓勵，親友之愛顧，使得論文得以順利完成，特誌之於此，以示不忘。

　　筆者資質駑鈍，學識維淺，率爾操觚，勉力成篇，罅漏疏略，汲深綆短，自所難免，尚祈博雅君子，不吝教正。

　　中華民國九十二年六月　康全誠謹識於中國文化大學中國文學研究所

第一章 緒 論

第一節 研究動機

　　《周易》紬繹陰陽消息之理，推論天道以明人事，其內容包羅萬象，博大精深，爲中華學術之根源，文化之濫觴。歷代學者爲考查其源流，闡發其義理，殫精竭思，以至皓首窮經，延續兩千餘年，成爲中國學術史上一大奇觀。考之歷來《易》學之內容，素有象數《易》與義理《易》之區分。《四庫全書總目提要》即謂：

> 《易》之爲書，推天道以明人事者也。《左傳》所記諸占，蓋猶太卜之遺法。漢儒言象數，去古未遠也；一變而爲京（房）、焦（延壽），入於禨祥；再變而爲陳（摶）、邵（雍），務窮造化：《易》遂不切於民用。王弼盡黜象數，說以《老》、《莊》；一變而胡瑗、程子，始闡明儒理；再變而李光、楊萬里，又參證史事：《易》遂日啓其論端。此兩派六宗，已互相攻駁。又《易》道廣大，無所不包，旁及天文、地理、樂律、兵法、韻學、算術、以逮方外之爐火，皆可以援《易》以爲說，而好異者又援以入《易》，故《易》說愈繁。〔註1〕

此處所謂兩派，即指象數《易》學派與義理《易》學派。六宗即指占筮《易》、禨祥《易》、圖書《易》、玄理《易》、儒理《易》與史事《易》等；前三者屬象數《易》學派，後三者屬義理《易》學派。可見《易》道廣大，上推天道，

〔註 1〕 紀昀等編：《文淵閣四庫全書》第一冊（臺北：臺灣商務印書館，民國 72 年 7月），頁 54。

爰及象數；下明人事，乃廣義理；流派紛歧，各有所偏。〔註2〕考象數學之發展，源自先秦之《十翼》及《左傳》、《國語》所載筮例。漢魏時，《周易》之學立於學官，《易》師輩出，象數學與占筮、氣象、災異、讖緯之學互相融合，各類象數學說應運而生，此爲其昌盛期。至宋代，以〈河圖〉、〈洛書〉、〈先天圖後天圖〉、〈太極圖〉等各種〈易〉圖之說興起，使《周易》象數學內容爲之轉變。至清代乾嘉年間，學者重考據、務徵實，推崇漢《易》象數學說，並對宋《易》〈圖‧書〉之學抨擊，此乃象數學之發展趨勢。先秦《十翼》之論，歷代學者則稱闡發《周易》義理之最權威學說，殆魏王弼獨倡「掃象闡理」之說，又經唐初孔穎達疏通闡發，以義理解《易》之風遂盛，至宋代，因道學思想盛興，以儒理闡《易》、以史事證《易》、以心學解《易》之思潮層出迭起，此爲義理學之鼎盛期。至清代，則有學者推崇漢《易》，然於義理學亦未嘗偏廢，如李光地《周易折中》一書，以義理學爲主，而薈萃眾說注《易》之專書。故歸納古人研治《周易》之角度，乃因《周易》之象數與義理而展開；《易》學發展史之長河，遂成「象數學」與「義理學」二大主流。歷代《易》家所言之「象數」、「義理」，其立說各有所執，因長期攻訐不已而異論紛雜，莫衷一是。然有主象數與義理並重，而不可偏主偏廢者，如北宋司馬光於《溫公易說‧易總論》云：

> 或曰：聖人之作《易》也，爲數乎？爲義乎？曰皆爲之。二者孰急？
> 曰：義急，數亦急。何爲乎數急？曰：義出於數也。義何爲出於數？
> 曰：禮樂、刑德，陰陽也；仁義禮智信，五行也。義不出於數乎？
> 故君子知義而不知數，雖善無所統之。夫水無源則竭，木無本則蹶，
> 是以聖人挟其本源以示人，使人識其所來，則益固矣。《易》曰：「君
> 子居則觀其象而玩其辭，動則觀其變而玩其占。」明二者之不可偏
> 廢也。〔註3〕

司馬氏所言「數」與「義」，即「象數」與「義理」；其言沿《易》「義急，數亦急」之觀點，即以漢、唐以來象數派與義理派分途立異之事而發，其以《周易》之「義」因其「數」而發，故君子學《易》以修身，當兼重《易》義與《易》數，兩者不可偏廢。今據歷代《易》學論著目錄及《易》學家資料，

〔註2〕林慶彰：〈朱熹論易「象」與易「理」〉，《國際朱子學會議論文集》上冊（臺北：中央研究中國文哲研究所籌備處，民國82年5月），頁155～156。
〔註3〕同註1，第八冊，頁567～568。

臺灣有關《易》學史之著作，先後出版有黃慶萱《魏晉南北朝易學考佚》，徐芹庭《兩漢十六家易注闡微》、《虞氏易闡微》、《魏晉七家易學之研究》、《周易陸氏學》、《周易口訣義疏證》、《易學源流》，程石泉《雕菰樓易義》，林麗真《王弼及其易學》，曾春海《晦庵易學探微》、《王船山易學研究》，陳正榮《張載易學之研究》、龔鵬程《孔穎達周易正義研究》，高懷民《先秦易學史》、《兩漢易學史》、《宋元明易學史》，黃沛榮師《易學論著選集》、《易學乾坤》、《周易象象傳義理探微》，曾昭旭《王船山哲學》，胡自逢《周易鄭氏學》、《程伊川易學述評》，徐正佳《王韓易注及朱子本義之比較研究》，江超平《伊川易學研究》，江弘毅《朱子易學研究》、《宋易大衍學研究》，簡博賢《今傳三國兩晉經學遺籍考》、《魏晉四家易研究》，江弘遠《惠棟易例研究》，黃忠天《楊萬里易學研究》、《宋代史事易學研究》，何澤恆《焦循研究》，賴貴三《項安世周易玩辭研究》、《焦循雕菰樓易學研究》，林文鎮《俞琰生平與易學》，劉瀚平《宋象數易學研究》，陳進益《清焦循易圖略・易通釋研究》，康雲山《南宋心學易研究》，高志成《皮錫瑞易學述論》，許維萍《歷代論辨太極圖之研究》，許朝陽《胡渭易圖明辨之研究》、《胡煦易學研究》，劉慧珍《漢代易象研究》，李慈恩《高亨易學研究》，涂雲清《吳澄易學研究》，蔡月禎《王弼易學研究》，鄭吉雄《易圖象與易詮釋》等；中國大陸則有蕭漢明《船山易學研究》，廖名春《周易研究》，朱伯崑《易學哲學史》，林忠軍《象數易學發展史》，商國君《中國易學史話》，劉玉建《兩漢象數易學研究》，張善文《歷代易家與易學要籍》，王新春《周易虞氏學》，陳居淵《焦循儒學思想及易學研究》，汪學群《王夫之易學——以清代學術為視角》等。夫治《易》之道，須從源溯流，區別枝幹。從源溯流即先領會《周易》經傳本文，再全面考覽《易》學史上之重要古注、諸家學說，方能順其源而探其說。區別枝幹即注重《周易》象數與義理之研究，明確《易》學史眾多流派中，以「象數派」及「義理派」為主要派別，以之為「主幹」而深入研討，其他各派皆以「枝附」性質而兼探之，基於此原則；余檢覽清代《易》學著作目錄，及有關近人《易》學史之著作，其於清代《易》學史之研究，偶有論及；或以單人創作論及之，或成章成節，夾雜於全書之論述中，未臻顧及全面者。而有關《易》學史之研究，往者皆屬經學史之領域。經學史所研究者，為儒家尊奉之典籍演變及傳授之歷史，其內容包含傳授之世系，不同時代與學派解經之傾向，經典注疏之概況及成就。典籍辨偽及文字訓詁之考證等，其對《易》學史之

研究目的，亦大體如此。今以清代《易》學家之《易》學論著爲選擇範圍標準，凡是其論文能以實際影響後代學術較深者，或成就較大者，爲簡選目標，故取得清代《易》學家：王夫之、李光地、程廷祚重義理，毛奇齡重考據，屬圖象派，惠棟、張惠言、姚配中重象數，焦循屬樸學《易》中之象數新派等八家作爲研究對象，以暸解清代《易》學發展概況，考辨源流，此乃本文研究動機之一。

　　有清一代，論者稱爲經學復興，實則其講求之內容，已與先朝有異。而《易經》素稱「群經之首」、「五經之源」〔註4〕，彼時《易》學研究人才輩出，成績斐然，遂出現漢、宋《易》等爭鳴之局。漢《易》之學主講卦氣，象數獨勝，而清時之漢《易》則不同於漢代《易》學，其以輯佚、校勘、考據等方法治《易》，是排斥迷信，提倡實事求是之樸學《易》。宋之《易》學則重於《周易》義理之闡發，魏晉時王弼祖尚《老》、《莊》以解《易》，開其風氣，至胡瑗、程頤則蔚爲大觀。順、康、雍時期，王夫之與李光地、程廷祚爲義理《易》學代表人物，王夫之《易》學繼承及闡發宋《易》義理派中氣學與理學之傳統，反對宋《易》中之象數之學，其主：〈乾〉〈坤〉並建、占學一理、錯綜往來、象爻一致、四聖同揆之說。李光地尊崇程、朱，以理說《易》，張揚宋《易》，並博採眾家、折中求本，集各家之大成，獨具創見精神，以《易》學致用。程廷祚力排象數，闡明爻象。另有毛奇齡解經重訓詁、考據，繼承漢《易》，並以辨明宋代〈圖〉、〈書〉學不可信聞名。乾、嘉時期，象數派以惠棟與張惠言爲復興漢《易》之代表人物；惠棟治《易》推崇虞翻，以講述虞氏《易》爲主，又參考鄭玄、荀爽、干寶諸家《易》說，約其旨爲注，演其說爲疏。根據漢《易》以發明《易》之本例，匯集漢代《易》學，發揮漢《易》之理，以辨證〈河圖〉、〈洛書〉、〈先天〉、〈太極〉之學。張惠言則上承惠棟《易》學基礎，其對前人《易》說之蒐集輯錄較惠棟更爲全面、清楚；在家法上，將虞翻一家《易》學，發揮盡致，別家作爲附庸，分別搜擇，不相雜廁。又有姚配中善《虞氏義》，發明鄭玄《易》學，本於鄭玄家法，由卦象以求義理，一洗附會穿鑿之陋習。另有焦循以旁通說《易》

〔註4〕班固：《漢書‧藝文志》云：「六藝之文，《樂》以和神，仁之表也；《詩》以正言，義之用也；《禮》以明禮，明者著見，故無訓也；《書》以廣聽，知之術也；《春秋》以斷事，信之符也；五者蓋五常之道，相須而備，而《易》爲之原。……」

之卦爻，兼以六書通假解釋筮辭，又輔以義理之說，學術系統可稱精微廣博，乃屬樸學《易》中之象數新派。梁啓超《中國近三百年學術史》云：「可以代表清儒《易》學者不過三家：曰惠定宇，曰張皋文，曰焦里堂。」〔註5〕其說略失於疏闊。今爲深入瞭解清代《易》學之發展概況，及分析清代重要各家《易》學發展脈絡，爰取王夫之、毛奇齡、李光地、程廷祚、惠棟、張惠言、焦循、姚配中等八大家爲研究對象〔註6〕，敍其生平，並對其《易》學著作、淵源、理論、成就、識見、釋《易》方法，逐一闡釋，冀能得窺各家《易》學全貌及治《易》精神與特色，此爲本文研究動機之二。本文雖未能盡見清代《易》壇之全貌，然嘗鼎一臠，觸類引申，拙著當可作爲研究清代《易》學史之一助也。

第二節　研究方法及材料

本論文所使用之方法，在讀舊籍，述作者，辨源流，明派別，探衍變，先掌握清代《易》學家王夫之、毛奇齡、李光地、程廷祚、惠棟、張惠言、焦循、姚配中等八家之著作原始資料，再蒐集前人、時賢有關《易》學史之論述資料，結合二者，加以研讀、整理、分析、歸納、綜合、比較研究。清代在《易》學發展上具承先啓後之地位，研究清人《易》學，首應溯源流，故本文第二章即先探尋清代以前之《易》學發展演變概況，本章之寫作方式，乃依歷史朝代、《易》學發展、各家學說三線主脈分節述之。第三章即對清代《易》學發展及特色作說明；發展以清代《易》學目錄爲內容，特色以各派別之觀點作整理，得知樸學派漢《易》爲清代《易》學之主流。第四章至第十一章即對清代研究《易》學能成大家者八人作介紹，尤重視其《易》學思想之理論、特色與識見。舉凡與八大家有關之文集、史傳、雜說、年譜、前人之評論等資料皆廣爲蒐羅。並著重詳述各家之姓氏里籍、生平事略、《易》學著作、學術淵源、理論及成就。結論部份，因各家多已有專論，意欲比較之，故分析各家之異同，評價其價值、影響等，此爲重點所在。又析釋各家著作內容，則撮其旨要，權眾說之異同，著其義之優劣，期諸家之作，瑕瑜不掩，而大白於世。如此之研究，不僅有推助《易》學復興之功，亦能嘉惠

〔註5〕梁啓超：《中國近三百年學術史》（臺北：華正書局，民國83年8月），頁199。
〔註6〕八人之排列次序依個人生年之早晚定其先後。

後來之研究者。

本文之研究資料來源，首以清人著書解《易》之作爲主；據《清史稿‧藝文志》上所載，清代治《易》者，多至一百五十家，成書有一千七百多卷〔註7〕，故利用圖書館之參考文獻，如筆者參考：《無求備齋易經集成》、《大易類聚初集》、《四庫全書》、《四庫全書薈要》、《續修四庫全書》、《四庫全書存目叢書》、《販書偶記》、《販書偶記續篇》、《千頃堂書目》、《經義考》、《中國叢書綜錄》、《皇清經解》等書，查考現存清代《易》學著作總目，以資研究。而清代以前之《易》學資料，除以《四庫全書》，《續修四庫全書》爲重點，並參考歷代諸儒之注疏，如：十三經本《周易注疏》、魏王弼《周易注》、唐李鼎祚《周易集解》、宋朱熹《周易本義》、宋程頤《易程傳》、元俞琰《周易集說》、明方以智《周易時論合編》、……等著作。又對於八大家之《易》學著作及有關《易經》經文之註解，並參酌各家之史傳、前人有關《易經》思想之著述評論及近人之論著；舉凡專書、期刊、及各種論文集中之論文、學位論文、會議論文等資料，盡量收錄，以作爲研究之重要資料。

〔註 7〕劉大鈞：《周易概論》(濟南：齊魯書社，1988 年 1 月)，頁 217。

第二章　清代以前《易》學研究概況

第一節　先秦之《易》學研究概況

　　《易》本爲卜筮之書，其濫觴可謂由來古矣！初期僅作卜筮之用〔註1〕，此名稱最早見於《左傳》及《周禮·春官·太卜》。《左傳》莊公二十二年：「周史有以《周易》見陳侯者。」昭公七年：「孔成子以《周易》筮之。」《周禮·春官·太卜》則云太卜掌三易之灋：「一曰《連山》，二曰《歸藏》，三曰《周易》，其經卦皆八，其別皆六十有四。」又〈筮人〉：「筮人掌三易，以辨九筮之名：一曰《連山》，二曰《歸藏》，三曰《周易》。」先秦筮書，本有多種，而《連山》、《歸藏》、《周易》既合稱「三易」，足證《易》爲筮書之通稱。在已亡佚之先秦筮書，自典籍所引繇辭，亦可略見其一二，《左傳》、《國語》有關引《周易》爲說及占筮之記載，凡二十二次，（《左傳》十九次、《國語》三次），〔註2〕，所引繇辭，多以《周易》爲占。但《左傳》成公十六年：「公筮

〔註1〕黃沛榮師：〈先秦筮書考〉云：「據近世考古發掘所知，龍山文化已有占卜之習慣，如山東城子崖遺址所出占卜用之牛胛骨、鹿胛骨，其上雖無刻辭，然已可見占卜風氣開始流行。筮法之起，當在龜卜之後，筮書之作，更必在文字較充分使用之世。古之筮書，通謂之《易》。」（《書目季刊》第十七卷第三期，1983年12月），頁80。

〔註2〕見黃沛榮師：〈易學辭典〉（《國文天地》第三期，1985年8月），頁70。又先秦史書及諸子著作中各家《易》說，據廖名春等合著《周易研究史》云：「其中以《左傳》最爲豐富，共有十九條：《國語》三條，《戰國策》一條，《論語》二條，《莊子》一條，《荀子》四條，《管子》一條，《尸子》一條，《呂氏春秋》四條，《禮記》七條。」而《左傳》十九條中，「其中十六條是占筮，《國語》

之。史曰：『吉，其卦遇〈復〉☷☳，曰：「南國蹙。射其元王，中厥目。」國蹙，王傷，不敗可待？』公從之。」僖公十五年：「秦伯伐晉。卜徒父筮之，吉：『涉河，侯車敗。』詰之。對曰：『乃大吉也。三敗，必獲晉君。其卦遇〈蠱〉☶☴，曰：「千乘三去。三去之餘，獲其雄狐。」夫狐、蠱，必其君也。蠱之貞，風也；其悔，山也。歲云秋矣，我落其實，而取其材，所以克也。實落材亡，不敗何待？』」其繇辭均不見於《周易》，顯然出自其他筮書。杜預注曰：「蓋卜筮書雜辭。」大致可信。「三易」中之《連山》、《歸藏》二者今俱不傳，今傳世者僅《周易》一種，唐孔穎達〈周易正義序〉云：

> 《周易》稱「周」，取岐陽地名。《毛詩》云：「周原膴膴。」是
> 也。……謂之《周易》，其猶《周書》、《周禮》，題「周」以別餘
> 代，故《易緯》云：「因代以題周。」是也。〔註3〕

此則言《周易》乃《易》（筮書）之一種，特「題周以別餘代」，及秦焚書，《周書》亦獨以卜筮得存，故《漢書‧藝文志》云：

> 及秦燔書，而《易》為筮卜之事，傳者不絕。〔註4〕

司馬遷《史記》卷八十七，〈李斯列傳〉云：

> 斯上書曰：臣請諸有文學詩書百家語者，蠲除去之，……所不去者，
> 醫藥卜筮種樹之書。若有欲學者，以吏為師，始皇可其議，收去詩
> 書百家之語，以愚百姓。〔註5〕

《易》書至秦得以卜筮之書通行於世，漢代承秦燔書之後，載籍蕩然，無復存者，而《易》書仍獨盛行。且《周易》又在戰國以來，《易》、傳次第產生，《周易》自是一變而為儒家之寶典。

《周易》稱經，在古代可見之文獻中首見於《莊子‧天運篇》：「孔子謂老聃曰：『丘治《詩》、《書》、《禮》、《樂》、《易》、《春秋》六經，自以為久矣！』」，而至司馬遷《史記‧孔子世家》則對孔子刪定六經大旨作詳細記述：

> 孔子之時，周室微而《禮》、《樂》廢，《詩》、《書》缺。追述三代之
> 禮，序《書傳》，上紀唐、虞之際，下至秦繆，編次其事。曰：「夏

三條，全係占筮。」故在春秋時期，《周易》基本上即被視為一卜筮之書。（長沙湖南出版社，1991年7月），頁11～12。

〔註3〕 十三經注疏——《周易正義》（臺北：藝文印書館，民國65年5月），頁6。

〔註4〕 班固：《漢書》（百衲本二十四史）（臺北：臺灣商務印書館，1996年12月），頁436～437。

〔註5〕 司馬遷：《史記》（臺北：洪氏出版社，民國64年9月），頁2546。

禮，吾能言之，杞不足徵也。殷禮，吾能言之，宋不足徵也；足，
則吾能徵之矣。」觀殷、夏所損益，曰：「後雖百世可知也，以一文
一質。周監二代，郁郁乎文哉！吾從周。」故《書傳》、《禮記》自
孔氏。孔子語魯太師：「樂其可知也。始作翕如，縱之純如，皦如繹
如也，以成。」「吾自衛反魯，然後樂正，雅頌各得其所。」古者《詩》
三千餘篇，及至孔子，去其重，取可施於禮義。上采契、后稷、中
述殷、周之盛，至幽、厲之缺，始於衽席，故曰：「〈關雎〉之亂，
以爲〈風〉始；〈鹿鳴〉爲〈小雅〉始，〈文王〉爲〈大雅〉始，〈清
廟〉爲〈頌〉始」。三百五篇，孔子皆弦歌之，以求合〈韶〉、〈武〉、
〈雅〉、〈頌〉之音。禮樂自此可得而述，以備王道，成六藝。孔子
晚而喜《易》，序〈彖〉、〈繫〉、〈象〉、〈說卦〉、〈文言〉，讀《易》，
韋編三絕，曰：「假我數年，若是，我於《易》則彬彬矣。」〔註6〕

六經之定稿既出，至漢武帝時置五經博士，東漢時，《周易》更躍居群經之首，
譽爲「五經之原」〔註7〕，後備爲歷代學者所推崇；蓋《周易》乃聖人仰觀俯
察，極深研幾，臻天地神明之德，見宇宙變化之賾，因而推天道以明人事，
設卦立象以明吉凶，所以斷天下之疑，闡修身盡性之理，以通天下之志，以
定天下之業。《周易》之基本素材爲卦象與卦爻辭，其出於何時？作者爲誰？
班固則提出「人更三聖，世歷三古」之說，其《漢書·藝文志》曰：

伏羲氏仰觀象於天，俯觀法於地，觀鳥獸之文與地之宜，近取諸身，
遠取諸物，於是始作八卦。……文王以諸侯順命而行道，天人之占，
可得而效，於是重《易》六爻，作上下篇。孔氏爲之〈彖〉、〈象〉、
〈繫辭〉、〈文言〉、〈序卦〉之屬十篇，故曰《易》道深矣，人更三
聖，世歷三古。〔註8〕

班固以爲伏羲氏畫八卦，周文王演爲六十四卦，並作卦爻辭，而孔子作傳以
解經，至東漢經學家鄭眾、賈逵、馬融、陸績又提出周公作爻辭，成爲「《易》

〔註6〕 同註5，頁1935～1937。

〔註7〕 案班固《漢書·藝文志》述六經之次序，爲《易》、《書》、《詩》、《禮》、《樂》、
《春秋》，並於所述經典之下，援引《易》辭爲説。又於其下文總述六經云：
「六藝之文，《樂》以和神，仁之表也；《詩》以正言，義之用也；《禮》以明
體，明者著見，故無訓也；《書》以廣聽，知之術也；《春秋》以斷事，信之
符也。五者蓋五常之道，相須而備，而《易》爲之原。故曰：『《易》不可見，
則〈乾〉〈坤〉或幾乎息矣！』言與天地爲終始也。」同註4，頁441。

〔註8〕 同註4，頁436。

歷四聖」之說，孔穎達〈周易正義序〉云：

> 又《左傳》韓宣子適魯，見〈易象〉云：「吾乃知周公之德，周公被流言之謗，亦得爲憂患也。」驗此諸說，以爲卦辭文王、爻辭周公，馬融、陸績等並同此說。今依而用之，所以只言三聖不數周公者，以父統子業故。〔註9〕

對於伏羲畫八卦，文王重卦並作卦辭，周公作爻辭，孔子作《十翼》之傳統說法，至宋代朱熹主張「人更四聖」之論，《朱子語類》云：

> 《易》本卜筮之書，後人以爲止於卜筮。至王弼用老莊解，後人便只以爲理，而不以爲卜筮，亦非。想當初伏羲畫卦之時，只是陽爲吉，陰爲凶，無文字。某不敢說，竊意如此。後文王見其不可曉，故爲之作〈彖辭〉。或占得爻處不可曉，故周公爲之作爻辭。又不可曉，故孔子爲之作《十翼》，皆解當初之意。〔註10〕

除了畫卦者一說，〈繫辭〉中「庖犧氏之王天下也」一章言伏羲作八卦，歷代學者意見較爲一致外，而有關卦爻辭之產生，則有不同意見，以卦爻辭著作之時代，據〈繫辭傳・下〉第十一章云：

> 《易》之興也，其當殷之末世，周之盛德邪？當文王與紂之事邪？〔註11〕

《史記・周本紀》云：

> 西伯之囚羑里，蓋益《易》之八卦爲六十四卦。〔註12〕

〈日者列傳〉亦云：

> 自伏羲作八卦，周文王演三百八十四爻而天下治。〔註13〕

《漢書・藝文志》更云：

> 殷周之際，紂在上位，逆天暴物，文王以諸侯順命而行道，天人之占，可得而效，於是重《易》六爻，作上下篇。〔註14〕

此處〈繫辭傳〉蓋疑《易經》作於殷末，未言是文王所作；《史記》亦僅謂文

〔註9〕同註3，頁6。
〔註10〕參見朱熹：《朱子語類》卷第六十六（臺北：文津出版社，民國75年12月），頁1622。
〔註11〕朱熹：《周易本義》（臺北：華聯出版社，民國78年12月），頁3ᴄ27。
〔註12〕同註5，頁119。
〔註13〕同註5，頁2218。
〔註14〕同註4，頁436。

王重卦，未云作辭，《漢志》則直謂文王「作上下篇」，斯說之不可信，前人辨之甚詳，而孔穎達《周易正義》從馬融、陸績之說，以爻辭多文王後事，故以爲卦辭文王，爻辭周公。其說雖未必是，唯據近人之研究，卦爻辭確爲西周之作〔註15〕，如顧頡剛云：

> 我們可以說，它（卦爻辭）的著作時代當在西周的初葉。〔註16〕

余永梁亦云：

> 卦爻辭作於成王時。〔註17〕

屈萬里先生《書傭論學集》亦曰：

> 由卦爻辭中器用及習語覘之，知其成書之時代，至遲亦決不得下逮東周。由其專用字及其一貫之體例證之，知其爲創作而非纂輯，成於一人而非出諸眾手。由〈晉〉卦卦辭及〈隨〉上六，〈益〉六四爻辭覘之，知其成於周武王時。〔註18〕

李鏡池《周易探源》亦曰：

> 卦、爻辭是編纂成的，……編纂時間約在西周中後期。〔註19〕

高亨《周易雜論》曰：

> 我認爲《周易》一書，在西周初年寫定。〔註20〕

張立文《周易思想研究》云：

> 《易經》是一部成於西周前期和由卜官編纂而成的占筮書。〔註21〕

以上諸說雖略有不同，然而皆謂卦爻辭著成於西周，而除李鏡池定於「西周中後期」外，餘皆以爲在西周初年或前期。而對於孔穎達據《左傳》載韓宣子適魯見〈易象〉，云：「吾乃知周公之德」一事，而斷言爻辭周公，皮錫瑞則駁斥之，其《經學通論》云：

〔註15〕參見黃沛榮師：《易學乾坤》（臺北：大安出版社，1998 年 8 月），頁 221～222。

〔註16〕參見顧頡剛：〈周易卦爻辭中的故事〉（《古史辨》第三冊，臺北：藍燈文化事業公司，民國 82 年 8 月），頁 43。

〔註17〕參見余永梁：〈易卦爻辭的時代及其作者〉，同註 16，頁 162。

〔註18〕參見屈萬里先生：〈周易卦爻辭成於周武王時考〉（《書傭論學集》，臺北：臺灣開明書局，民國 69 年 1 月），頁 8。

〔註19〕參見李鏡池：〈關於易經的性質和它的哲學思想〉（《周易探源》，北京：中華書局，1991 年 7 月），頁 153。

〔註20〕參見高亨：〈周易卦象所反映的辨證觀點〉（《周易雜論》，濟南：齊魯書社，1988 年），頁 12。

〔註21〕張立文：《周易思想研究》（湖北：人民出版社，1980 年 8 月），頁 32。

> 若以爲文王作爻辭，既疑不應豫言，以爲周公作爻辭，又與「易歷
> 三聖」不合，《孔疏》以爲父統子業，殊屬強辭，韓宣適魯，單文孤
> 證未可依據，韓宣亦未明説周公作爻辭也。〔註22〕

按對於歷來只言三聖，未提及周公者，乃「以父統子業」也，皮錫瑞以爲強
辭之言，而單憑「韓宣適魯」，此孤證未必足取，且韓宣小未明言周公作爻辭，
是以周公作爻辭之説未足探信，故皮氏質疑之。如此「《易》歷三聖」、「《易》
歷四聖」之説則無法立足矣。

甚且孔子作《十翼》之傳統説法〔註23〕，北宋歐陽修〈易童子問〉已質
疑之，錢穆先生曾作〈論十翼非孔子作〉一文，則提出十個證據以證《十翼》
非孔子所作〔註24〕，顧頡剛於〈周易卦爻辭中的故事〉一文中，以爲〈繫辭〉
乃襲自《淮南子》〔註25〕，於〈易繫辭傳中觀象制器的故事〉中又以爲「古
者庖羲氏之王天下也」至「蓋取諸〈夬〉」一段，乃西漢京房或京房之後學所
作〔註26〕，黃沛榮師則以爲《易》傳七種，爲流傳於戰國中末葉，寫定於秦
火以後之作，其《易學乾坤》云：

> 唯是《十翼》之成篇，則在戰國末年以後。古人雖謂孔子作《十翼》，
> 其説之非，自歐陽修作〈易童子問〉以來，漸成公論。然對各篇之
> 著成時代，則尚見仁見智。高亨先生〈周易大傳的哲學思想〉以爲：
> 「《十翼》都寫于戰國時代，……〈彖〉、〈象〉比較早些，可能在春
> 秋末期。」其後於《周易大傳通説》中，亦以爲《易》傳七種大都
> 作于戰國時代，李鏡池先生〈關於《周易》的性質和它的哲學思想〉，
> 以爲《易》傳之著成「約在戰國後期到漢初」，馮友蘭先生〈易傳的
> 哲學思想〉則以爲是「戰國末以至秦漢之際儒家的人的作品」。屈萬
> 里先生則以爲〈彖〉、〈象〉、〈繫辭〉、〈説卦〉、〈文言〉、〈序卦〉皆
> 傳自先秦，唯〈雜卦傳〉不見於先秦西漢人所徵引，而漢宣帝時，

〔註22〕 皮錫瑞：《經學通論》（北京：中華書局，1998 年 12 月），頁 9～10。
〔註23〕 《易》傳之作者，由最早所見《史記・孔子世家》：「孔子晚而喜《易》、序〈彖〉、
〈繫〉、〈象〉、〈説卦〉、〈文言〉。」至《漢書・藝文志》更明言孔子爲之〈彖〉、
〈象〉、〈繫辭〉、〈文言〉、〈序卦〉之屬十篇。其後孔穎達《周易正義・序》「論
夫子十翼」節。《史記・孔子世家》張守節《正義》，皆主此説。
〔註24〕 參見黃沛榮師編《易學論著選集》（臺北：長安出版社，1991 年 3 月），頁 283
～389。
〔註25〕 同註 24，頁 202～205。
〔註26〕 此文收入《古史辨》第三册，同註 16，頁 45～69。

恰有河內女子獻逸《易》一篇之事，其所獻者，殆即〈雜卦傳〉。張
立文先生《周易思想研究》則認爲《易》傳「當成于春秋至戰國中
葉」。竊以爲如〈彖〉、〈象〉、〈文言〉諸傳，兼有儒、道、法三家思
想，而以儒家思想爲主。此等義理，若早已流傳於戰國之世，則《易
經》於秦代必不得被視爲「卜筮之書」，而免遭焚書之厄矣！故論《易》
傳之著成，「秦火」厥爲重要之關鍵。是故沛榮認爲：今傳《易》傳
七種，應是流傳於戰國中末葉，而寫定於秦火以後。〔註27〕

《十翼》既非孔子作，或爲孔門傳《易》之儒者所寫，各篇非出於一時一人
之手。以如《易》傳爲孔子晚年最後學術心得，孔子卒後，其門人爲何不加
以稱述？甚至孟子終身以學孔子爲職志，通《孟子》全書，對此亦曾無一言
道及？至如朱子者，乃相信孔子作《易》傳，但其本於《論語》，亦知孔子平
生教人，只言「《詩》、《書》執禮」，只說「興於《詩》、立於禮，成於樂」；
其教親子伯魚，亦只言「學《詩》」、「學禮」，何嘗有一語教人讀《易》、學
《易》？故由上所述，有關於《周易》之作者，《漢書・藝文志》所提出「人
更三聖」說，認爲伏羲氏畫八卦，周文王演爲六十四卦，並書作以卦辭及爻
辭，而孔子則作傳以解經。東漢之經師又提出周公旦作爻辭說，至宋代朱熹，
概括爲「人更四聖」說，這些傳統說法，則不足取矣。

第二節　漢之《易》學研究概況

　　兩漢《易》學乃指從劉邦稱帝之高祖元年（西元前 206 年）至漢獻帝延
康六年（西元 220 年）時期之《易》學，《易》學之發展，到漢代時，產生新
轉變，即是以「象數」解《易》〔註28〕。漢《易》之傳授，自田何始，田何
授王同子中，又傳於楊何；田何又授周王孫、丁寬、服生；又說，丁寬傳《易》
於田王孫，田王孫又授《易》施讎、孟喜、梁丘賀。於是《易》有施、孟、

〔註27〕同註15，頁224。

〔註28〕一般人論漢《易》，皆以爲是象數《易》，然高懷民則認爲：「所謂漢《易》，
實包括著儒門《易》與象數《易》兩階段內容截然不同的《易》學。就學術
之表現時代思想言，象數《易》當然是漢《易》的主流，因爲它匯合了漢代
流行的數術各家思想，眞正具備了漢代學術思想的特有色彩。但儒門《易》
從事於秦火以後的復興，而且盛極一時，爲象數《易》之興奠下基礎，站在
學術思想發展上看，自也不可等閒略過。」參見高懷民：《兩漢易學史》（臺
北：中國學術著作獎助委員會，民國72年2月），頁45。

梁丘之學，皆立於學官。其中，孟喜傳《易》於焦延壽，焦又影響京房，於是，《易》有京氏之學。元帝時，京氏《易》立於學官，是爲今文《易》。又有東萊費直傳《易》，授埌瑘王橫，爲費氏學，本以占字，號占文《易》，又沛人高相傳《易》，授子康及蘭陵毋將永，爲高氏學。費、高兩家，未立於學官，唯民間傳之。漢代以象數說《易》，始於孟喜〔註29〕，宋人以言陰陽災異之孟京一派稱爲象數之學，即吾人所謂之象數《易》學，此學說至魏王弼掃象，歸之於義理，其間言象者，達三百年之久，茲以孟喜、京房、鄭玄、虞翻等四家之象數《易》學，略述於後。

一、孟　喜

　　孟喜，生於漢昭、宣帝之時，約公元前九十～四十年前後，字長卿，東海蘭陵（今山東蒼山蘭陵鎭）人。父孟卿，善爲《禮》、《春秋》，孟喜遵父之命習《易》，與施讎、梁丘賀同學於田王孫，舉孝廉爲郎，後爲丞相掾，宣帝時，立爲博士。以陰陽說解說《周易》，以此推測氣候之變化，判斷人事之吉凶，爲漢《易》中卦氣說之倡導者，依《漢書·藝文志》載，與孟喜有關之著作有：《孟氏京房》十一篇，《災異孟氏京氏》六十六篇，《章句施、孟、梁丘氏》各二篇，已亡佚。《隋書·經籍志》有「《孟氏易》八卷，殘闕」。清人馬國翰《玉函山房輯佚書》有《孟氏章句》一卷，現今吾人研究孟喜之《易》學思想，主要憑借唐僧一行《卦議》所引孟喜思想爲是，孟喜「卦氣」說之內容可分爲四正卦、十二月卦、六日七分三部份，茲分述如下：

（一）四正卦

　　所謂「四正卦」即以〈坎〉、〈離〉、〈震〉、〈兌〉四卦中之二十四爻，分主一年中二十四節氣。其中〈坎〉、〈離〉二卦之初爻分主二至（冬至、夏至），

〔註29〕 屈萬里先生所著《先秦漢魏易例述評》一書中，「西漢武帝前諸子易例」節考出《新語》引《易》者二事，《新書》引《易》者四事，《春秋繁露》引《易》者三事，《韓詩外傳》引《易》者六事，《淮南子》引《易》者十二事，《史記》引《易》處彌多，屈先生所著共舉二十一事，而結語曰：「或詮釋其辭義，或引申其意旨，要皆類〈文言傳〉〈繫辭傳〉之說，未嘗一語涉及象數也。」又「以象數解《易》之始」節云：「《十翼》及先秦諸子，下逮漢初諸儒，未有以象數釋《易》辭者，《國語》《左傳》之以象爲說，乃因筮得之辭，推其象以比附人事，非援象以測《易》辭一字一句之所自來，彼以象數《易》者何始乎？則孟喜是也。」此說甚允。（臺北：臺灣學生書局，民國74年9月），頁71～77。

〈震〉、〈兌〉二卦之初爻分主二分（春分、秋分）。此說見於《新唐書‧一行卦議》引《孟氏章句》云：

> 〈坎〉、〈震〉、〈離〉、〈兌〉，二十四氣，次主一爻，其初，則二至、二分也。〈坎〉以陰包陽，故自北正，微陽動於下，升而未達，極於二月，凝固之氣消，〈坎〉運終焉。春分出於〈震〉，始據萬物之元，爲主於內，則群陰化而從之，極於南正，而豐大之變窮，〈震〉功究焉。〈離〉以陽包陰，故自南正，微陰生於地下，積而未章，至於八月，文明之質衰，〈離〉運終焉。仲秋陰形於〈兌〉，始循萬物之末，爲主於內，群陽降而承之，極於北正，而天澤之施窮，〈兌〉功究焉。故陽七之靜始於〈坎〉，陽九之動始於〈震〉，陰八之靜始於〈離〉，陰六之動始於〈兌〉。故四象之變皆兼六爻，而中節之應備矣。〔註30〕

因《孟氏章句》已不傳，其說難以詳徵，而孟喜四正卦說，主要本於彼時曆法所取得之成果及成書於戰國時之〈說卦〉，屈萬里先生於《先秦漢魏易例述評》云：

> 四正之義，出〈說卦傳〉。〈傳〉曰：「〈震〉，東方也。……〈離〉也者，明也。萬物皆相見，南方之卦也。……〈兌〉，正秋也。……〈坎〉者，水也，正北方之卦也。」於〈兌〉曰正秋，於〈坎〉曰正北方之卦；雖〈震〉〈離〉未以正言，然一爲正東，一爲正南，其義亦可推及。又因〈兌〉爲正秋，則〈震〉爲仲春，〈離〉爲仲夏，〈坎〉爲仲冬，亦可推定。二至二分，皆在四時之仲月，故以當之也。然以四卦之二十四爻，主二十四氣，則非〈說卦傳〉所有矣。〔註31〕

　　孟喜之四正卦說，爲後世象數《易》學家所吸收，廣爲流傳，如虞翻注〈繫辭〉「兩儀生四象」云：「四象，四時也，兩儀謂〈乾〉〈坤〉也。〈乾〉二五之〈坤〉成〈坎〉〈離〉〈震〉〈兌〉四卦，〈震〉春、〈兌〉秋、〈坎〉冬、〈離〉夏，故兩儀生四象。」由此可見，孟喜四正卦說，以獨特之《易》學思維方式，成爲象數《易》學家注釋《易》學經典，闡發《易》學理論之重要典籍，對後世之象數《易》學發展有重要貢獻。

〔註30〕 楊家駱主編：《新校本新唐書并附索引》（全八冊）（臺北：鼎文書局，1992年1月），頁599。
〔註31〕 同註29，頁83～84。

（二）十二月卦（又稱十二辟卦）

所謂十二月卦，為從六十四卦中，選取十二卦，再依據十二卦，陰陽多少，將其有規律組合為一，以示一年四季十二月陰陽消長之變化特徵，此十二卦順序如下：

䷗	復	十一月（子）冬	䷫	姤	五月（午）夏
䷒	臨	十二月（丑）冬	䷠	遯	六月（未）夏
䷊	泰	正月（寅）春	䷋	否	七月（申）秋
䷡	大壯	二月（卯）春	䷓	觀	八月（酉）秋
䷪	夬	三月（辰）春	䷖	剝	九月（戌）秋
䷀	乾	四月（巳）夏	䷁	坤	十月（亥）冬

孟喜依陰陽消息之次序排列為〈復〉、〈臨〉、〈泰〉、〈大壯〉、〈夬〉、〈乾〉、〈姤〉、〈遯〉、〈否〉、〈觀〉、〈剝〉、〈坤〉，從〈復〉到〈乾〉，陽爻逐漸增加，從下往上增長，陰爻逐漸減少，表示陽氣逐漸增強，陰氣逐漸減弱，為陽息陰消過程；從〈姤〉卦到〈坤〉卦，陰爻逐漸增加，從下往上增長，陽爻逐漸減少，表示陰氣逐漸增強，陽氣逐漸減弱，為陰息陽消過程。又十二卦共七十二爻，代表七十二候，〈復〉卦初九爻表示陽氣始動，為十一月冬至次候，到〈乾〉卦六爻皆陽，表示陽氣盛極，為四月小滿次候。〈姤〉卦初六爻表示陰氣始動，為五月夏至次候，到〈坤〉卦六爻皆陰，表示陰氣極盛，為十月小雪次候。如此，十二辟卦又象徵二十四氣及七十二候之變化，此十二卦又稱為十二消息卦。

孟喜之十二消息卦說，一則引曆法入《易》，客觀上使象數《易》走入正確之途；另外，以十二卦卦象表示十二個月，是將十二月陰陽定量化，一年十二個月有六個陰六個陽，是陰陽數積累之過程，簡易明瞭，為推動曆法而走上規範化，此為其價值。

（三）六日七分

孟喜將四正卦、十二消息卦與一年四時、二十四節氣、十二個月相配之後，又進而利用六十四卦，扣除〈坎〉、〈離〉、〈震〉、〈兌〉四正卦，還餘六十卦，將六十卦分值周歲三百六十五日又四分之一，如此則一卦值「六日七分」，此說見於《易緯・稽覽圖》，孔穎達《周易正義》疏〈復〉卦卦辭「七

日來復」曾引述此說曰:

> 案《易緯‧稽覽圖》云:「卦氣起〈中孚〉,故〈離〉、〈坎〉、〈震〉、
> 〈兌〉,各主其一方。其餘六十卦,卦有六爻,爻別主一日,凡主三
> 百六十日。餘有五日四分日之一者,每日分爲八十分,五日分爲四
> 百分;四分日之一,又爲二十分,是四百二十分。六十卦分之,六
> 七四十二,卦別各得七分,是每卦得六日七分也。」〔註32〕

按此處言,「六日七分」爲扣除四正卦,以其餘之六十卦三百六十爻去配合一
年之歲數,然一年之歲數非整數,而是三百六十五日又四分之一,故孟氏將多
出之「五日又四分之一」,依「每日爲六十分」之方式,分爲四百二十分,(一
日八十分,五日共四百分,四分之一日爲二十分,共計爲四百二十分),以六十
卦去除,每卦得七分。加上之前所分配之六日,則每卦各得「六日七分」矣。

　　孟喜之六日七分法爲揉合《易》學與天文曆法知識而形成,其將《易》
學與自然科學結合爲一,開創《易》學研究之新領域。故綜合以上所述,孟
喜之卦氣說,爲一種占驗術,而將卦象配合時日,比附人事,此在探象數之
奧妙,究災異之深旨,此學說影響於後世至深,在兩漢及後代〈五行志〉每
引京房《易傳》,以說妖異之事,即本孟氏災異也。後世《易》學家如許慎、
虞翻、馬融、鄭玄、荀爽、陸績、王肅、朱熹等皆嘗取資於《孟氏易》,《孟
氏易》則爲不朽矣。

二、京　房

　　京房(公元前77～前37年),字君明,東郡頓丘(今河南清豐西南)人。
本姓李,因好音律,推律自定爲京氏,曾學《易》於孟喜門人焦延壽,以通
變說《易》,好講災異,漢元帝初元四年(公元前 45 年)以孝廉爲郎,立爲
《易》經博士,屢次上疏,以災異推論時政得失,因劾奏中書令顯等專權,
出爲魏郡太守,不久,下獄死,年四十一。京房承孟喜之學,以象數釋《易》,
並雜以陰陽災異之說,京房《易》學有八宮卦、世應、飛伏、納甲,京房著
述頗多,《漢書‧藝文志》有《易京氏》凡三種八十九篇,《隋書‧經籍志》
有《京氏章句》十卷,又有《占候》十種七十三卷,今傳僅有《京氏易傳》
三卷,以下就其《易》學思想,分別敘述之:

〔註32〕同註 3,頁 65。

（一）八宮卦

京房於《易傳》中，對六十四卦排列之順序，其將八經卦之重卦稱爲「八宮」，又稱爲「八純」，其排列之順序爲：〈乾〉、〈震〉、〈坎〉、〈艮〉、〈坤〉、〈巽〉、〈離〉、〈兌〉。此種順序出於〈說卦〉，以〈乾〉、〈坤〉爲父母卦，各統率三男二女。前四卦爲陽卦，後四卦爲陰卦，每一宮卦又統率七個卦，如〈乾〉宮所屬之卦，其順序爲〈姤〉、〈遯〉、〈否〉、〈觀〉、〈剝〉、〈晉〉、〈大有〉。〈坤〉宮所屬之卦，其順序爲〈復〉、〈臨〉、〈泰〉、〈大壯〉、〈夬〉、〈需〉、〈比〉。如此，便構成六十四卦排列順序，始於〈乾〉卦，終於〈歸妹〉。各宮卦中所屬之卦，各有所處之地位，前五個卦分別稱爲一世、二世、三世、四世、五世。第六卦稱爲游魂，第七個卦稱爲歸魂。京房曰：「《易》有四世，一世、二世爲地《易》，三世、四世爲人《易》，五世、八純爲天《易》，游魂、歸魂爲鬼《易》」（《京氏易傳》）。惠棟《易漢學》，依京房義，制有八宮卦次圖，今列圖表如下：

八純卦	乾	震	坎	艮	坤	巽	離	兌
一　世	姤	豫	節	賁	復	小畜	旅	困
二　世	遯	解	屯	大畜	臨	家人	鼎	萃
三　世	否	恆	既濟	損	泰	益	未濟	咸
四　世	觀	升	革	睽	大壯	无妄	蒙	蹇
五　世	剝	井	豐	履	夬	噬嗑	渙	謙
遊　魂	晉	大過	明夷	中孚	需	頤	訟	小過
歸　魂	大有	隨	師	漸	比	蠱	同人	歸妹

（二）世　應

京房之世應乃據八宮卦而立，世，指世爻；應，指應爻。八純卦以上爻

為世爻，其他一、二、三、四、五世卦，各以其變及之爻為世爻，遊魂卦以第四爻為世爻，歸魂卦以第三爻為世爻。應爻則為與世爻相應之爻，初與四應，二與五應，三與上應。世爻為一卦之主，占時，代表問占者本人。應爻則為問占者所詢及之人，時，地、物或事等。世為主，應為賓，世應之用，在於表現問占者與所問者之對立性，世應者，晁公武《郡齋讀書志》曰：

> 其進退以幾，而為一卦之主者，謂之世；奇耦相與，據一以起二，
>
> 而為主之相者，謂之應。〔註33〕

京房言世應，並及爵位，如《京房易傳》〈乾〉宮諸卦，〈乾〉：「與〈坤〉為飛伏居世……九三三公為應。」〈姤〉：「元士居世……九四諸侯為應。」〈遯〉：「大夫居世……上九宗廟為應。」〈觀〉：「諸侯臨世，反應元士而奉九五。」〈剝〉：「天子治世，反應大夫。」〈晉〉：「諸侯居世，反應元士。」〈大有〉：「三公臨世，應上九為宗廟。」其他各宮諸卦，均類此。〔註34〕可知京房論《易》，其說「世應」是〈彖〉〈象〉應位說之發展；是一卦六爻，其以初爻為元士，二爻為大夫，三爻為三公，四爻為諸侯，五爻為天子，上爻為宗廟。六爻各有貴賤等級之位，而發揮〈繫辭〉「列貴賤者存乎位」之說法矣。

（三）飛　伏

　　京房對八宮之解釋，亦提出飛伏說。此說是，卦象與爻象皆有飛及伏。飛指可見而現於外者，伏指不可見而藏於背後者，飛與伏皆指對立之卦象及爻象，宋、朱震《漢上易傳》云：

> 見者為飛，不可見者為伏。飛，方來也；伏，既往也。〈說卦〉：
>
> 「〈巽〉，其究為躁卦。」例飛伏也。太史公〈律書〉曰：「冬至一
>
> 陰下藏，一陽上舒。」此論〈復〉卦初爻之伏〈巽〉也。〔註35〕

晁公武《郡齋讀書志》言飛伏曰：

> 世之所位，而陰陽之肆者謂之飛；陰陽肇乎所配，而終不脫乎本，
>
> 以隱顯佐神明者謂之伏。〔註36〕

今觀《京房易傳》中每卦必及飛伏，茲統計六十四卦相與飛伏如下表：

〔註33〕晁公武：《郡齋讀書志》（臺北：臺灣商務印書館，民國70年10月），頁11。
〔註34〕同註28，頁144。
〔註35〕紀昀等編：《文淵閣四庫全書》（臺北：台灣商務印書館，民國72年7月），
　　　　第十一冊，頁8。
〔註36〕同註33。

上世	飛	乾	震	坎	艮	坤	巽	離	兌
	伏	坤	巽	離	兌	乾	震	坎	艮
一世	飛	姤	豫	節	賁	復	小畜	旅	困
	伏	巽	坤	兌	離	震	乾	艮	坎
二世	飛	遯	解	屯	大畜	臨	家人	鼎	萃
	伏	艮	坎	震	乾	兌	離	巽	坤
三世	飛	否	恆	既濟	損	泰	益	未濟	咸
	伏	坤	巽	離	兌	乾	震	坎	艮
四世	飛	觀	升	革	睽	大壯	无妄	蒙	蹇
	伏	巽	坤	兌	離	震	乾	艮	坎
五世	飛	剝	井	豐	履	夬	噬嗑	渙	謙
	伏	艮	坎	震	乾	兌	離	巽	坤
遊魂	飛	晉	大過	明夷	中孚	需	頤	訟	小過
	伏	艮	坎	震	乾	兌	離	巽	坤
歸魂	飛	大有	隨	師	漸	比	蠱	同人	歸妹
	伏	坤	巽	離	兌	乾	震	坎	艮

　　京房提出飛伏說之目的在於除本卦卦爻象外，又增一卦爻象，以便於說明卦爻辭之吉凶，在占時卦象之顯著不足，乃以隱者濟其窮，陰下伏陽，陽下伏陰，故飛伏之用即爲陰陽互相涵攝之義，如此則開闢解《易》之路，亦爲占算之術提供新途徑。

（四）納　甲

　　京房之納甲是以八卦分納十天干，其各爻又分配以十二地支，甲爲十干之首，故此說稱爲「納甲」，初不過用以比附五行，以便占說災異耳。《京氏易傳》下卷曰：「分天地〈乾〉〈坤〉之象，益之以甲乙壬癸。〈震〉〈巽〉之象配庚辛，〈坎〉〈離〉之象配戊己，〈艮〉〈兌〉之象配丙丁。八卦分陰陽，六位配五行。光明四通，變易立節。」陸績注曰：「〈乾〉〈坤〉二分，天地陰陽之本，故分甲乙壬癸，陰陽之終始。」又曰：「庚陽入〈震〉，辛陰入〈巽〉。」又曰：「戊陽入〈坎〉，己陰入〈離〉。」又曰：「丙陽入〈艮〉，丁陰入〈兌〉。」又《京氏易傳》上卷〈乾〉卦傳曰：「甲壬配外內二象。」陸績注曰：「〈乾〉爲天地之首，分甲壬，入〈乾〉位。」京房治《易》，長於災變，以卦象占風雨溫寒，大講陰陽災異，亦其特色。

　　京房《易》學深受孟喜《易》學影響，其《易》學傳於殷嘉、姚平、乘弘，《京氏易》在京房棄市後，曾遭嚴重打擊，但在東漢卻得到大發展〔註37〕，如鄭康成以下皆受其影響，故京房可稱爲漢代象數《易》學宗主。

三、鄭　玄

　　鄭玄（西元 127～200 年），字康成，北海高密（今山東高密西南）人。少而好學，不樂爲官，曾入太學受業，師事京兆第五元先，始通《京氏易》、《公羊春秋》、《三統曆》、《九章算術》。又從東郡張恭祖受《周官》、《禮記》、《左氏春秋》、《韓詩》、《古文尚書》。而後又從馬融學，方其回歸鄉里時，馬融喟然謂門人曰：「鄭生今去，吾道東矣。」鄭玄一生潛心著述，其著述以古文經爲主，兼採今文經說，習《易》則先受《京氏易》，後學《費氏易》，鄭玄注《易》，其義例新創爲《易傳》所無，有爻辰、爻體、互體三例，又有禮象說，乃將象數《易》學導回六經學風，談禮樂教化及人道教訓，五行說則將五行生成說成綜合先秦兩漢之陰陽五行思想，提出對於宇宙生成問題等看法。〔註38〕〈隋志〉及〈舊唐志〉載鄭玄《周易》注九卷，〈新唐志〉及《釋文》載爲十卷，《釋文》又引《七錄》云十二卷。魏晉以來，鄭注及王弼注本來並行於世，但由於孔穎達撰定《正義》取王注而棄鄭注，故鄭氏完整之《易》注本，至南宋時則亡佚，南宋王應麟從群籍中輯有《周易鄭康成注》一卷，至清惠棟又復加補正，輯爲三卷。張惠言又加以整理補充，即成此十二卷輯本，此輯本爲現今研究鄭氏《易》學之較完善本子。

四、虞　翻

　　虞翻（西元 164～233 年），字仲翔，漢末三國時會稽餘姚（今浙江餘姚）人。少而好學，有高氣，最初，爲會稽太守王郎之功曹，孫策征會稽，王朗敗績，虞氏歸孫策，署爲功曹，以屢建良策而深受倚重。策死，追隨孫權，

〔註37〕　盧央《京房評傳》云：「《京氏易》所以得到如此快速的發展是與當時讖緯之　　　　　學的興盛有關，其時以陰陽五行論說災異，預言年景及政治已十分流行，《京　　　　　氏易》正是以陰陽五行論《易》，而且力求對發生的災異現象，以陰陽五行機　　　　　制作出解釋。正由於此，緯書得以公開地抄襲京氏遺書中的敘述，作爲它的　　　　　主要內容。」此說可供參考。（江蘇南京大學出版社，1998 年 12 月），頁 412。
〔註38〕　參見劉慧珍：《漢代易象研究》（私立輔仁大學中文研究所博士論文，民國 86　　　　　年 6 月），頁 517。

爲騎都尉，因數犯顏諫爭，觸怒孫權，坐徙丹陽涇縣（今屬安徽），後又徙交州。雖處罪放，而講學不倦，門生常數百人。虞翻精於《易》學，曾得家傳西漢今文孟氏《易》，然就今日李鼎祚《集解》中所見，其《易》學非止傳孟氏一家，實爲象數《易》以來各家學說之總匯。十二月卦、六日七分法，可以說是承自孟氏《易》，其他八宮、納甲、互體、飛伏、爻辰、爻體、升降等，無一不收，更接受道士魏伯陽丹道《易》之納甲說，加以自創之卦變、半象等新義，後世《易》學家視其爲兩漢象數《易》發展之最高峰，實不爲過言。虞翻著有《易注》九卷，已佚。現存虞氏《易注》主要見於李鼎祚《周易集解》，清孫堂《漢魏二十一家易注》輯有虞翻《周易注》十卷，《附錄》一卷。黃奭《黃氏逸書考》輯有虞翻《周易注》一卷，清惠棟著《易漢學》八卷，此書卷三，即係「虞仲翔《易》」。張惠言《周易虞氏義》九卷、《周易虞氏消息》二卷、《虞氏易言》二卷、《虞氏易禮》二卷、《虞氏易事》二卷、《虞氏易候》二卷，以上諸書對虞翻《易》說，皆有所詮釋、推闡。

綜上所述，就兩漢《易》學而言，西漢孟京，占驗災異，雖是術數，但仍有其作用，皮錫瑞《經學通論》曰：「古卜筮與史通，……《左氏傳》，……所載卜筮事，皆屬史官占之，此古卜筮與史通之明證，亦古卜史借天道以儆君之明證。後世君尊臣卑，儒臣不敢正言匡君，於是亦假天道進諫，以爲仁義之說，人君之所厭聞，而祥異之占，人君之所敬畏。陳言既效，遂成一代風氣，故漢世有一種天人之學。」（《易經通論·論陰陽災變爲易之別傳》節）由此可知，漢《易》經學亦等於政治學。東漢則以此種名目以解釋經文，其目的在取象，在本卦中得不到之象，用互體旁通等法，牽涉至無窮盡之卦，自然能得到欲取之象。象數之學，對後世影響至鉅，如清代興起，惠棟、張惠言極力推崇漢儒象數《易》學即是如此。

第三節　魏晉隋唐《易》學研究概況

魏晉隋唐《易》學乃指從曹丕黃初元年（西元 226 年）至唐哀帝天佑四年（西元 907 年），《易》學之發展，此時期之《易》學特色，即是一反漢《易》之煩瑣學風及象數之說，而將《周易》同老莊玄學相結合，開闢以老解《易》之新方向，崇尚義理之探討，而形成玄學義理學派。從《易》學史觀之，玄學義理派產生之前提，在古文經學派之長足發展與魏晉玄學之興起。曹魏時

古文經學派集大成者爲王肅，王肅字子雍，東海人，乃王朗之子，其經學善賈、馬之學，而有異於鄭玄，著有《周易注》十卷，今已亡佚，其解《易》重義理而略於象數，不講卦氣、卦變、互體、納甲等說，不談陰陽災變，而繼承費氏《易》學之傳統。玄學義理派之形成，除受古文經學派發展之影響外，與老莊思潮盛行、魏晉玄學之興起密不可分〔註 39〕。曹魏正始年間至於西晉，玄風籠罩一切，彼時玄學家解釋古代經典，皆以簡明爲主，在此風氣下，《易》學則由漢《易》之煩瑣象數之學轉向以老莊玄學解《易》之途。此時王弼挾著清新、虛無之玄學風氣，猛烈抨擊漢《易》象數學之思維模式，爲義理派之新《易》學開創新格。

東晉時期義理派之大家有韓康伯，其直承王弼《易》學又有發展，著〈繫辭傳〉以補王弼之不足，韓康伯重視義理研究，通過對《周易》之注釋，宣揚老莊《易》學，繼承與發展王弼「取義說」，進而排斥漢《易》之象數學，以卦義象徵及說明事物變化之理，表現人事治亂之義；以老莊玄理解《易》，將《易》理更加玄學化，認爲玄理爲《易》之本義，以玄學天道觀解《易》，從而宣揚「天地萬物皆以無爲本」之玄學觀。玄學義理派既產生興盛於魏晉，至南北朝時期，已成爲《易》學之主流。然隨著社會歷史條件之變化，南北朝義理派《易》學又呈現不同於魏晉之新貌；南朝與北朝地理、民風、學風皆有異，南人趨於簡明，北人窮於章句，就《易》學而言，南朝採用王弼注，北朝採用鄭玄注，至唐代「義疏之學」大盛，《易》學之發展又進入一新階段。

隋唐《易》學發展之狀況，在隋文帝統一中國後，廢除北周舊有規模，恢復漢魏制度，並大興文教，一時學者雲集，儒、釋、道三教並興，經學則重視南朝傳統，故而「南學」興起，「北學」衰亡，《隋書‧經籍志》曰：

> 《易》至隋王注盛行，鄭學浸微，今殆絕矣。……《書》孔、鄭並行，而鄭氏甚微。……《春秋》杜氏盛行，服義及《公羊》、《穀梁》浸微。今殆無師說。〔註 40〕

〔註39〕 玄學又稱「形而上學」，魏晉玄學指魏晉時期以老莊思想爲架構之一種特定哲學思潮，其主要討論「本末有無」問題，即專講「形而上學」之世界本體論問題，玄遠而不切世務，故稱之。又許抗生《魏晉玄學史》云：「當時正始玄學家們以道家思想爲基礎來探尋宇宙的根本法則，以自然無爲原則來指導治國治民的方法和人生的處世哲學，並以《老》、《莊》、《易》所謂的「三玄」爲其玄學清談的議題，互相詰難，而何晏、王弼則爲正始玄談的首領人物。」（西安陝西師範大學出版社，1989 年 7 月），頁 43。

〔註40〕 參見魏徵等撰：《隋書》第二冊（臺北：洪氏出版社，民國 63 年 7 月），頁 913

彼峙《周易》之王弼注本占主導地位,至唐朝建立後,隨著政治之統一與穩定,經濟及文化得到高度發展,與此相適應,經學之研究出現綜合前人成果之新局面。唐太宗命孔穎達編《五經正義》。此書乃集三國以後義疏學之大成,對東漢魏晉南北朝以來各派經師之注解,進行一次大整合,統一各家之說法,對後世經學之發展產生重大影響。《周易正義》爲《五經正義》之一,採用王弼、韓康伯之注本,孔穎達作疏,可謂對兩漢以來義理派《易》學發展成果之總結。又有李鼎祚著《周易集解》,此書集子夏、孟喜、馬融、荀爽、鄭玄、虞翻、干寶、王肅、王弼、韓康伯、孔穎達等三十餘家之注,推崇漢《易》象數之學,尤其重視荀爽、鄭玄、虞翻之說,但對玄學派之注解,如王弼、韓康伯等,亦有所採納。李鼎祚既是唐代提倡漢《易》象數學之代表,又沒完全排斥玄學義理派,此融合象數與義理兩大流派之特徵,代表唐代《易》學發展之傾向。〔註41〕至宋代,宋儒則繼承此種傾向,使《易》學研究達到戰國之後又一高峰。茲以此時期兩大家王弼、孔穎達之《易》學思想,分別敘述如下:

一、王 弼

王弼(西元 226~249 年),字輔嗣,三國魏山陽高平人(今山東省鄒縣西南),《三國志》並未替其作傳,僅於〈鍾會傳〉末附曰:「初,會弱冠與山陽王弼並知名。弼好論儒道,辭才逸辯,注《易》及《老子》,爲尚書郎,年二十餘卒。」裴松之注《三國注》援引何劭《王弼傳》介紹王弼曰:

> 弼幼而察慧,年十餘,好老氏,通辯能言。父業,爲尚書郎。時裴
> 徽爲吏部郎,弼未弱冠,往造焉。徽一見而異之,問弼曰:「夫無者,
> 誠萬物之所資也,然聖人莫肯致言,而老子申之無已者何?」弼曰:
> 「聖人體无,无又不可以訓,故不說也。老子是有者也,故恆言無
> 所不足。」尋亦爲傅嘏所知。於時何晏爲吏部尚書,甚奇弼,歎之
> 曰:「仲尼稱後生可畏,若斯人者,可與言天人之際乎!」〔註42〕

王弼爲人通儻敏捷,不擅長於營求功名。好談玄學,對《周易》研治最深。性情和順,愛好遊宴,通曉音律,平日談論哲理,正始十年(西元 249 年)秋,染癘疾身亡,年僅二十四歲,著有《周易注》、《周易略例》、《老子注》、

　　　　～933。
〔註41〕參見朱伯崑主編:《周易知識通覽》(濟南:齊魯書社,1993 年 12 月),頁 307。
〔註42〕陳壽:《三國志》(臺北:鼎文書局,民國 69 年 9 月),頁 795。

《周易大衍論》、《老子指略》、《論語釋疑》等書。王弼《易》學，源出費直、主張注《易》須注重闡明義理，摒棄漢儒災異說、讖緯說，恢復先秦儒家說《易》之本旨，從而開創後世以義理說《易》之先河。故其《易》學觀，乃是以得意忘象說、取義說及爻位說以排斥漢《易》中煩瑣之象數之學及占候迷信，並開創以玄學解《易》之新風氣。茲取此三說，分別敘述如下：

（一）得意忘象說

王弼以爲，漢象數派《易》學之根本錯誤在於「存象忘意」，拘泥於象數，而丟掉其中之義理，王弼於《周易略例·明象》云：

> 是故觸類可爲其象，合義可爲其徵。義苟在健，何必馬乎？類苟在順，何必牛乎？爻苟合順，何必〈坤〉乃爲牛？義苟應健，何必〈乾〉乃爲馬？而或者定馬於〈乾〉，案文責卦，有馬无〈乾〉，則僞說滋漫，難可紀矣。互體不足，遂及卦變；變又不足，推致五行。一失其原，巧愈彌甚，從復或值，而義无所取。蓋存象忘意之由也。忘象以求其意，義斯見矣。〔註43〕

此言在指斥象數《易》之流弊，故王弼提出「得意忘象」之觀點，王弼曰：

> 夫象者，出意者也。言者，明象者也。盡意莫若象，盡象莫若言。言生於象，故可尋言以觀象；象生於意，故可尋象以觀意。意以象盡，象以言著。故言者所以明象，得象而忘言；象者所以存意，得意而忘象。〔註44〕

按此處之言乃對〈繫辭上傳〉：「聖人立象以盡意，設卦以盡情僞，繫辭焉以盡其言」之解釋。王弼以爲象僅爲表達意之一種手段方式，在「尋言以觀象」、「尋象以觀意」之過程，一旦得「意」，則可將「象」「言」忘去，其又舉例說明此一道理：

> 猶蹄者所以在兔，得兔而忘蹄；筌者所以在魚，得魚而忘筌也。然則，言者，象之蹄也；象者，意之筌也。是故存言者，非得象者也；存象者，非得意者也。〔註45〕

筌魚之喻，本於《莊子·外物篇》：「筌者所以在魚，得魚而忘筌；蹄者所以在兔，得兔而忘蹄；言者所以在意，得意而忘言。」筌爲捕魚之工具，蹄爲捕兔

〔註43〕樓宇烈：《王弼集校釋》（臺北：華正書局，民國81年12月），頁609。
〔註44〕同註43。
〔註45〕同註43。

之工具，王弼此言，乃是以莊學義解釋言、象、意三者之關係。引伸其義，既然卦爻辭用以說明卦爻象，「尋言以觀象」，既得卦象之內容，便可忘去卦爻辭，而既然卦爻象及其所取之物象用以保存卦義，「尋象以觀意」，既得卦爻之義，則可忘去卦爻象。如既得龍象，「潛龍勿用」之言可忘；既得乾健之義，其龍象可舍矣。〔註46〕而王弼之所謂「忘言」、「忘象」並非不要「言」不要「象」，乃是欲研《易》者不拘泥於卦象爻辭之間，而須掌握作者之「意」，王弼又曰：

> 忘象者，乃得意者也；忘言者，乃得象者也。得意在忘象，得象在忘言。故立象以盡意，而象可忘也，重畫以盡情，而畫可忘也。〔註47〕

由上可知，「得象而忘言，得意而忘象」乃是王弼所創新之治《易》方法，其結論是，執著於卦爻象上，反而有礙於得意，執著於卦爻辭上，反而有礙於得象，放欲求得卦義，必須忘言、忘象，故義理是第一，象數只是義理之工具，由於王弼輕視卦象，在老莊學說影響下，終將取義說引向「忘象以求意」之玄學道路。但王弼雖高喊「得意忘象」，卻並未徹底掃落象數，在解《易》之過程中尚用一些象數之觀點〔註48〕，繼承其合理之取象法，主爻說，其對後世之影響亦不可忽視矣。

（二）取義說

王弼解《易》力主取義說，此說始於《易》傳，一直被費直古文經學《易》

〔註46〕 參見朱伯崑：《易學哲學史》第一卷（臺北：藍燈文化事業股份有限公司，民國80年9月），頁324～325。

〔註47〕 同註43。

〔註48〕 田永勝：〈論王弼易學對兩漢象數易學的繼承〉云：「不像其他象數《易》學家們把精力主要用在注釋《易經》的經文上，王弼還從理論上闡述了某些象數《易》學的解經方法，甚至在某些方面還發展了象數《易》學的理論。他專門寫了《周易略例》，包括〈明象〉、〈明爻通變〉、〈明卦適變通爻〉、〈明象〉、〈辨位〉、〈略例下〉、〈卦略〉等七篇文章。其中〈明象〉講了他的主爻說，而主爻說來源於京房的卦主說。〈明爻通變〉則是從陰陽爻以及爻與爻之間的位置，闡述了爻與爻之間的關係。在〈明卦適變通爻〉中，王弼認識到「反對之象」，提出「故卦以反對，而爻亦皆變」，說明他從卦象的變化上看到爻象的變化規律。而且，他還進一步提出爻與爻之間的不同關係所體現出的各種「象」。〈辨位〉剛從六十四卦的卦爻辭與卦爻象總結出初爻和上爻沒有陰陽定位，他說：「歷觀眾卦，盡亦如之，初上无陰陽定位，亦以明矣。」在〈略例下〉中，王弼進一步舉例說明自己的主爻說。〈卦略〉則從卦爻象出發，舉例說明一些卦的陰陽、剛柔相互感應、消長的關係。」此皆王弼對兩漢象數《易》學解經方法的繼承。（《周易研究》，1998年第三期，1998年8月），頁11～12。

系統繼承與發揚，王弼玄學義理《易》學將之進一步發揮，其取義說表現為兩個方面，一是對八卦之解釋主取義說或卦德說，如〈乾〉為健，〈坤〉為順，〈震〉為威懼，〈巽〉為申命，〈坎〉為險陷，〈離〉為麗，〈艮〉為止，〈兌〉為悅。其後將其義運用於對卦義之闡釋；二是對六十四卦及其卦爻辭之解釋皆主取義說，如以〈蒙〉卦為蒙昧之義，以〈需〉卦為「飲食宴樂」之義，以〈訟〉卦為聽訟之義，以〈師〉卦為「興役動眾」之義等，在解釋時以闡發義理為主，有意排斥象數。又如解釋卦爻辭，講〈乾〉卦九二爻「見龍在田，利見大人」，王弼於《周易注·乾》云：

> 出潛離隱，故曰「見龍」；處於地上，故曰「在田」。德施周普，居中不偏，雖非君位，君之德也。初則不彰，三則乾乾，四則或躍，上則過亢。利見大人，唯二、五焉。〔註49〕

在此處，王弼以簡潔之文字言義理，而不取卦變、互體、取象之說。又為貫徹取義說，王弼尚提出義生象之論，其在《周易注》解釋〈乾卦·文言〉曰：

> 夫《易》者，象也。象之所生，生於義也。有斯義，然後明之以其物。故以龍敘〈乾〉，以馬明〈坤〉，隨其事義而取象焉。是故初九、九二，龍德皆應其義，故可論龍以明之也。至於九三，乾乾夕惕，非龍德也，明以君子當其象矣。統而舉之，〈乾〉體皆龍，別而敘之，各隨其義。〔註50〕

王弼大講取義，要求學者探討卦爻象及卦爻辭之義理，一掃象數學派煩瑣解《易》之學風，而與人們一種清晰明快而又意義深遠之感，特別是以此打擊今文經學之陰陽災變說，在《易》學史上，又是一大突破。

（三）爻位說

〈彖傳〉於《十翼》中，義理最為古樸，其釋經之義法，亦頗有原則可尋。論及〈彖傳〉義例之作，今所存者，蓋以王弼《周易略例》為最早，而〈彖傳〉解釋卦體，有爻位之說，〈小象〉解爻辭亦采爻位說。王弼繼承《易》傳傳統，注《易》亦主爻位說，此說以「卦以一爻為主」最具特色。所謂一爻為主說，即一卦六爻中，雖每爻皆有各自意義，但全卦之意義主要取決其中一爻，此爻統率其他五爻，為一卦之主，其在〈略例下〉云：

> 凡彖者，通論一卦之體者也。一卦之體，必由一爻為主，則指明一

〔註49〕同註43，頁211。
〔註50〕同註43，頁215～216。

爻之美，以統一卦之義，〈大有〉之類是也。〔註51〕

一卦六爻各有其義，而全卦意義應如何確定？此明言以一爻爲主，又一爻爲主，須如何判定，王弼注《易》，常用兩種方法；一是看二五爻，因二五爻居於中位，常爲一卦之主體，《周易略例・明象》云：

> 故六爻相錯，可舉一以明也；剛柔相乘，可立主以定也。是故雜物撰德，辯是與非，則非其中爻，莫之備矣。〔註52〕

王弼《周易注》中常以二五爻爲主爻，其在〈略例下〉中曰：「〈訟〉之九二，亦同斯義」，認爲〈訟〉卦之體，主於九二爻，因九二居下卦之中位，故在《周易注》中注〈訟〉卦卦辭「有孚，窒惕、中吉」曰：

> 今有信塞懼者，得其中吉，必有善聽之主焉，其在二乎？以剛而來，正夫群小，斷不失中，應斯任也。〔註53〕

此處言，九二爲陽爻居中位，有剛正之義，故其聽訟，能「正夫群小，斷不失中」，因此卦辭曰「中吉」。

二是看陰陽爻，凡全卦六爻中，只有一個陰爻或一個陽爻者，此陰爻或陽爻即爲該卦之主爻，《周易略例・明象》云：

> 夫少者，多之所貴也；寡者，眾之所宗也。一卦五陽而一陰，則一陰爲之主矣；五陰而一陽，則一陽爲之主矣。〔註54〕

六十四卦中，五陽一陰之卦有〈夬〉、〈姤〉、〈同人〉、〈履〉、〈小畜〉、〈大有〉等六卦。五陰一陽之卦有〈師〉、〈比〉、〈謙〉、〈豫〉、〈復〉、〈剝〉等六卦。王弼以爲以上諸卦之卦義，取決於該卦中唯一之陰爻或陽爻之爻義，即多以少爲貴，眾以寡爲宗也。如其於《周易注》中注五陰一陽之卦〈謙〉卦卦辭「亨，君子有終」及九三爻辭「勞謙，君子有終，吉」曰：

> 處下體之極，履得其位，上下无陽以分其民，眾陰所宗，尊莫先焉。居謙之世，何可安尊？上承下接，勞謙匪解，是以吉也。〔註55〕

此是以九三爻爲眾陰所宗，故卦辭爲「亨，君子有終」。

綜合而論，王弼論《周易》體例之基本觀點，在主取義說與主爻位說。從而排斥漢《易》之象數，並於方法論上發展出一套不同於漢《易》之理解

〔註51〕 同註43，頁615。
〔註52〕 同註43，頁591。
〔註53〕 同註43，頁249。
〔註54〕 同註43，頁591。
〔註55〕 同註43，頁295。

系統，不僅爲形上思想帶來新衝擊，亦爲後人對天道思想提供新模式〔註56〕，王弼將《周易》由占筮之書轉變爲政治哲學之教科書，在彼時，是一種新風氣，對後世《易》學之發展亦產生重大影響。

二、孔穎達

孔穎達（西元 574～648 年），字仲達，唐冀州衡水（今河北衡水西）人，孔子三二代孫，早年受業於劉焯，通達《五經》，尤精於王弼《易》學，隋大業初，選爲「明經」，授河內郡博士。入唐之後，歷任文學館學士，國子祭，奉唐太宗命撰《五經正義》，其中《周易正義》取本王弼、韓康伯注，由孔作疏，采摭六朝以來各家義疏，論定是非，闡發義理，使經說論歸於一，無復歧途。孔穎達《易》學觀主要有：《易》理備包有无、〈乾〉〈坤〉二元論，茲分述如下：

（一）《易》理備包有无

孔穎達在論述《周易》原理時，力圖摒棄王弼派「貴无賤有」之思想，以陰陽二氣解釋《周易》原理，其以爲卦爻象之變化來自陰陽二氣之變化；奇偶或剛柔兩畫，取象於二氣；三畫成卦，取象於天地人，故《孔疏》以爲《易》之三義即簡易、變易、不易；皆就「有」而言，所謂「有」，指有形有象之具體事物，〈乾〉〈坤〉卦爻象雖屬於「有」，但「有」又出於「无」，因此《易》之理包括「无」與「有」，孔穎達云：

> 是知《易》理備包有无，而《易》象唯在於有者，蓋以聖人作《易》，本以垂教，教之所備，本備於有。故〈繫辭〉云：形而上者謂之道，道即无也；形而下者謂之器，器即有也。故以无言之，存乎道體；以有言之，存乎器用。以變化言之，存乎其神；以生成言之，存乎其《易》。以眞言之，存乎其性；以邪言之，存乎其情。以氣言之，存乎陰陽；以質言之，存乎爻象。以教言之，存乎精義；以人言之，存乎景行，此等是也。〔註57〕

此處之「《易》理備包有无」，在言无形之道與有形之器皆屬《易》理，而道

〔註56〕林麗眞：《王弼及其易學》云：「事實上，王弼的《周易注》，既未叛離儒門，亦非獨宗老氏，而是採取調和折中的立場，將儒道雜採；本乎老子之形上學以求《易》道之本原，又採取儒家之道德論以資於人事之訓誡，縱有獨發議論之處，也不出此範圍。」此爲王弼《易》學要義之引伸。（國立臺灣大學文學院，民國 66 年 2 月），頁 196。

〔註57〕同註3，頁 4。

爲體，器爲用，要以《易》道教化百姓，必須重視器用，不能只講道。《易》象唯在於有〔註58〕，在言取象說應予肯定，要教化百姓，必須通過卦爻象之變化來具體有形講《易》理。因此，「《易》理備包有无，而《易》象唯在於有」之《易》學觀點，對宋《易》之形成產生一定影響，而啓發宋人以「理」談《易》之風。

（二）〈乾〉〈坤〉二元論

孔穎達在《周易》原理之闡述，亦提出〈乾〉〈坤〉二元論，認爲六十四卦皆來於〈乾〉〈坤〉兩卦，而用陰陽二氣解釋〈乾〉〈坤〉二元〔註59〕，其以陽氣始有萬物爲〈乾〉元，孔穎達在解「大哉〈乾〉元，萬物資始，乃統天」中曰：

> 〈乾〉元者，陽氣昊大，乾體廣遠，又以元大始生萬物，故曰大哉〈乾〉元。萬物資始者，釋其〈乾〉元稱大之義。以萬象之物，皆資取〈乾〉元而各得始生，不失其宜，所以稱大也。乃統天者，以其至健而爲物始，以此乃能統領於天。天是有形之物，以其至健，能總領有形，是〈乾〉元之德也。〔註60〕

此處孔穎達釋「統天」爲「統領於天」，在言，陽氣以其至健之性能始有萬物，亦是天之屬性，因天體由陽氣積聚而成。天體雖是有形之物，但具有純陽至

〔註58〕 龔鵬程：《孔穎達周易正義研究》云：「《正義》既云：『《易》理備包有无，而《易》象唯在於有。』又曰：『有從無出，理則包无。』則孔氏以理象區別有无，而象出於理之義蓁顯。〈乾〉卦辭疏：『運行不息，應化無窮，此天自然之理，故聖人法此自然之象。』理象皆備於天之自然，聖人法之，作《易》垂教，有而教有。《易》象唯在於有，而其所以立卦者，又未嘗不應其理也。〈乾〉卦辭疏又曰：『〈乾〉者，以其居尊，故在諸卦之首，爲《易》理之初。』符理以立卦，緣象以應理。象自理出，而未嘗與理隔；《易》在於有，亦未始與無裂。故曰：『聖人法此自然之象而施人事，亦應應物成務……使物各得其理而爲利也』（〈乾〉卦辭疏）是故在《易》言之，即象即理，疏稱運行不息爲天之自然之理，又云聖人當法此自然之象，足證理中見象，非離理而別有所謂象。序曰：『《易》理備包有无』有即象也。」（國立臺灣師範大學國文研究所碩士論文，民國68年6月），頁154～155。

〔註59〕 商國君：《中國易學史話》云：「孔氏提出〈乾〉〈坤〉二元說，認爲〈乾〉〈坤〉兩卦是六十四卦的根源，並將〈乾〉〈坤〉解釋爲天地的自然屬性，而並非是天地實體：天地實體乃是陰陽二氣，乾坤兩卦乃是取天地實體的屬性——天健地順，六十四卦則是這種屬性的具體變化與運用。」（哈爾濱黑龍江人民出版社，1995年12月），頁59。

〔註60〕 同註3，卷一，頁10。

健之性，故又能統率一切有形之物。至於陰氣始生萬物爲〈坤〉元，孔穎達在解「至哉〈坤〉元，萬物資生，乃順承天。坤厚載物，德合无疆」中云：

> 至哉〈坤〉元者，嘆美〈坤〉德，故云至哉。至謂至極也，言地能生養，至極與天同也。但天亦至極，包籠於地，非但至極，又大於地，故〈乾〉言大哉，〈坤〉言至哉。萬物資生者，言萬物資地而生，初稟其氣謂之始，成形謂之生。〈乾〉本氣初，故云資始。〈坤〉據成形，故云資生。乃順承天者，〈乾〉是剛健，能統領於天；〈坤〉是陰柔，以和順承平於天。〈坤〉厚載物，德合无疆者，以其廣厚，故能載物，有此長生之德，合會无疆。凡言无疆者，其有二義：一是廣博无疆，二是長久无疆。自此已上，論〈坤〉元之氣也。〔註61〕

孔穎達以爲〈乾〉元作爲陽氣之始，使萬物始有，但萬物稟受陽氣之後，成爲有形之體，須依〈坤〉元之氣資助，方能成就剛陽始有萬物之事業。此種解釋，不以至健至順之性爲〈乾〉〈坤〉二元，亦是對王弼說之改造矣。

綜上所述，孔穎達企圖調合義理與象數二派，從而對玄學派之《易》學理論，作新闡述，揚棄王弼派之貴无賤有之思想，將玄學中貴无論引向崇有論，並通過崇有論，將漢《易》中之元氣說、陰陽二氣說，重新加以肯定，並向前發展，此爲孔穎達《易》學對漢唐《易》學之貢獻。

第四節　宋代《易》學研究概況

宋代《易》學之發展，其特色，依高懷民《宋元明易學史》所言，爲推《易》道以占驗世運、收《易》道於心性存養、藉圖示以表達思想〔註62〕。而從《易》學史觀之，自北宋開始，古代《易》學之發展又進入一嶄新之階段，被稱爲宋《易》，宋《易》是就其形態而言，並不限於北宋，其治《易》之學風一直延續至清初，北宋則是宋《易》形成之時期。宋代《易》學，一面沿續唐《易》學之源流，王弼《易》乃受重視，歐陽修、龔原、王宗傳等皆研王弼《易》，而由於佛道之興起，激發理學之成長，學者發明《易經》義理以闡述理學家之理想，是宋代《易》學之主流。但就《易》學而言，漢人治《易》，長於象數，而宋人言《易》，則精於明理，此爲其異處。宋代義理學派則以儒家思想爲基本特色之

〔註61〕同註3，卷一，頁18。
〔註62〕參見高懷民：《宋元明易學史》（高懷民，民國83年12月），頁11～25。

「儒理」解《易》，北宋《易》學中之義理學派，有人偏重取義，形成以程頤為代表之理學派《易》學；有偏重取象，形成以張載為代表之氣學派。義理學派之倡導者出於儒者胡瑗，其後傳至程頤，再變而為李光、楊萬里之《易》說，而程頤之理學派《易》與張載氣學派《易》學，同邵雍之數學派，成為三足鼎立之勢〔註63〕，義理《易》為宋《易》之一大特色。

北宋象數學之倡導者，始於華山道士陳摶，《宋史・朱震傳》云：

> 陳摶以〈先天圖〉傳种放，放傳穆修，穆修傳李之才，之才傳邵雍。
> 放以〈河圖〉、〈洛書〉傳李溉，溉傳許堅，許堅傳范諤昌，諤昌傳
> 劉牧。穆修以〈太極圖〉傳周敦頤，……雍著《皇極經世書》，牧陳
> 天地五十有五之數，敦頤作《通書》。〔註64〕

此處所舉人物多為象數派《易》學家，劉牧推崇〈河圖〉、〈洛書〉，李之才宣揚卦變說。之後，周敦頤著重講象，提出〈太極圖〉說，邵雍則著重講數，提出先天後天之學〔註65〕，諸家除繼承漢《易》中以象數解《易》，並提出各種圖式以解《易》，後人稱之為「圖」、「書」之學，「圖」、「書」之學亦為宋《易》之一大特色，《易》學二派六宗，至宋而大備矣〔註66〕。

南宋時期，程氏《易》學成為《易》學發展之主流。作為義理之學代表人物為楊萬里，其《誠齋易傳》發明程氏《易》學，卻又深受張載《易》學

〔註63〕 同註46，頁314。

〔註64〕 楊家駱主編：《新校本宋史》第十六冊（臺北：鼎文書局，民國67年9月），頁12908。

〔註65〕 劉光本：〈象數易與義理易之流變——從易學發展之角度看象數、義理、卜筮三者之關係〉云：「邵雍繼承和發展了漢《易》中的卦氣說，……以先天《易》學和後天《易》學為主要內容，建構了一套試圖囊括宇宙人生龐雜的象數學體系。邵雍對先天之學非常感興趣，他認為，以〈乾〉〈坤〉〈坎〉〈離〉為四正卦的圖式乃伏羲所畫，故稱此類圖式為先天圖，稱其學為先天學；而漢《易》中以〈坎〉〈離〉〈震〉〈兌〉為四正卦的圖式，乃文王之《易》，是伏羲《易》的推演，為後天之學。」（《周易研究》，1992年第四期），頁34。

〔註66〕 案大體而言，宋代《易》學，有承襲漢唐《易》學而來者，或宗本王弼《易》注，如歐陽修、龔原、王宗傳等。或承李鼎祚《周易集解》之緒，而沿古立說，占筮機祥之術，皆極一時之盛。然能重話經義，自抒胸臆，堪稱首創者，一為圖書象數之學，此派蓋大昌於邵雍。然宋儒之有邵雍，猶漢《易》之有孟京，所謂《易外別傳》者是也，再者，佛道大昌於唐，激發理學之成長，援理學以入《易》，而以理學解《易》，實宋《易》之主流，並由是而衍生以史學解《易》之李光、楊萬里一派！故四庫館臣所謂之兩派六宗（《四庫總目提要》卷一・《易》類總論）至宋代可謂大備。兩派者，漢宋是也。六宗者，象數、機祥、老莊、圖象、儒理、史事是也。

之影響。而南宋之象數之學，亦通過程朱學派中之人物得到發展，如程頤之再傳弟子朱震對象數之學之整理，朱熹之好友蔡元定及其子蔡沈對〈河圖〉、〈洛書〉學說之闡發。朱熹則以理學派之立場，兼取義理及象數兩派，集諸儒之大成，而完成其《易》學之體系。

　　茲以宋代中程頤、朱熹之《易》學思想，分別略述如下：

一、程　頤

　　程頤（西元 1033～1107 年），字正叔，宋河南人，世稱伊川先生，曾與兄顥受學於周敦頤，官至崇政殿說書，因反對王安石新政，哲宗時，被貶至四川涪州，從事講學與著述三十餘年。其自少時學《易》，至晚年著成《伊川易傳》，此書繼承發展王弼之《易》學方法論，將義理派《易》學研究提昇至一嶄新階段，故被視爲宋代義理派《易》學最主要代表作，實立宋《易》之基礎，程頤《易》學特點有因象明理、以理解《易》，引史入《易》、以史說《理》，對待與陰陽，茲分述如下：

（一）因象明理、以理解《易》

　　程頤以爲理與象之關係是體與用〔註67〕、微與顯之關係。理寓於象、象包含理，理是《易》之體，象是理之用，理爲至微難見，象是有形、可感知，故可觀象以明理，《易程傳》，於〈易傳序〉云：

> 至微者，理也，至著者，象也，體用一源，顯微无間，觀會通以行
> 其典禮，則辭无所不備。故善學者，求言必自近，易於近者，非知
> 言者也。予所傳者辭也，由辭以得意，則有乎人焉。〔註68〕

按由辭以得意，爲程子《易》學之重心，蓋義理見乎辭，由辭以觀象，辭在而義理象數皆在其中，《程氏遺書》云：

〔註67〕　胡自逢：《程伊川易學述評》云：「體用說，由來已久，中國先哲尤側重於本
　　　　　體之探索，蓋欲以發宇宙之奧祕、究人生之極致，所謂本原之學也。體用一
　　　　　詞，先秦儒者罕言，二名並舉，始於魏王輔嗣，其《老子注》已標體用之名，
　　　　　後世習稱本體現象，旨在研求宇宙所以形成之原因以及生化萬有之跡象，斯
　　　　　二名也，宋儒稱之爲體用。體，即本體，天地萬物所由生化之根源；用，則
　　　　　其功用，作用是也。言體者，理爲實體，固有其物，言用者，生意盎然，流
　　　　　行無間。體必有用，即用得體，二者名固有別，實不可截然分割爲二也。」（臺
　　　　　北：文史哲出版社，民國 84 年 12 月），頁 41～42。
〔註68〕　程頤：《易程傳》（臺北：文津出版社，民國 79 年 10 月），頁 2。

> 張閎中問曰：「《易》之義本起於數？」程子答曰：「謂義起於數則非
> 也。有理而後有象，有象而後有數。《易》因象以知數，得其義則象
> 數在其中矣。必欲窮象之隱微，盡數之毫忽，乃尋流逐末，術家之
> 所尚，非儒者之所務也。」……又曰：「理無形也，故因象以明理，
> 理見乎辭矣，則可由辭以觀象。故曰得其義，則象數在其中矣。」
>
> 〔註 69〕

蓋象數隱微難識，論者所取，毫無理據；然以辭爲說，以辭觀象，論據有得。故程子論《易》學，非摒去象數，蓋須由「辭以得意」，而此辭之內容，是爲儒門精神，故其重點在切人事，因象明理，以理解《易》。

（二）引史入《易》、以史說《理》

程頤以爲《周易》卦爻辭皆講人事，以明得失之理，故在程《傳》卦爻辭及《易》傳之解釋中，徵引不少歷史事件及人物，借以證明《易》理。如其釋〈蒙〉卦上九爻辭「繫蒙，不利爲寇，利禦寇」時說：「九居上，剛極而不中，故戒不利爲寇。治人之蒙，乃禦寇也，肆爲剛暴，乃爲寇也。若舜之征有苗，周公之誅三監，禦寇也。秦皇漢武，窮兵誅伐，爲寇也。」此爲引古代帝王用兵之事解釋「禦寇」及「爲寇」。又如解〈遯〉卦「〈遯〉之時義大矣哉！」時說：「聖賢之於天下，雖知道之將廢，豈肯坐視其亂而不救？必區區致力於未極之間。強此之衰，艱彼之進，圖其暫安，苟得爲之，孔孟之所屑爲也，王允、謝安之於漢、晉是也。」從其引史證經觀之，其引史入《易》之目的，主要從社會、政治、倫理思想發揮《易》理，以之探尋道德修養與社會治亂興衰之理，此引史入《易》之法，對往後楊萬里、李光、王夫之等人影響至鉅。

（三）對待與陰陽

宇內萬有之變化，每有兩相對待之現象，令人，物自然彼此間發生極密切之關聯，因而對待之律則便變化不息，生生不已。此種若爲規律之自然法則，亦即天道之常，乃宇宙之所以爲變，以持其常度者。故《大易》即以此精微之原理，明析宇宙萬變之情狀。觀此書中，每多對待之辭。如語天道，則有天地、乾坤、日月、動靜、剛柔、闔闢、盈虛、消息、微顯、泰否、損益之名。語人事，則有夫妻、男女、君子、小人，出處、語默、行止、出入、

〔註 69〕 陸費逵總勘：《二程全書》（四部備要本・子部，臺灣中華書局），《遺書》卷二十一上，頁 4。

進退、俯仰、明晦、逆順、治亂、安危、盛衰、善惡之分。凡此對待之詞，皆有一陰一陽之義。而《伊川易傳》，每多言之，如：

> 天地之間皆有對，有陰則有陽，有善則有惡，君子小人之氣常停，
> 不可都生君子。〔註70〕

伊川之言對待，多先言陰陽之名〔註71〕，陰陽乃大化流行一氣之兩面，屬於天道之相對者，善惡，係就人生價值而言，有此相對之二名，君子小人，專指人之行爲而分，此三者爲對待現象至大至顯之例，舉一概三，故曰「天地之間皆有對」。推之天下之事，事物必有對待之情狀，有對待，乃足以合和而成文明，《易程傳・損・象傳》「曷之用，二簋可用享，二簋應有時，損剛益柔有時。」句下，伊川云：

> 夫子特釋曷之用，二簋可用享，卦辭簡直，謂當損去浮飾。曰：何
> 所用哉？二簋可以享也，厚本損末之謂也。夫子恐後人不達，遂以
> 爲文飾當盡去，故詳言之，有本必有末；有實必有文，天下萬事，
> 無不然者。〔註72〕

誠以有對待乃足以成文明，然對待之理，莫尚乎陰陽，因而言對待，必歸之於陰陽，兩者關係甚爲密切。

綜上所述，程頤以新儒學之「理」或天「理」闡釋《周易》，提出「因象以明理」，雖不排斥物象，但就象數與義理之關係，卻認爲義理爲本，而確立宋《易》之義理學派，皮錫瑞以爲：「程子不信邵子之數，其識甚卓。《易傳》言理，比王弼之近老氏者，爲最純正。」〔註73〕誠屬眞言。

二、朱　熹

朱熹（西元 1130～1200 年），字元晦，南宋徽州婺源（今屬江西）人，紹興進士，年輕時師事李侗，爲程頤、程顥三傳弟子，曾任泉州同安主簿、

〔註70〕同註69，《遺書》卷十五，頁15。
〔註71〕〈泰・象傳〉曰：「内陰而外陽，内健而外順，内君子而外小人。」〈泰〉卦
　　　以三陽爻在下，三陰爻在上，故云内陽而外陰。而下文又謂内健而外順，内
　　　君子而外小人，則是陽健而陰順，陽君子而陰小人。故伊川之言對待，亦多
　　　先言陰陽之名。參見江超平：《伊川易學研究》（國立臺灣師範大學國文研究
　　　所碩士論文，民國75年5月），頁113。
〔註72〕同註68，頁364。
〔註73〕參見皮錫瑞：《經學歷史》八、〈經學變古時代〉（臺北：藝文印書館，民國76
　　　年10月），頁247。

知南康軍、祕閣修撰等職。一生爲官不過十年，教授四十餘年，博極群書，尤精於《易》，著有《易學啓蒙》、《周易本義》、《太極圖說解》、《通書解》、《蓍卦考誤》、《朱子語類》等，其《易》學思想特色有《易》爲卜筮之書，以理氣論《易》、卦變說，茲分述如下：

（一）《易》為卜筮之書

朱熹從《易》之起源上強調《周易》本爲卜筮之書，其採取「四聖」說，即伏羲畫八卦，周文王演爲重卦並作卦辭，周公旦作爻辭，孔子作傳，並認爲「四聖」皆以《周易》爲卜筮之書，朱熹曰：

> 上古民淳，未有如今士人識理義嶢崎；蠢然而已，事事都曉不得。聖人因做《易》，教他占，吉則爲，凶則否，所謂「通天下之志，定天下之業，斷天下之疑」者，即此也。〔註74〕

> 八卦之畫，本爲占筮。方伏羲畫卦時，止有奇偶之畫，何嘗有許多說話！文王重卦作繇辭，周公作爻辭，亦只是爲占筮設。到孔子，方始說從義理去。〔註75〕

> 《易》乃是卜筮之書，古者則藏於太史、太卜，以占吉凶，亦未有許多說話。及孔子始取而敷繹爲〈文言〉〈雜卦〉〈彖〉〈象〉之類，乃說出道理來。〔註76〕

朱子既認《周易》本是卜筮之書，因此對經文想儘量還其卜筮原意。故在「〈乾〉元亨利貞」下云：「文王以爲乾道大通而至正，故於筮得此卦而六爻皆不變者，言其占當得大通，而必利在正固，然後可以保其終也。此聖人所以作《易》教人卜筮，而可以開物成務之精意。」以後常用「其占如此」、「其象如此」、「其象占如此」、「戒占者宜如是」等語。〔註77〕朱子有此論說乃在其不贊成以義理注解卦爻辭之文義及名物，要求從卜筮之角度，注明其原意，並以爲此卜筮之書中存在著天下事物之理，需待後人揭發，此爲朱熹對《周易》經傳研究之成果。

（二）以理氣論《易》

朱熹爲宋代理學集大成者，其研《易》將《易》學納入「理氣」思想中，

〔註74〕同註10，頁1620。
〔註75〕同註10，頁1622。
〔註76〕同註10，頁1626。
〔註77〕戴君仁：《談易》（臺北：臺灣開明書店，民國84年3月），頁106～107。

朱子以二程思想為基礎，並吸收張載氣之學說，提出理氣論；張載強調氣，忽視理；二程重視理，但忽視氣，朱熹以為一切事、物、器皆由理氣構成，朱熹曰：

> 天地之間，有理有氣。理也者，形而上之道也，生物之本也。氣也者，形而下之器也，生物之具也。是以人物之生，必稟此理，然後有性，必稟此氣，然後有形。其性其形雖不外乎一身，然其道器之間，分際甚明，不可亂也。〔註78〕

朱子認為理與氣雖為二物，但二者不可分離，並聯繫在一起，萬物之產生為理與氣相結合之結果，故《語類》云：

> 或問先有理後有氣之說。曰：「不消如此說，而今知得他合下是先有理後有氣邪？後有理先有氣邪？皆不可得而推究。然以意度之，則凝此氣是依傍這理行。及此氣之聚，則理亦在焉。蓋氣則能凝結造作，理卻無情意，無計度，無造作。只此氣凝聚處，理便在其中。」〔註79〕

此處言理與氣之關係；氣由理而凝，理由氣而顯，而朱熹又如何將《易》學牽入其理氣論中，朱熹曰：

> 太極只是天地萬物之理，在天地言則天地中有太極，在萬物言則萬物之中各有太極，未有天地之先，畢竟是先有此理，動而生陽亦只是此理，靜而生陰亦只是此理。〔註80〕

> 太極，理也；動靜，氣也。氣行則理亦行，二者常相依而未嘗相離也。太極猶人，動靜猶馬；馬所以載人，人所以乘馬。馬之一出一入，人亦與之一出一入。蓋一動一靜，而太極之妙，未嘗不在焉。
>
> 〔註81〕

朱子在解釋周濂溪《太極圖說》中化生萬物之「太極」時，言及「理」就是「太極」，朱子將《易》學之太極、陰陽、動靜合入於其理氣論中，正由於朱子之此一用心，自然亦影響及其《易》註，如「元亨利貞」之元，朱子之訓註「元」，則以「大」為第一義〔註82〕，「元亨」即「大亨」，其他卦解中有「元」

〔註78〕朱熹：《朱熹集》卷五十八，〈答黃道夫〉（成都：四川教育出版社，1996年10月），頁2947。
〔註79〕同註10，卷一，頁2。
〔註80〕同註10，卷一，頁1。
〔註81〕同註10，卷九十四，頁2376。
〔註82〕高懷民：《宋元明易學史》：「『元亨利貞』的元，自漢代孔安國、董仲舒、馬

「元亨」者，如：〈屯〉、〈比〉、〈大有〉、〈隨〉、〈臨〉、〈无妄〉、〈損〉、〈升〉、〈革〉、〈鼎〉等皆作「大」解，即受以理氣論《易》之影響。

（三）卦變說

卦變之說，本自漢儒，斯所以解〈彖傳〉往來上下之義。干弼以掃象為功，謂漢儒「互體不足，遂及卦變，變又不足，推致五行。」（《略例・明象》）因結之以「巧愈彌甚」之評，然於〈賁〉彖「柔來而文剛」、「分剛上而文柔」，乃用虞翻、荀爽義，以〈乾〉〈坤〉為眾卦之父母，而謂〈賁〉自〈泰〉卦而來，則亦不能盡去卦變矣。朱子以卦變為後天之學，於《周易本義》前列有卦變圖，其略曰：「凡一陰一陽之卦各六，皆自〈復〉〈姤〉來。凡二陰二陽之卦各十有五，皆自〈臨〉〈遯〉而來。凡三陰三陽之卦各二十，皆自〈泰〉〈否〉而來。凡四陰四陽之卦各十有五，皆自〈大壯〉〈觀〉而來。凡五陰五陽之卦各六，皆自〈夬〉〈剝〉來。」以十二辟卦為卦變之總紐，而得百二十四卦也。然圖中一陰一陽與五陰五陽重出，二陰二陽與四陰四陽重出，而三陰三陽亦自重出，故黃黎洲譏為「不勝其煩」也。而朱子於經注中明標卦變者凡十九卦，即〈訟〉自〈遯〉來，〈泰〉自〈歸妹〉來，〈否〉自〈漸〉來，〈隨〉自〈困〉、〈噬嗑〉、〈未濟〉來。〈蠱〉自〈賁〉、〈井〉、〈既濟〉來。〈噬嗑〉自〈益〉來。〈賁〉自〈損〉、〈既濟〉來。〈无妄〉自〈訟〉來，〈大畜〉自〈需〉來，〈咸〉自〈旅〉來，〈恆〉自〈豐〉來，〈晉〉自〈觀〉來，〈睽〉自〈離〉來，〈蹇〉自〈小過〉來。〈解〉自〈升〉來，〈升〉自〈解〉來，〈鼎〉自〈巽〉來，〈漸〉自〈渙〉來，〈渙〉自〈漸〉來。〔註83〕今取與卦變圖相較，除〈訟〉、〈觀〉、〈晉〉三卦與圖合，及〈頤〉、〈咸〉、〈恆〉之卦變未有明文外，餘皆不合，王懋竑以卦變圖為後人所增，非朱子之舊〔註84〕，故朱

融、鄭玄以來都訓為『始』，及『生之始』之義，這一義乃承孔子〈彖傳〉而來，且孔子作《春秋》以魯隱公『元』年開篇，也是『始』義：這是『元』的第一要義，……但在朱子，「理」是永恆普遍的形上的存在，故訓為『大』。朱子的訓註，對他的理氣論，自有道理，但對《易》學而言，卻失去了『動生之所自』的含義，而純然成了『形上的存在』義了」。同註62，頁182～183。

〔註83〕參見江弘毅：《朱子易學研究》（國立臺灣師範大學國文研究所碩士論文，民國74年5月），頁258～263。

〔註84〕白壽彝〈周易本義考〉引王懋竑《周易本義・九圖論》曰：「卦變圖、《啟蒙》詳之。蓋一卦可變為六十四卦。〈彖傳〉卦變，偶舉十九卦以為說爾。今圖、卦變皆自〈復〉、〈姤〉、〈臨〉、〈遯〉等十二辟卦而來。以《本義》考之，惟〈訟〉、〈晉〉二卦為合，餘十七卦則皆不合，其為謬妄，尤為顯然，必非朱

子《本義》所言卦變，雖非取材於卦變圖，然卦變說或亦可視爲其《易》學特色。

第五節　元明《易》學研究概況

元代以蒙古人入主中原，在《易》學之研究是對宋代《易》學之繼承，元人研究《周易》之方法及內容基本不出宋人之範圍，元儒說《易》多以程朱爲宗，且更爲尊朱。元代《易》學著作，除專釋經文或兼釋經傳，闡明筮法、象數、圖書，並雜論《易》學外，尚有專門闡釋朱子《易》學及折衷程朱異同二大特色，黃沛榮師〈元代易學平議〉云：

> 朱子爲南宋通儒，影響深遠，其《易》學專著，以《周易本義》與《易學啓蒙》至爲重要，元人《易》學上承南宋，故有關二書之研究，頗爲熱絡。釋前書者，如胡一桂《周易本義附錄纂疏》十五卷、胡炳文《周易本義通釋》十二卷、熊良輔《周易本義集成》十二卷、張清子《周易本義附錄集注》十一卷、劉霖《易本義童子說》等皆是；釋後書者，如胡一桂《易學啓蒙翼傳》四卷、胡炳文《周易啓蒙通釋》二卷、程直方《啓蒙翼傳》、黃瑞節《易學啓蒙注》四卷、程佖《易學啓蒙類編》、程時登《周易啓蒙輯錄》等皆是。折衷程朱同異者，如趙采《周易程朱傳義折衷》三十三卷、鄭玉《程朱易契》、董眞卿《周易經傳集程朱解附錄纂註》、唐元《易傳義大意》十卷、吳存《周易傳義折衷》等。〔註85〕

元代《易》學之研究，雖多標榜以程朱爲宗，但實際以尊朱爲甚，因朱熹《易》學兼言義理象數，故如俞琰者，著《周易集說》、《讀易舉要》，於《易》學之成就，乃在義理與象數並重，其《易》源於漢、魏、唐、宋諸儒，說《易》初主程頤、朱熹之說，後研求經文，創發新義，自爲一家〔註86〕。而吳澄著

子之舊，明矣。」此說屬實，惟王氏疏漏一卦耳。此文載於《史學集刊》第一期，民國25年4月出版。

〔註85〕黃沛榮師：〈元代易學平議〉，此文收入楊晉龍主編：《元代經學國際研討會論文集》（中央研究院中國文哲研究所籌備處，民國89年10月），頁187。

〔註86〕林文鎭：《俞琰生平與易學》云：「《周易集說》，大抵以朱子《本義》爲主，而參以《程傳》，又集諸家之善者而爲之說。三十年間，矻矻研思，凡經四稿，終於程朱之外，自創新義，而成一家之言。」（國立臺灣師範大學國文研究所碩士論文，民國80年5月），頁92。

《易纂言》及《易纂言外翼》二種，前者取呂祖謙、朱熹之說，還《周易》古本之貌，至為可取〔註87〕。元代於程朱《易》學盛行之際，而提倡漢《易》之象數者如陳應潤《周易爻變義蘊》四卷、曾貫《易學變通》六卷、徐之祥《讀易蠡測》、何中《易類象》二卷、黃定子《易說》等亦不失漢《易》之遺裔。乃若王弼之《易》學亦有兼及者，如郝經《周易外傳》八十卷、李簡《大易術說》等，而發揮王弼《略例》為之補釋者，則陳禧《周易略例補釋》一卷、亦王弼之功臣。疑古而及〈序卦〉〈雜序〉之非出孔子者，如王申子《大易緝說》十卷、則導自歐陽修之疑者也。故元代《易》學興盛，上承宋代《易》學，下啓明清，於《易》學史上，亦自有不可忽視之功績。

　　明代程朱理學獨尊，以理學講《易》，仍為明代《易》學之主流，影響最大之《易》學著作為胡廣奉敕編撰之《周易傳義大全》，此書為明代之《五經大全》中一部，明成祖永樂十三年（西元 1415）詔頒天下。「傳」指程頤《伊川易傳》，「義」指朱熹《周易本義》，將二書作為其經注；又由胡廣鈔錄其他宋人《易》本而成。如董楷《周易傳義附錄》、董真卿《周易會通》、胡一桂《周易本義附錄纂疏》、胡炳文《周易本義通釋》等書〔註88〕此書為

〔註87〕涂雲清：《吳澄易學研究》云：「草廬《易纂言》一書，匯象、數、理、占、圖書於一爐，其門徑之廣，雖古今所未有，然觀草廬之書，及諸家所論，其《易》學實多有所承，殆非鑿空而起者，如象學多承自漢儒，尤以虞翻《易》說為然，草廬《易纂言》雖未明言，然觀其《易》例，不乏創自虞翻者可知；有宋邵子明教，蔡西山繼闡其學，草廬之數學殆淵源於此；《易》傳而下，以理釋《易》者，輔嗣首倡之，宋儒胡安定、程子繼起，《易》理之明已極，草廬《易》學之言理者，多承於此；《易》為卜筮而作，儒者罕言，朱子《本義》獨發其義，草廬言占，固導源於朱子；圖書之學，古所未有，希夷陳氏，首傳其圖，康節得其學，發為先、後天卦圖，朱子尊信之，著於《本義》及《啓蒙》之首，草廬治《易》，頗重圖書，蓋來自康節及朱子者也。」（國立臺灣大學中國文學研究所碩士論文，民國 87 年 6 月），頁 169。
〔註88〕紀昀《四庫全書總目》云：「朱彝尊《經義考》謂廣等就前儒成編，雜為鈔錄，而去其姓名。《易》則取諸天台、鄱陽二董氏，雙湖、雲峰二胡氏。於諸書外，未寓目者至多云云。天台董氏者，董楷之《周易傳義附錄》；鄱陽董氏者，董真卿之《周易會通》；雙湖胡氏者，胡一桂之《周易本義附錄纂疏》；雲峰胡氏者，胡炳文之《周易本義通釋》也。今勘驗舊文，一一符合，彝尊所論，未可謂之苛求。然董楷、胡一桂、胡炳文篤守朱子，其說頗謹嚴。董真卿則以程、朱為主，而專採諸家以翼之，其說亦頗賅備。取材於四家之書，而刊除重複，勤為一編，雖不免守匱抱殘，要其宗旨，則尚可謂不失其正。」《四庫全書總目》卷五・經部・《易》類五，《周易大全》條提要，第一冊（臺北：台灣商務印書館，民國 72 年 7 月），頁 24～25。

科舉取士之標準本。私人著述，可取者有崔銑《讀易餘言》、蔡清《易經蒙引》、高攀龍《周易簡說》、焦竑《易筌》、李贄《九正易因》、唐鶴徵《周易象義》、楊爵《周易辯錄》、逯中立《周易札記》、陳念祖《易用》、來知德《周易集注》等。

綜觀朱熹《易》學乃集周敦頤、程頤、邵雍、歐陽修、張載等北宋以來《易》學家之大成，獨立發揮，形成自己體系，並合義理、象數為一爐，思慮周詳，反覆辨證，以求其微旨，故研究象數、義理者，勢必研讀朱子《易》學，宋、元、明、清諸儒後世研《易》者，莫不以朱《易》為藍圖，或申述、或質疑，要之不外優游於其中，如清惠棟為治漢《易》之大家，亦嘗作《周易本義辨證》，故研究斷代《易》學史者，不能不精心研讀朱子《易》學矣。

第三章　清代《易》學之發展及其特色

第一節　清代《易》學概說

　　清人起自滿洲，由瀋陽遷都北京，君臨中夏，在世祖順治元年（西元 1644 年），至宣統三年（西元 1911 年），溥儀遜位。清代為中國學術文化集大成之時期，其經學之盛，遠過前代；在渡過明代二百餘年之經學衰微時代後〔註1〕，清初康熙、雍正、乾隆三帝，相繼獎勵學術、懷柔漢人，並興大規模之編纂事業、清代經學又邁入一興盛時期，而經書自孔子以降，歷代皆有甚多解釋與闡述，經學本為中國學術之主幹，然歷代學者解經，傾向各異，漢人守家法；魏晉人則雜以老莊，唐代以《五經正義》定於一章；宋又另闢蹊徑，合儒釋道三者為一而成理學；元明承宋之遺緒，奉行朱子之說；而至清代，經學之發展，尤為多樣，經學亦為清代學術之主流，梁啓超曰：「清學自當以經學為中堅，其最有功於經學者，則諸經殆皆有新疏也。」〔註2〕一般而言，清人在經學方面所作之努力，一是注釋，二是校勘，三是輯佚，故皮錫瑞《經學歷史》云：

> 國朝經師有功於後學者有三事，一曰輯佚書，⋯⋯一曰精校勘，⋯⋯一曰通小學，⋯⋯。〔註3〕

〔註1〕 參見皮錫瑞《經學歷史》，其言曰：「經學至明為極衰時代。而剝極生復，貞下起元，至國朝，經學昌明，乃再盛而駁駁復古。」（臺北：藝文印書館，七十六年 10 月），頁 317～318。

〔註2〕 梁啓超：《清代學術概論》（臺北：臺灣商務印書館，民國 74 年 2 月），頁 81。

〔註3〕 同註 1，頁 363～364。

在清代經學之復興時代，胡適亦云：「清朝的經學有四個特點：一、歷史的眼光，二、工具的發明，三、歸納的發明，四、證據的注重。」〔註4〕所謂「歷史的眼光」，乃指治經以清學為宗，發揮清儒遺說。而對於清代經學之著作，皮錫瑞於《經學通論》中即言「論說《易》之書最多，可取者少」〔註5〕，清代《易》學研究人才輩出，著作之豐，據《清史稿藝文志拾遺·經部·易類》記載彼時《易》書凡九百六部，四千二百三十卷，內不分卷者五十四部〔註6〕。而依據各種記載，清代《易》學專著，現存可知者，有三百餘種，而清人雜著中之《易》學資料亦甚豐富〔註7〕，觀諸清代《易》學文獻之內容而言；有尊義理之學者、有言象數之學者、有闡發程朱《易》之學者、有倡導或批駁圖書之學及邵雍《易》之學者，亦有調和義理與象數兩派觀點者。就經學傾向而言，有標榜宋學者、有推重漢學者、亦有折中漢宋兩派者，派別雖分歧多方，但其宗旨不出於漢宋兩代《易》學之窠臼。

　　清代之《易》學，就其淵源而言，其沿宋元明三代之遺緒，以理學、圖書、象數、史事、占筮、佛老解經者仍大有人在。而於《易》之考據、音韻、論述、凡例、輯佚者超邁前代。〔註8〕而就其階段而言，可分二個階段：一是宋《易》階段，由明末至清初。一是漢《易》階段，從清全盛期至清末。

〔註4〕參見胡適：〈戴東原的哲學〉，此文收入歐陽哲生編《胡適文集》第七冊（北京：大學出版社，1998年），頁245。

〔註5〕皮錫瑞：《經學通論》（北京：中華書局，1954年10月），頁43。

〔註6〕按：依據周玉山〈易學文獻原論〉（二）一文又記載：「《清史稿藝文志》著錄《易》類一八六部，又術數類占筮四部，《清史稿藝文志補編》（武作成）著錄《易》類一八六部，又術數類占筮三部，《清史稿藝文志拾遺·易類》（王紹曾）著錄七八六部，此三目之《易》類計一三〇六部，易占計七部，為清代《易》學著述情況之總結。」（《周易研究》，1994年第一期），頁40。

〔註7〕黃沛榮師云：「清人雜著以「文集」、「雜考」、「提要」、「序跋」、「書信」、「文例」等為最大宗。」見《易學乾坤》（臺北：大安出版社，1998年8月），頁269。

〔註8〕徐芹庭云：「以理學解經則以程朱《易》為大宗，蓋清代亦沿元明以程朱《易》課試，故程朱與理學派解經之宋學多擅揚於清初。述《易》者亦多兼明圖書，或沿述舊圖，或另立新圖，或與象數合流，亦如宋元明三代。乾隆嘉慶以後，考證學興，則成象數派專執牛耳之時。蓋清初四帝，皆興文字獄。而明代餘老多唱經術實用之學，故漢代象數之學彬彬盛於時。或述漢儒之學，或溯漢《易》之波，或探象數之深賾，或考圖書之誤謬，或輯漢儒以來之《易》注，或述漢《易》之凡例，或探《易》之音訓，或考稽《易》之經文。蓋為漢學復興之時。至於占筮、史事、佛老解經者則不如象數理學之盛。」見《易學源流》（臺北：國立編譯館，民國76年8月），頁993。

宋《易》階段，又可分爲象數《易》學，及義理《易》學。象數派專以圖書解《易》；義理派則反對圖書之學，而著重經傳之文辭中之義理。雖二派相互對立，但因經傳以明道，不追求於文字訓詁之解釋，不停留於圖書象數上，而將其作爲闡發性理之工具，則爲一致。而漢《易》之時期，則是用輯佚、校勘、考據之方法以治《易》，其固然不同於富含哲理之宋《易》，亦有異於歷史上之漢代《易》學，傳統之漢代《易》學，充斥著陰陽災異與天人感應，而清代漢《易》之主流即是排斥迷信、倡導實事求是之樸學《易》，此說雖難免談及爻辰、卦變，甚至於讖緯，但其旨在祖述，目的在恢復歷史之眞。〔註9〕此爲清代《易》學發展之梗概。

第二節　清代《易》學興盛與發展之原因

　　一般而言，物類之起，必有所始，學術亦然；學術乃一不斷發展之過程，欲明瞭某代學術之發展概況，須先知其興盛發展之原因，清代《易》學歷經二百餘年之蓬勃發展，能於中國《易》學史中佔有一席之地，蓋有其特殊之時代背景，而以致之也，今試分析其原因如下：

一、政治勢力之影響

　　滿清以異族入關，其奠定北京，雖僅四十日，而平定各地，幾及四十年。勇將悍卒，雖可以武力制服，然知識分子之心難得，遂成統治者之障礙。故其策略或採高壓，或兼懷柔，既注重倫常，提倡經學，卻又大興文字獄，在康熙執政期間，即以此行動杜絕知識份子繼續領導反清革命運動，同時又大量引用漢人出仕清政府官職，籠絡人心，希能降低漢人之反抗意圖。康熙提倡朱子之學，朱子爲中國正式建立「道統」觀念者，專掌「治統」〔註10〕之康熙帝，夙好程朱，深談性理，彼企圖以「聖君」之形象，影響士大夫。而爲消弭夷夏之防，提倡理學；康熙帝命李光地仿明代之《性理大全》，編《性理精義》；又命李光地「采摭群言」，撰成《周易折中》，以朱熹《周易本義》

〔註9〕參見孫劍秋：《清代吳派經學研究》（臺北：國立政治大學中文研究所博士論文，民國81年12月），頁121~122。
〔註10〕王夫之《讀通鑑論》卷十三云：「天下所極重而不可竊者二，……天子之位也，是謂治統；聖人之教也，是謂道統。」見《船山全書》第十冊，頁479。（長沙嶽麓書社，1996年10月）。

爲次序，貶斥明《永樂大典》中《易經大全》「華而寡要」、「龐雜割裂」、「無所取裁」之弊〔註11〕，此書名爲「折中」，實則以朱熹《本義》爲綱領，而雜採調和各家《易》說，特別是象數與義理兩派之觀點，《四庫全書・經部・易類・提要》云：

> 是編冠以《圖說》，殿以《啓蒙》，未嘗不用數而不以盛說河洛致晦
> 玩占觀象之原；冠以《程傳》，次以《本義》，未嘗不主理而不以屏
> 斥纖諱並廢互體變爻之用。其諸家訓解，或不合於伊川，紫陽而實
> 足發明經義者，皆兼收並採，不病異同。〔註12〕

《周易折中》爲官方《易》學代表作，康熙並爲之作序，而經康熙審定之《易》學著作，尚有《日講易經講義》，故清朝《易》學研究興盛，並出現漢、宋《易》學爭鳴之局，實與清初康熙定下「兼收並採，不病異同」之治《易》方針，有極大關係。

及至乾隆時，爲進一步執行康熙之政策，又命傅恒等學者撰《周義述義》，推闡《周易折中》之說，此書「所解皆融會群言，擷取精要，不條列姓名，亦不駁辨得失；……大旨以切於實用爲本」。並清楚地表明：「諸臣仰承指授，於宋《易》、漢《易》酌取其平，探義文之奧蘊，以決王、鄭之是非，千古《易》學，可自此更無異議矣！」〔註13〕故無論是李光地「奉敕」撰《周易折中》，使「數百年分朋立異之見，至是而盡融」，或是傅恆等人「仰承指受」撰《周易述義》，使「宋《易》、漢《易》酌取其平」，其根本目的，皆在於，康熙、乾隆認爲如此作爲，將更便於對大臣之思想統治，此爲政治勢力之影響所致。

二、對心學末流之反動

自兩宋以降，理學大盛，或摻雜佛老，或逞臆說，或憑空言而自矜，流風所被，天下群從，迄於明代中葉，王陽明「致良知」學說興起後，學者逐漸輕視讀書之功效。又加以彼時講學風氣盛行，所談論者非語錄糟粕，即是性理爛語，虛疏之病愈甚，於是末流之學者，便養成束書不觀，空言性命之

〔註11〕李開：《惠棟評傳》（南京：南京大學出版社，1997年7月），頁179。
〔註12〕紀昀等編：《文淵閣四庫全書》，第三十八冊（臺北：台灣商務印書館，民國72年7月），頁12。
〔註13〕文見《四庫全書・經部・易類》之《周易述義》簡介，轉引自劉大鈞《易經概論》（成都：巴蜀書社，1999年12月），頁212～213。

旨，遊談無根，相爭口舌之間，在此學風日益墮落下，能躬自反省者日漸少，而倡狂自肆者日漸多，明末清初有識之士，常思矯其弊，以振民族人心於既亡，紛紛提出抨擊，黃宗羲曾云：

> 明人講學，襲語錄之糟粕，不以六經為根柢。束書而從事於游談。
〔註14〕

顧炎武於《日知錄》卷七亦云：

> 劉、石亂華，本於清談之流禍，人人知之。孰知今日之清談，有甚於前代者，昔日之清談談老莊，今日之清談談孔孟，未得其精，而已失其粗；未究其本，而先辭其末。不習六藝之文，不考百王之典，不綜當代之務。舉夫子論學論政之大端一切不問，而曰一貫、曰無言。以明心見性之空言，代修己治人之實學，股肱惰而萬事荒，爪牙亡而四國亂，神州蕩覆、宗社丘墟，昔王衍妙善玄言，自比子貢，及言石勒所殺，將死，顧而言曰：「吾曹雖不如古人，向若不祖尚玄虛，戮力以匡天下，猶可不至今日。」今日之君子，得不有媿乎其言？〔註15〕

王夫之亦批評此一現象曰：

> 近世小人之竊儒者，不淫於鬼而淫於釋，釋者，鬼之精者也。以良知為門庭，以無忌憚為蹊徑，以墮廉恥，捐君親為大公無我。故上鮮失德，下無權姦，而萍散波靡，不數月而奉宗社以貽人，較漢之亡為尤酷焉。小人無憚之儒，害風俗以陸沈天下，禍烈於蛇龍猛獸。〔註16〕

明末王學之龍溪、近溪因主「無善無惡是本體」，故特重陽明體認本體之工夫，其弊至於「玩弄光景」〔註17〕、「束書不讀」、「無所事事」〔註18〕泰州之王艮、李贄倡「滿街都是聖人」、「穿衣吃飯就是道」，將「良知」視為不假修為，當下即是。陶望齡、陶奭齡又大煽宗風，援佛入儒。雖二溪、王艮、李贄、二陶其本身人品頗有足取之處，然其教法終是過激，且給小人脫卸罪

〔註14〕見清全祖望：《鮚埼亭集》卷一一，〈黎洲先生神道碑文〉（臺北：華世出版社，民國66年3月），頁136。
〔註15〕顧炎武：《日知錄集解》卷七（臺北：臺灣中華書局，民國55年3月），頁6。
〔註16〕同註10，卷五，頁203。
〔註17〕見周駿富輯黃黎州《明儒學案》，評羅近溪語。收入《明代傳記叢刊》（臺北：明文書局，民國80年10月），頁762。
〔註18〕顧憲成說心是活物，最難把捉。如以吾心為是非標準，那就是無星之杆、無寸之尺，將率天下一歸於無所事事（《小心齋箚記》，卷一，廣文書局本）。

責之藉口〔註19〕。此種不良心學學風，只空談良知心性，置國計民生於不顧，乃為導致明朝亡國之因，故清初黃、顧、王三人為謀補偏救弊之道，乃對其流弊，提出修正，而使清代學術走向乾嘉考據學極盛之時代，梁啓超於《清代學術概論》中云：

> 綜觀二百餘年之學史，其影響及於全思想界者；一言蔽之，曰：「以復古為解放」，第一步：復宋之古，對於王學而得解放；第二步：復漢唐之古，對於程朱而得解放；第三步：復西漢之古，對於許、鄭而得解放；第四步：復先秦之古，對於一切傳注而得解放；夫既已復先秦之古，則非至對於孔孟而得解放焉不止矣！〔註20〕

清代學術，因有明末之空疏，始有清初之敦實；有明末之蔑視讀書，始有清初之提倡經術；有明末之輕忽踐履，始有清初之注重躬行，在在皆對明代心學末流之反動結果，而走向「實學」之路，即對經典文義之理解，尊重古訓與史實，提倡考據學風，恢復經書本來面貌為主〔註21〕，清代漢《易》之興盛，即由此而產生矣。

三、通經致用之轉變

通經致用之主張乃明末清初學者所共有之思想特徵，蓋清初之學風是明道以救世；清儒是以治經為本業，其為闡明治經之意義，乃提出通經能致用高見。清初之顧炎武以為致用應從通經下手，而對於經典本身之內容及解釋，必須有一確定之標準方可，故用客觀方法之求真、實之考據工作遂運應而起。所謂由致用而通經，由通經而考據，便是清初學風至乾嘉學風之演進過程，乾嘉學風既一轉為學宗漢儒，必訓詁以通經，惠棟曰：

> 漢人通經有家法，故有五經師訓詁之學，皆師所口授，其後乃著竹帛。所以漢經師之說立於學官，與經師並行。五經出於屋壁，多古字古言，非經師不能辨。經之義存乎訓，識字審音，乃知其義。是

〔註19〕 參見詹海雲〈清初實學思潮〉（收錄於《第一屆清代學術研討會論文集》，台灣國立中山大學中國文學系編印，民國78年11月），頁13。

〔註20〕 同註2，頁13。

〔註21〕 朱伯崑《易學哲學史》第四卷云：「明清之際思想家提出的『實學』，即這一運動的宗旨。其所倡導的實學，有兩層含義：一是對經典文義的理解，尊重古訓和史實，提倡考據學風，恢復經書的本來面貌；二是研究經書的目的在於經世致用，解決有利於國計民生的實際問題，不是空談道德性命。」（臺北：藍燈文化事業股份有限公司，民國80年9月），頁2～3。

古訓不可改也，經師不可廢也。〔註22〕

惠棟治學重視漢人師家法，又強調由識字審音以求經義，此一爲學蹊徑，普爲當時學者所接受，阮元亦曰．

聖賢之道存於經，經非詁不明。漢人之詁去聖爲尤近，譬之越人之語言，吳人能辨之，楚人則否；高曾之容體，祖父及見之，雲仍則否。蓋遠者見聞，終不若近者之實也。〔註23〕

道存乎聖人之經，明道必先通經，通經須明故訓，明故訓當取徑於漢人，此爲乾嘉學者治學之共識，往後如皮錫瑞身處此背景，亦有此共識，如其《易學通論》，反宋學，不取宋儒之〈河圖〉〈洛書〉，取黃宗羲《易學象數論》、黃宗炎《圖書辨惑》兄弟之論，及胡渭《易圖明辨》等說，斥宋儒之謬。取小學聲韻訓詁之法，以論《周易》文字之正解，是東漢學者之所長，亦即乾嘉學風之所重。「通經致用」，以學術指導政治，化育萬民，爲西漢今文家之通識，是知皮錫瑞身處清末，其用心不離「通經致用」，而其目的在面對政治時局之混亂，而激起學者憂世之憫情〔註24〕，此爲清代《易》學家通經致用之轉變例證。

四、崇古復古風氣之盛行

一般而言，崇古觀念，自孔子以來，於儒者之心中，則存在焉，復古亦然；清代學者於經學之提倡，不遺餘力，終至漢學風氣大開，此亦受其崇古復古之觀念所影響，皮錫瑞《經學歷史》云：

經學自兩漢後，越千餘年，至國朝而復盛。兩漢經學所以盛者，由其上能尊崇經學、稽古右文故也。國朝稽古右文，超軼前代。……夫漢帝稱制臨決，未及著爲成書；唐玄宗御注《孝經》，不聞編通六藝。今鴻篇鉅製，照耀寰區；頒行學官，開示蒙昧。發周、孔之蘊，持漢、宋之平。承晚明經學極衰之後，推崇實學，以矯空疏，宜乎漢學重興，唐、宋莫逮。〔註25〕

〔註22〕 見惠棟：《松崖文鈔》卷一，〈九經古義述首〉（臺北：藝文印書館，1970年），頁4。

〔註23〕 見阮元：《揅經室二集》卷七，〈西湖詁經精舍記〉（臺北：臺灣商務印書館，民國56年2月），頁505。

〔註24〕 參見高志成：《皮錫瑞易學述論》（私立逢甲大學中國文學研究所碩士論文，民國84年5月），頁21。

〔註25〕 同註1，頁323。

朱希祖〈清代通史初版序〉更強調復古對清代經學之影響，其言曰：

> 竊謂清代考據之學，其淵源實在乎明弘治、嘉靖間前七子文章之復古：當李夢陽、何景明輩之昌言復古也，規摹秦漢，使學者無讀唐以後書，非是，則詆爲宋學。李攀龍、王世貞繼之，其風彌甚。然欲作秦漢之文，必先能讀古書；欲讀古書，必先能識古字；於是《說文》之學興焉。……當此之時，承學之士，類能審別字形，至刻書亦多作篆楷，以《說文》篆字之筆畫，造爲楷書，……然古書之難讀，不僅在字形，而尤在字音；於是音韻之學興焉。……清興，顧炎武乃以實事求是之學，提倡一世，於是音韻明而訓詁明，訓詁明而古書不難盡解。……於是古經疑悟豁然貫通，經學昌明，旁通子史，此考據之學發達之正因也。〔註26〕

明代前後七子提倡復古之風，以後士響應此運動，於是由復古，形成好古書，進而崇古，至清代學者，習其風，經學邁向考證之途，《易》學研究亦受崇古復古風氣影響矣。

以上所言，爲清代《易》學興盛發展之原因，由於反對空談義理，明末清初便出現一批學者，從文獻考證及辨僞之角度，向宋《易》中之圖書之學及邵雍派先天《易》學展開大辯論，掀起反對圖書之學風氣，黃宗羲、黃宗炎、毛奇齡、胡渭等人爲其代表。經過此次批判，清代《易》學中之象數之學，遂轉向復興漢《易》之途；乾嘉年間，由於清朝推行文化高壓政策，實學中經世致用思想受到壓制，而注重文字訓詁之考據學深受重視，復興漢《易》之人物爲惠棟及張惠言。漢儒之學，以其去古未遠，最重訓詁，其特色與價值極多，故惠棟起，承其家學，博通經史，精研三十年，引伸觸類，始得貫通其旨。其立說在追考漢儒《易》學；又張惠言上承惠棟《易》學基礎，而得以使漢《易》之面目，重現於學術上；特別是虞氏《易》，更是上承田何，求孔子《易》學之關鍵；是以張惠言多加推崇虞氏《易》。更有焦循以其畢生精力，致力於《易》學研究，創立條例，使經、傳文辭，合爲一體；自詡可解千年來，《易》學之困惑。尤有進者，以六書轉注、假借，訓詁於卦爻辭經、傳之文，而解開難解之字，乃爲初學者所應急治者。清代《易》學之如此演進，諸家之研究，皆與其學術發展背景有密切關係，於此可見矣。

〔註26〕見蕭一山：《清代通史》（臺北：臺灣商務印書館，民國 61 年），頁 941～942。

第三節 順康雍時期之《易》學

清代《易》學沿明代之緒餘，故清初乃爲程朱《易》學主其牛耳，順治、康熙咸以程朱學爲唱，順治皇帝曾令大學士傅以漸，左庶子曹本榮撰《易經通注》九卷，蓋以王孔註疏、程朱傳義，學者所宗而永樂年間胡廣《周易大全》，雖編輯群言，然乃折衷諸論，並採輯明代以來闡揚《易》義者，輯成斯書。雖曰斟酌象數義理，而歸大中，然所採乃以程朱派之《易》學爲主流。清聖祖時，宋《易》地位超卓，然因其不滿於《周易大全》之繁雜，又爲平息宋《易》義理派與象數派之論爭，而命李光地主修《周易折中》，企圖以「兼收眾采，不病異同」之方針治《易》，故此時期義理、象數兩派學者極多，著述甚夥，茲以其重要各家所長及著作，依序略述如下：

一、孫奇逢

孫奇逢（西元 1584～1675 年）字啓泰，號鐘元，學者稱夏峰先生，直隸容城人，明萬曆舉人。方明末清初時，天下大亂，六十六歲之孫奇逢，因田園從龍諸貴侵佔，不得不於清順治六年（西元 1649 年）十一月十一日，將妻攜子，四十餘口，離家南徙。於順治七年（西元 1650 年）三月二十七日，路經囚禁文王之羑里城下，其注目張望，感慨萬千，矢志以文王爲師，致力《周易》之研究。次日，與姻友李霞表相遇於南徙途中之淇縣西崗村，李霞表頗精《易》道，孫奇逢重其爲人，贈號「三无氏」，而問之於《易》。〔註27〕乃隱居蘇門山下，撰有《讀易大旨》五卷，《周易十卦解》四卷，《讀易大旨》撮《易》之體要以示門人，末附與三无老人李對論《易》之語，大意在發明義理，切近人事，以〈象傳〉通一卦之旨，由一卦通六十四卦之義，其旨在教君相於制小人上用力〔註28〕，其平生研《易》，以學以致用爲務，重實用之學。

《讀易大旨》五卷著錄於《清史稿藝文志拾遺・易類》〔註29〕、《國立故宮博物院善本舊籍總目》〔註30〕、收入《大易類聚初集》〔註31〕、《四庫全書》

〔註27〕 參見李之鑒：〈論孫奇逢「學《易》全是用《易》」的學以致用思想〉（《周易研究》，1993 年第一期），頁 20。
〔註28〕 同註27，頁 24。
〔註29〕 指王紹曾：《清史稿藝文志拾遺・易類》（後引同此）。
〔註30〕 指臺北故宮博物院編印《國立故宮博物院善本舊籍總目》（後引同此）（民國72 年 4 月）。

〔註32〕、《皇清經解》〔註33〕。

二、刁 包

刁包（西元 1601～1667 年）字蒙吉，直隸祁州（今河北安國）人，少承家學，大啓舉人，中舉後再赴禮闈不遇。見天下將亂，遂棄舉子業，以學道自任，學者歸之。崇禎末，流寇犯境，毀家倡眾，誓固守，城得完，入清代終不出。歸隱築「潛室亭」、「肥遁」兩齋，著書養母二十餘年，其《易》說以程頤《易傳》本義爲主，雖偶言象數，惟皆北宋陳希夷、李之才之圖象學，非漢以來相傳之法。其推闡《易》理，足以羽翼程朱之傳義〔註34〕，刁包曾與孫奇逢辯質「良知」，聯諸儒講學，學重高攀龍，以謹言行爲要，生平著書，以明道爲主，撰有《易酌》十四卷。

《易酌》十四卷著錄於《清史稿藝文志拾遺・易類》、《國立故宮博物院善本舊籍總目》、《千頃堂書目》〔註35〕，收入《四庫全書》、《續修四庫全書》〔註36〕。

三、黃宗羲

黃宗羲（西元 1610～1695 年）字太沖，號黎洲，浙江餘姚人，生於明神宗萬曆三十八年，卒於康熙十六年，黎洲從學劉宗周，青年時領導「復社」反對宦官權貴，幾遭殺害。及清兵南下，召募義兵抗清，成立「世忠營」，被魯王任爲左副都御史。入清後，隱居著述，拒應博學鴻詞科，黃宗羲研《易》係究心於象數之原，其論象以爲聖人以象示人，有八卦之象、六爻之象、象形之象、爻位之象、反對之象、方位之象、互體之象等，後儒所爲僞象，有納甲、動爻、卦變、先天等，四象雜入而七象反晦。故崇七象而斥四象。《遁

〔註31〕指趙韞如編次《大易類聚初集》（後引同此）（臺灣：新文豐出版社，民國 72 年 4 月）。

〔註32〕指紀昀等編：《文淵閣四庫全書》（後引同此）（臺北：臺灣商務印書館，民國 72 年 7 月）。

〔註33〕指臺北復興書局編印《皇清經解》（後引同此）（民國 61 年年 11 月 11 月）。

〔註34〕同註 8：頁 1000。

〔註35〕指清黃虞稷《上海千頃堂書目》（後引同此）（上海：上海古籍出版社，1990 年）。

〔註36〕指《續修四庫全書》編纂委員會編《續修四庫全書》（後引同此）（上海：上海古籍出版社，1995 年）。

甲》、《太乙》、《六壬》三書皆主九宮，以參詳人事。以鄭康成之「太乙行九宮法」證太乙，以《吳越春秋》之占法、《國語・冷州鳩》對證六壬，而說後世都失其傳，以訂證數學之失。〔註37〕撰有《易學象數論》六卷。

　　《易學象數論》六卷著錄於《清史稿藝文志拾遺・易類》、《國立故宮博物院善本舊籍總目》、《國立中央圖書館善本書目》〔註38〕，收入《四庫全書》、《四庫全書珍本》、《易經集成》〔註39〕、《大易類聚初集》。

　　又據朱彝尊《經義考》引汪瑞齡為《易學象數論》所作之序云：

> 《易》自有象數，而特非焦、京輩所云也。姚江黎洲夫子通天地人
> 以為學，凡天官、地理以及九流術數，無不精究。慨象數之失其正，
> 而為異說所淹汩也，作《論》辨之。論其倚附於《易》，似是而非者，
> 析其離合，為〈內編〉三卷；論其顯背於《易》，而自擬為《易》者，
> 決其底蘊，為〈外篇〉三卷。〔註40〕

由此可知黃宗羲作《易學象數論》基本上乃贊同《易》中確有象數之說，而以象數說《易》，亦非《易》之外道，黃宗羲見前人雖有以象數說《易》者，然彼等所言之象數已非《易》之象數，是以作此書以辨之。

四、顧炎武

　　顧炎武（西元 1613～1682 年）初名絳，字寧人，學者稱亭林先生，江蘇崑山人。明諸生，少年時參加「復社」反宦官權貴之專橫。清兵南下，嗣母王氏殉國後，又參加昆山、嘉定一帶人民抗清起義。失敗後，遍遊華北，並結納抗清豪傑，以圖復明，晚居陝之華陰，入清後，拒受博學鴻詞科，治經側重考證，開清代樸學風氣，主張「經世致用」之實際學問。所作《日知錄》卷一皆有其研《易》之考證，然於此卷〈朱子周易本義〉條〔註41〕、〈卦爻外

〔註37〕張其成：《易學大辭典》（臺北：建宏出版社，1996 年 2 月），頁 1086。

〔註38〕指國立中央圖書館編《國立中央圖書館善本書目》（後引同此）（民國 75 年 12
　　　　月）。

〔註39〕指嚴靈峰：《無求備齋易經集成》（後引同此）（臺北：成文出版社，民國 65
　　　　年元月）。

〔註40〕林慶彰、蔣秋華、楊晉龍、張廣慶編審，馮曉庭、陳恆嵩、侯美珍點校《點校
　　　　補正經義考》第二冊（中央研究院中國文哲研究所，民國 88 年 8 月），頁 755。

〔註41〕《日知錄集釋》卷一〈《朱子周易本義》〉條：云「《周易》自伏羲畫卦，文王作
　　　　〈彖辭〉，周公作〈爻辭〉謂之經，經分上下二篇，孔子作《十翼》，謂之傳。」
　　　　同註15，頁3。

無別象〉條〔註42〕，以爲「《十翼》爲孔子所作」之文句，則值得商榷，黃沛榮師於《易學乾坤》云：

> 春秋之世，已有闡釋《易》理之篇章傳世。《左傳·昭公二年》載韓宣子觀書於魯所見之「易象」，雖莫知其詳，蓋爲釋《易》之作。另如《左傳》襄公九年穆姜申〈隨〉卦卦辭「元亨利貞」四字，昭公十二年惠作對〈坤〉卦六五爻辭之詮釋，皆與傳世之《易》傳相近。晉汲冢竹書有〈卦下易經〉一篇、〈公孫段〉二篇，當爲早期之《易》傳。汲冢爲魏襄王墓，而襄王卒於西元前二九六年，是則戰國之世，已頗有《易》傳流傳矣。孔子旣嘗讀《易》，其有所撰述，自有可能，唯《易》傳七種是否孔子所作，則宜分別論之。有關孔子與《易》傳七種之關係，最早見於《史記·孔子世家》：「蓋孔子晚而喜《易》，序〈彖〉、〈繫〉、〈象〉、〈說卦〉、〈文言〉。」至《漢書·藝文志》更明言孔子爲之〈彖〉、〈象〉、〈繫辭〉、〈文言〉、〈序卦〉之屬十篇。其後孔穎達《周易正義·序》「論夫子《十翼》」節、《史記·孔子世家》張守節《正義》，皆主此說。然從《十翼》之義理或修辭言之，實不可能出自孔子之手，故孔子作《十翼》之說並不足信。〔註43〕

此說足證孔子並未作《十翼》，則亭林誤以《十翼》爲孔子所作，錯誤可知。撰有《易音》三卷此書爲清代研《易》音者之先河。

《易音》三卷著錄於《清史稿藝文志拾遺·易類》，收入《易經集成》、《大易類聚初集》。

五、黃宗炎

黃宗炎（西元 1616～1686 年）字晦木，黃宗羲之弟，學者稱鷓鴣先生。說《易》極力駁斥陳摶之學，故其解釋爻象，以義理爲主，並考《易》象之原，其論四聖相傳，不應文王、周公、孔子之外，另有伏羲之《易》爲不傳之祕。《周易》未經秦火，不應獨禁其圖，轉爲道家藏匿二千年，至陳摶而始出，並以爲陳摶之圖書，乃道家養生之術。其又否定〈太極圖〉爲周敦頤

〔註42〕 《日知錄集釋》卷一〈卦爻外無別象〉條云：「聖人設卦觀象而繫之辭，若文王周公是已，夫子作傳，傳中更無別象。」同註15，頁6。

〔註43〕 同註7，頁182～183。

所作，揭開周氏將方士修煉之〈太極先天圖〉改變成論述天地宇宙成〈太極圖〉之祕密。此對象數派宋《易》打擊甚巨，爲樸學《易》之興起奠定根基。撰有《周易象辭》二十一卷，《周易尋門餘論》二卷、《圖書辨惑》一卷。

　　《周易象辭》二十一卷著錄於《清史稿藝文志拾遺‧易類》、《國立故宮博物院善本舊籍總目》、《經義考》，收入《大易類聚初集》、《四庫全書》。

　　《周易尋門餘論》二卷著錄於《清史稿藝文志拾遺‧易類》、《國立故宮博物院善本舊籍總目》，收入《大易類聚初集》、《四庫全書》。

《圖書辨惑》一卷收入《四庫全書》。

六、王夫之

　　王夫之（西元 1619～1692 年）字而農，號薑齋，湖南衡陽人，明末舉人，張獻忠之亂，因不肯從賊，幾亡。清兵南下，於衡山起義，兵敗退至廣東肇慶，效力於南明政權。南明亡後，歸衡陽之石船山，築土室，名曰觀生居，益自韜晦，杜門著書，學者稱船山先生。撰有《周易內傳》十二卷，《周易外傳》七卷、《周易大象解》一卷、《周易內傳發例》一卷、《周易稗疏》四卷、《周易內傳》六卷，其《易》學主張〈乾〉〈坤〉並建，窮理盡性，理論、特色，詳見本文第四章。

　　《周易內傳》十二卷著錄於《清史稿藝文志拾遺‧易類》，收入《易經集成》、《續修四庫全書》。

　　《周易外傳》七卷著錄於《清史稿藝文志拾遺‧易類》，收入《易經集成》、《續修四庫全書》。

　　《周易大象解》一卷著錄於《清史稿藝文志拾遺‧易類》、《販書偶記》〔註44〕，收入《易經集成》、《續修四庫全書》。

　　《周易稗疏》四卷附〈考異一卷〉著錄於《清史稿藝文志拾遺‧易類》、《國立故宮博物院舊籍總目》、《販書偶記》，收入、《易經集成》、《大易類聚初集》、《四庫全書》。

《周易內傳》六卷收入《續修四庫全書》。

七、毛奇齡

　　毛奇齡（西元 1623～1716 年）字大可，又名甡，浙江蕭山人，號秋晴，

〔註44〕指孫殿起編錄《販書偶記》（後引同此）（京都：中文出版社，1979 年 6 月）。

以郡望爲西河，世稱西河先生。明亡，哭於學宮三日，四處流亡，康熙時以諸生薦舉博學鴻詞科，授翰林院檢討，充《明史》纂修官。後以假歸，得疾不復出。淹貫群書，而自負者任經學，尤精於《易》，撰有《仲氏易》三十卷，《易小帖》五卷、《推易始末》四卷、《易韻》四卷、《河圖洛書原舛編》一卷，其《易》學力復漢《易》之象數、理論、特色，詳見本文第五章。

《仲氏易》三十卷著錄於《清史稿藝文志拾遺·易類》、《國立故宮博物院善本舊籍總目》，收入《易經集成》、《大易類聚初集》、《四庫全書》、《皇清經解》。

《易小帖》五卷著錄於《清史稿藝文志拾遺·易類》、《國立故宮博物院善本舊籍總目》，收入《四庫全書》。

《推易始末》四卷著錄於《清史稿藝文志拾遺·易類》、《國立故宮博物院善本舊籍總目》，收入《易經集成》、《四庫全書》。

《易韻》四卷著錄於《清史稿藝文志拾遺·易類》，收入《四庫全書》。

《河圖洛書原舛編》一卷收入《續修四庫全書》、《四庫存目叢書》〔註45〕。

八、胡 渭

胡渭（西元1633～1714年）字朏明，號東樵。浙江德清人，年十二歲父亡，又值清兵南下，隨母避難於山間，年十五歲爲縣學生，後入京師太學，絕意科舉，專窮經義，其《易》說以爲五經中惟《易》無所用圖，六十四卦、二體交爻之畫，即圖也。並考定宋儒《易》學所謂〈河圖〉、〈洛書〉，乃襲用五代末道士陳摶之說，北宋邵雍、南宋朱熹用其說，方始盛行，斷定圖書之說，實乃修煉、術數兩家旁分《易》學之支流，撰有《易圖明辨》十卷〔註46〕。

〔註45〕指四庫全書存目叢書編纂委員會：《四庫存目叢書》（臺北：莊嚴文化事業有限公司，1997年2月）。

〔註46〕胡渭於《易圖明辨》題辭中自云：「《詩》、《書》、《禮》、《樂》、《春秋》皆不可以無圖，唯《易》則無所用圖。六十四卦二體六爻之畫，即其圖矣。白黑之點，九十之數，方圓之體，〈復〉、〈姤〉之變何爲哉！其卦之次序、方位，則「〈乾〉、〈坤〉三索」、「出〈震〉齊〈巽〉」二章盡之矣。圖，可也，安得有「先天」、「後天」之別？〈河圖〉之象，自古無傳，從何擬議？〈洛書〉之文，見於〈洪範〉，奚關卦爻。五行、九宮，初不爲《易》而設；《參同契》、〈先天〉、〈太極〉，特借《易》以明丹道。而後人或指爲〈河圖〉，或指爲〈洛書〉，妄矣。妄中又有妄焉，則劉牧所宗之《龍圖》，蔡元定所之《關子明易》是也。此皆爲僞書，九十之是非，又何足校乎？故凡爲《易》圖，以附益經之無者，皆可廢也。就邵子四圖論之，則橫圖義不可通，而圓圖別有至

《易圖明辨》十卷著錄於《清史稿藝文志拾遺·易類》、《國立故宮博物院善本舊籍總目》，收入《易經集成》、《大易類聚初集》、《四庫全書》。

九、李光地

李光地（西元 1642～1718 年）字晉卿，號厚菴，又號榕村，福建安溪人，康熙庚戌進士，累官直隸巡撫，文瀾閣大學士，精經學、通樂律、曆算、音韻，尤精於《易》，為學以朱子為依歸，而不拘門戶之見。撰有《周易觀象》十二卷，《周易通論》四卷、《周易折中》二十二卷、《周易義例》一卷、《李文貞公易義》不分卷，其《易》學宗程朱之學、理論、思想、識見，詳見本文第六章。

《周易觀象》十二卷著錄於《清史稿藝文志拾遺·易類》、《國立故宮博物院善本舊籍總目》，收入《四庫全書》。

《周易通論》四卷著錄於《清史稿藝文志拾遺·易類》、《國立故宮博物院善本舊籍總目》，收入《易經集成》、《四庫全書》。

《周易折中》二十二卷著錄於《清史稿藝文志拾遺·易類》、《國立故宮博物院善本舊總目》，收入《易經集成》、《四庫全書》、《四庫薈要》〔註47〕。

《周易義例》一卷，此書為善本書，藏於北京故宮博物院圖書館〔註48〕。

《李文貞公易義》不分卷，此書為善本書，藏於中國國家圖書館（北京）〔註49〕。

十、王心敬

王心敬（西元 1656～1738 年）字爾緝，陝西鄠縣人，年二十謁李顒，受

理，何則？以其為丹道之所寓也。……故吾謂先天之圖與聖人之《易》，離之則雙美，合之則兩傷。伊川不列經首，固所以尊聖人，亦所以全陳、邵也。」參見胡渭：《易圖明辨》（《四庫全書》本，臺北：臺灣商務印書館）。按：本書為繼黃宗羲《易學象數論》、黃宗炎《圖學辨惑》、朱彝尊《太極圖授受考》、毛奇齡《河圖洛書原舛編》、《太極圖說遺議》等人論辨《易》圖之後，清代最具代表性之易《圖》考辨著作。

〔註47〕指摛藻堂《四庫全書薈要》（後引同此）（臺北：世界書局出版，民國 77 年 2 月）。

〔註48〕參見郭群一、吳旭民編輯《中國古籍善本書目》（上海：上海古籍出版社，1989 年 10 月），頁 84。

〔註49〕參見北京圖書館編《北京圖書館古籍善本書目》經部，頁 30，書目文獻出版社出版。

業相從十年。雍正初，舉孝廉方正，不赴徵。曾主講江漢書院，精於《易》，認爲學《易》可以無大過，此爲四聖人係《易》之本旨，亦爲學《易》之要領，《易》是道人事之書，陰陽消長，只是借作影子耳。其以漢唐之《易》，流連不捨於訓詁，宋明之《易》，多玩弄聰明，訓詁非易，而聰明亂《易》而易亡。以象占同體，斥互卦卦變，錯綜乃至左氏占占法，《四庫提要》以爲主持太過。〔註50〕撰有《豐川易說》十卷。

　　《豐川易說》二十卷著錄於《清史稿藝文志拾遺・易類》、《國立故宮博物院善本舊籍總目》，收入《四庫全書》。

十一、程廷祚

　　程廷祚（西元 1691～1767 年）字啓生，號綿莊，自號青溪居士，江蘇上元人，少好辭賦，從外舅陶氏，得顏（元）、李（塨）之書，讀而好之。時習齋已歿，上書恕谷，致願學之意。既而恕谷南遊，先生過從問學，其學出入於黃黎洲、顧亭林，而以習齋爲主，乾隆初徵試博學鴻詞。十六年（西元1751 年），皆報罷。自試鴻博後，不再應科舉，自此閉戶窮經，其著書多能救先儒之非，撰有《大易擇言》三十六卷，《讀易管見》一卷、《易通》十四卷、《易通》六卷，其說《易》力排象數之學，唯以義理爲宗，理論、思想、識見，詳見本文第七章。

　　《大易擇言》三十六卷著錄於《清史稿藝文志拾遺・易類》、《國立故宮博物院善本舊籍總目》，收入《大易類聚初集》、《四庫全書》。

　　《讀易管見》一卷收入《續修四庫全書》。

　　《易通》十四卷收入《續修四庫全書》。

　　《易通》六卷，此書爲善本書，藏於上海圖書館〔註51〕。

　　《易通殘稿》三種收入《中國叢書綜錄》〔註52〕。

十二、牛運震

　　牛運震（西元 1706～1758 年）字階平，號眞穀，山東滋陽人，雍正年間進士，選授甘肅泰安縣知縣，惠農通商，以經術飾吏治。後罷官留主皐蘭

〔註50〕同註8，頁 1092。
〔註51〕同註49，頁 88。
〔註52〕指上海圖書館編《中國叢書綜錄》（上海：上海古籍出版社，1983 年 5 月）。

書院，教學得士心。及歸里，閉門治經，搜考金石，其《易》說主理不主象數，於卦氣值日，半象兩象皆排抑之，撰有《空山易解》四卷，《周易解》九卷。《空山易解》四卷著錄於《清史稿藝文志拾遺‧易類》，收入《四庫存目叢書》。《周易解》九卷收入《續修四庫全書》、《四庫存目叢書》。

十三、晏斯盛

晏斯盛字一齋，江西新喻人，康熙進士，由庶常授檢討，累遷湖北巡撫，戶部右侍郎，論《易》篤實於義理，謂今所傳圖書，乃大衍之數，因《大傳》之言而得圖，不取河洛奇偶之說，所見最確。辭占不遺象辭，不取漢儒卦變互體之說，爲清代說《易》中篤實近理者，撰有《易翼宗》六卷，《易翼說》八卷、《學易初津》二卷。

《易翼宗》六卷著錄於《清史稿藝文志拾遺‧易類》、《國立故宮博物院善本舊籍總目》，收入《四庫全書》。

《易翼說》八卷著錄於《清史稿藝文志拾遺‧易類》、《國立故宮博物院善本舊籍總目》，收入《易經集成》、《四庫全書》。

《學易初津》二卷著錄於《清史稿藝文志拾遺‧易類》、《國立故宮博物院善本舊籍總目》，收入《大易類聚初集》、《四庫全書》。

第四節　乾嘉時期之《易》學

清朝國力文化皆達於高峰者，爲乾隆、嘉慶時代，此時代學術鼎盛，並爲清朝考證學極盛時期；此時期學術以經學爲中堅，學者於經書，或注、或補、或校、或考、或輯、或辨，並建立不少治學之理論體系，由於其考經證史，樸實無華，以考據見長，就其學術風格與治學方法而言，常稱之爲樸學或考據學，此時期「家家許、鄭，人人賈、馬」〔註53〕拔宋幟而立漢幟，在《易》學研究上，惠棟爲吳派經學之奠基人〔註54〕，樸學派漢《易》之代表人物，自惠氏以

〔註53〕 同註2，頁121。按：許謂許慎，鄭謂鄭玄，賈謂賈逵，馬謂馬融，皆東漢著名經師。

〔註54〕 王俊義、黃愛平《清代學術文化史論》云：「近人在研究乾嘉學時，在肯定其共同特徵的基礎上，又根據其內部不同代表人物的不同特點，將其分做吳派和皖派。吳派以惠棟爲開山，皖派以戴震爲代表。因惠棟是江蘇吳縣人，戴震是安徽休寧人，各以其地望名其學派，這種明確的命名和劃分始於章太炎。……其後，梁啓超作《清代學術概論》，也完全採納了章太炎的說法。……自章、

後，樸學派漢《易》取代宋《易》，爲乾嘉《易》學之主流，清代樸學家考訂漢《易》，嚴遵家法，盡搜虞翻、鄭玄、荀爽各家《易》說，疏通其義，歸納整理，成果斐然。茲將此時期之《易》學家及其著作，依序略述如下：

一、惠　棟

惠棟（西元 1697～1758 年）字定宇，號松崖，吳縣（今江蘇蘇州）人，自幼受業於父（惠士奇）、祖（惠周惕），篤志問學，家多藏書，日夜講誦，於經史諸子稗官野乘及七經緯之學，無所不通。家貧，課徒自給，行義至高，尤精研《易》，撰有《易例》二卷，《易漢學》八卷、《周易鄭注爻辰圖》一卷、《周易古義》二卷、《周易述》三十三卷、《周易講義合參》二卷、《周易本義辨證》六卷。其《易》說在發揮漢儒之學理論，治《易》方法，詳見於本文第八章。

《易例》二卷著錄於《清史稿藝文志拾遺・易類》、《國立故宮博物院善本舊籍總目》，收入《易經集成》、《大易類聚初集》、《四庫全書》。

《易漢學》八卷著錄於《清史稿藝文志拾遺・易類》、《國立故宮博物院善本舊籍總目》，收入《易經集成》、《大易類聚初集》、《四庫全書》。

《周易鄭注爻辰圖》一卷著錄於《清史稿藝文志拾遺・易類》，收入《易經集成》。

《周易古義》二卷著錄於《清史稿藝文志拾遺・易類》，收入《易經集成》。

《周易述》二十三卷著錄於《清史稿藝文志拾遺・易類》、《國立故宮博物院善本舊籍總目》，收入《易經集成》、《大易類聚初集》、《四庫全書》、《皇清經解》。

《周易講義合參》二卷，此書爲善本書，藏於上海圖書館〔註55〕。

《周易本義辨證》六卷收入《續修四庫全書》。

二、莊存與

莊存與（西元 1719～1788 年）字方耕，晚號養恬，江蘇武進（今常州市）人，乾隆十年（西元 1745 年）進士，授翰林院編修，歷任侍講、侍讀、詹事

梁之說出，至今一個世紀，凡治清代學術思想史者，在論及乾嘉漢學的派別劃分時，大都沿用此說。」（臺北：文津出版社，1999 年 11 月），頁 40～41。

〔註55〕同註48，頁 88。

府少詹事，官至內閣學士兼禮部侍郎。曾督直隸學政，平生提倡今文經學，但不排斥古文經學，宣揚《春秋》中之「微言大義」，為常州學派創始人之一，其論《易》以孟喜八日七分為經，以馬融、班固天官、地理、律曆各書志為緯，貫穿群經，雖旁涉天官分野氣候，而非如漢、宋諸儒之專衍術數，並精於卦氣說〔註56〕，撰有《卦氣解》一卷、《繫辭傳論》二卷、《象傳論》二卷、《彖象論》一卷、《八卦觀象解》二篇。

《卦氣解》一卷著錄於《清史稿藝文志拾遺‧易類》，收入《易經集成》、《大易類聚初集》、《續修四庫全書》。

《繫辭傳論》二卷著錄於《清史稿藝文志拾遺‧易類》，收入《易經集成》、《續修四庫全書》。

《象傳論》二卷著錄於《清史稿藝文志拾遺‧易類》，收入《續修四庫全書》。

《彖象論》一卷收入《續修四庫全書》。

《八卦觀象解》二篇收入《續修四庫全書》。

三、茹敦和

茹敦和（西元 1720～1791 年）字遜來，號三樵，浙江會稽人，乾隆進士，曾任直隸南樂、大名知縣，有政績，內遷大理寺評事，尋復出為湖北德安府同知，置宜昌知府，後緣事降秩，卒。〔註57〕其《易》說在精研象數；為在惠棟之後，張惠言之前，研究漢學有足稱者。撰有《周易圖注》一卷、《周易象考》一卷、《周易辭考》一卷、《周易占考》、《周易證籤》四卷、《周易二閭記》三卷、《重訂周易小義》二卷。

《周易圖注》一卷，此書為善本書，現藏於南開大學圖書館〔註58〕。

《周易象考》一卷收入《續修四庫全書》。

《周易辭考》一卷收入《續修四庫全書》。

《周易占考》一卷收入《續修四庫全書》。

《周易證籤》四卷收入《續修四庫全書》。

〔註56〕 同註8，頁 1146。

〔註57〕 見《清史稿》卷四七七，《循吏傳二》，頁 13030～13031（臺北：洪氏出版社，民國 70 年 8 月）。

〔註58〕 同註48，頁 93。

《周易二閭記》三卷收入《續修四庫全書》。

《重訂周易小義》二卷收入《續修四庫全書》。

四、孫星衍

孫星衍（西元 1753～1818 年）字伯淵，號季逑，江蘇陽湖人。少以奇才見稱，乾隆進士，授翰林院編修，官至山東督糧道，一生好學，深究經史、文字音訓之學，旁及諸子百家，皆心通其義。其《易》說取李鼎祚《周易集解》為主，合以王弼《周易註》，又採集馬融、鄭康成諸家之註，及唐史徵《周易口訣義》中古注，附於其後；凡許慎《說文》、陸德明《經典釋文》、晁說之《古易音訓》所引經文異家、異音皆收入。撰有《周易集解》十卷。

《周易集解》十卷著錄於《清史稿藝文志拾遺·易類》，收入《易經集成》、《續修四庫全書》。

五、張惠言

張惠言（西元 1761～1802 年）字皋文，號茗柯，江蘇武進人，少學《易經》，即通大義，年十四，為童子師，修學立行，敦禮自守，人皆稱敬，嘉慶四年（西元 1799 年）進士，改庶吉士，充《實錄》館纂修官。兩年後散館改部屬，授翰林院編修，次年卒，年四十二。惠言經學出於惠棟、江永兩家，治經最重《易》，撰有《周易虞氏義》九卷、《易圖條辨》一卷、《虞氏易事》二卷、《周易荀氏九家義》一卷、《虞氏消息》二卷、《虞氏易禮》二卷、《周易鄭氏義》二卷、《虞氏易候》一卷、《虞氏易言》二卷、《易義別錄》十四卷，以上合稱《易學十書》，《易緯略義》三卷、《周易鄭荀義》三卷。惠言《易》說專研虞翻《易》學，其理論、成就詳見於本文第九章。

《易學十書》著錄於《清史稿藝文志拾遺·易類》，收入《易經集成》、《大易類聚初集》、《續修四庫全書》，其中《周易虞氏義》九卷、《周易荀氏九家義》一卷、《虞氏消息》二卷、《虞氏易禮》二卷、《周易鄭氏義》二卷、《易義別錄》十四卷收入《皇清經解》。

《易緯略義》三卷，此書為善本書，現藏於復旦大學圖書館〔註 59〕，收入《續修四庫全書》。

《周易鄭荀義》三卷收入《續修四庫全書》。

〔註 59〕同註 48，頁 94。

六、焦　循

　　焦循（西元 1763～1820 年）字理堂，晚號里堂老人，江蘇甘泉人，嘉慶六年（西元 1801 年）舉人，性至孝，一應禮部試後，父母亡故，哀毀至深，託足疾不入城者十餘年，葺其老屋口「半九書塾」，復構一樓曰「雕菰樓」，藏書數千卷，有湖光山色之勝，讀書著述其中。專研經書，尤深研《易》學，與阮元齊名，撰有《周易補疏》二卷、《易章句》十二卷、《易圖略》八卷、《易通釋》二十卷，《雕菰樓易學》四十卷、《易話》二卷、《易廣記》三卷。焦循治《易》於象學自成一家，乃以數之比例求《易》之比例，主於「旁通」、「相錯」、「時行」之義，而不拘守漢魏師法，其理論、識見詳見於本文第十章。

　　《周易補疏》二卷著錄於《清史稿藝文志拾遺・易類》，收入《易經集成》、《大易類聚初集》、《續修四庫全書》、《皇清經解》。

　　《易章句》十二卷著錄於《清史稿藝文志拾遺・易類》，收入《易經集成》、《大易類聚初集》、《續修四庫全書》、《皇清經解》。

　　《易圖略》八卷著錄於《清史稿藝文志拾遺・易類》，收入《易經集成》、《大易類聚初集》、《續修四庫全書》、《皇清經解》。

　　《易通釋》二十卷著錄於《清史稿藝文志拾遺・易類》，收入《易經集成》、《大易類聚初集》、《續修四庫全書》、《皇清經解》。

　　《雕菰樓易學》四十卷，此書爲善本書，現藏於中國國家圖書館（北京）〔註60〕。

　　《易話》二卷收入《續修四庫全書》。

　　《易廣記》三卷收入《續修四庫全書》。

七、李富孫

　　李富孫（西元 1764～1843 年）字既訪，號薌沚，浙江嘉興人，嘉慶拔貢生，幼承家學，與伯兄超孫、從弟遇孫有「後三李」之稱。長遊四方，曾就正於錢大昕、王昶、孫星衍諸先生、飫聞緒論。阮元撫浙，富孫曾肄業「詁經精舍」，遂壹意治經，尤好讀《易》、說《易》兼採惠棟、錢大昕諸家之說，作爲佐證，對《易經》異文加以辨釋。撰有《李氏易解賸義》三卷、《易經異文釋》六卷，此書博引詳徵，考經之異文、師讀之不同，凡音異之文，文異

〔註60〕同註49，頁31。

之義，今古之文，通假之音，傳寫之譌，比考釋之。〔註61〕

《李氏易解賸義》三卷著錄於《清史稿藝文志拾遺・易類》、《販書偶記》，收入《易經集成》、《續修四庫全書》。

《易經異文釋》六卷著錄於《清史稿藝文志拾遺・易類》，收入《易經集成》、《大易類聚初集》、《續修四庫全書》。

八、端木國瑚

端木國瑚（西元 1773～1837 年）字子彝，號鶴田，晚號太鶴山人，浙江青田人，嘉慶舉人，道光進士，官內閣中書，曾任歸安教諭十餘年，嘗受業於阮元，得其賞識，入杭州敷文書院就讀。平生好學深思，明陰陽術數，尤邃於《易》。治《易》以象數為宗，欲包羅漢、宋、焦、京、陳、邵之學，融合為一。以為《易》之旨盡於《十翼》，《十翼》之作為聖人之情見乎辭，故其說《易》，皆從情見乎辭。撰有《周易指》三十八卷、《易例》一卷、《易斷辭》一卷、《易圖》五卷。

《周易指》三十八卷，此書為善本書，現藏於浙江省瑞安縣玉海樓〔註62〕。

《周易指》不分卷，此書為善本書，現藏於上海圖書館〔註63〕。

九、方　申

方申（西元 1787～1840 年）字端齋，本姓申，後與舅父為子，遂從舅姓方，以申為名，江蘇儀徵人。少孤，不治舉子業，曾受業於劉文淇，年逾四十，始應童子試。道光中，以經解補縣學生。通曉《周易》，專研《易》象，尤精於虞氏學。撰有《方氏易學五書》五卷（包括《諸家易象別錄》、《虞氏易象彙編》、《周易卦象集證》、《周易互體詳述》、《周易卦變舉要》五種）。《方氏易學五書》五卷收入《續修四庫全書》。

十、姚配中

姚配中（西元 1792～1844 年）字仲虞，安徽旌德人，道光時諸生，工書

〔註61〕 同註8，頁 1076。
〔註62〕 同註48，頁 515。
〔註63〕 同註48，頁 502。

嗜琴,弱冠已博覽群書,旁通百家之言,尤嗜《易》,善張惠言《虞氏義》,以爲研究群說,鄭氏最優,苦其簡略,意推之至形夢寐,家貧而守堅,學優而遇蹇,以廩膳生終。撰有《易學闡元》一卷,《周易姚氏學》十六卷、《周易通論月令》二卷、《姚氏易斅闡元》一卷。姚配中《易》說獨尊鄭康成之家法,其理論、特色詳見於本文第十一章。

《易學闡元》一卷著錄於《清史稿藝文志拾遺·易類》,收入《易經集成》。

《周易姚氏學》十六卷著錄於《清史稿藝文志拾遺·易類》、《販書偶記》,收入《易經集成》、《大易類聚初集》、《續修四庫全書》。

《周易通論月令》二卷收入《續修四庫全書》。

《姚氏易斅闡元》一卷收入《續修四庫全書》。

十一、丁 晏

丁晏(西元 1794～1876 年)字儉卿,號松堂,江蘇山陽人,少時多疾病,及長,讀書養氣,日益強固。治一書畢,方治它書;手校書籍極多,必徹終始。阮元攝漕督,以漢《易》十五家發策,條對萬餘言。道光元年中式,嘗在籍辦堤工,司賑務,修府城,浚市河。咸豐中,太平軍興,蔓延大江南北,以在籍辦團練,對抗之,城賴以全,隨敘前績,由侍讀銜內閣中書加三品銜,卒年八十有二。〔註 64〕丁晏年六十後涉歷憂患,於《易》學,篤嗜程子《易傳》,獨有心得,藉經義以爲龜鑑,發揮《伊川易傳》,多精切之義。善辨析群疑,有功於《易》學,亦有功於訓詁。蓋本之訓詁,求之義理兼及於象者也。於象則重虞氏;於理則重程式亦兼及朱子之義。撰有《周易解故》一卷,《周易述傳》二卷、《易經象類》一卷。

《周易解故》一卷著錄於《清史稿藝文志拾遺·易類》,收入《易經集成》、《續修四庫全書》。

《周易述傳》二卷著錄於《清史稿藝文志拾遺·易類》,收入《續修四庫全書》。

《易經象類》一卷收入《續修四庫全書》。

〔註 64〕參見支偉成:《清代樸學大師列傳》(臺北:藝文印書館,民國 59 年 10 月),頁 222。

第五節　道咸以後時期之《易》學

　　清朝於道光、咸豐以後，國力漸入衰退期，乾隆、嘉慶間達於極盛期之考證學風，亦步入分裂機運。又有西學侵入，學者對於以往之學風，皆欲求一嶄新機軸，而在《易》學研究上，除有一些承繼樸學《易》之遺風外，在樸學《易》逐漸從高峰下跌時，則有新學之興起。故在清季樸學《易》影響下，輯佚派大師馬國翰、黃奭等所輯《易》注之貢獻，亦為世所重。此時期更有強調經世致用、蔚然勃起之今文學派於《易》學之研究，則富有懷疑精神，彼等提出一些反傳統《易》學之觀點，以尊孔之意對《周易》經、傳之作者提出新看法，如廖平、皮錫瑞則認定孔子作卦爻辭〔註65〕。諸如種種，作家人材輩出，茲將此時期之重要《易》學作家及其著作，依序略述如下：

一、俞　樾

　　俞樾（西元1821～1907年）字蔭甫，號曲園，浙江德清人，幼有夙慧，九歲即戲為書，而自注其下。著述等身，實兆於此。道光庚戌進士，改庶吉士，授翰林院編修，咸豐五年（西元1855年），為河南學政。七年以御史曹登庸責劾罷職。既返初服，年甫三十八，乃一意治經，治經以高郵王念孫、王引之為宗，大要在正句讀、審字義，通古文假借，其《群經平議》，則繼《經義述聞》而作。僑居蘇州，專以著書自娛，遂不復出，歷主講蘇州紫陽，上海：求志，德清清溪，歸安龍湖等書院，而主講杭州詁經精舍三十一年之久。授徒多人，章炳麟出其門下，為一時樸學之宗。著述豐富，尤精於《易》，論《易》以精象學與訓詁為主。其推求《易》象與焦循相出入而觸類引伸詳密則有過之而無不及。精通訓詁之學，能通過訓詁而求義理，不涉穿鑿附會之習。〔註66〕撰有《玩易篇》一卷，《易貫》五卷，《周易互體徵》一卷、《卦氣日考》一卷、《卦氣續考》一卷、《易窮通變化論》一卷、《八卦方位說》一卷、《艮宦易說》一卷、《卦氣直日考》一卷。

　　《玩易篇》一卷著錄於《清史稿藝文志拾遺‧易類》，收入《易經集成》、《續修四庫全書》。

〔註65〕皮錫瑞《經學通論》云：「當以卦爻之辭，並屬孔子所作，蓋卦爻分畫於羲、文，而卦爻之辭，皆出於孔子，如此則與《易》歷三聖之文不背，箕子岐山東鄰西鄰之類，自孔子言之，亦無妨。」（北京中華書局，1954年10月），頁9。

〔註66〕同註37，頁1116。

　　《易貫》五卷著錄於《清史稿藝文志拾遺‧易類》，收入《易經集成》、《續修四庫全書》。

　　《周易互體徵》一卷著錄於《清史稿藝文志拾遺‧易類》，收入《續修四庫全書》。

　　《卦氣日考》一卷著錄於《清史稿藝文志拾遺‧易類》，收入《續修四庫全書》。

　　《卦氣續考》一卷著錄於《清史稿藝文志拾遺‧易類》，收入《續修四庫全書》。

　　《易窮通變化論》一卷著錄於《清史稿藝文志拾遺‧易類》，收入《續修四庫全書》。

　　《八卦方位說》一卷著錄於《清史稿藝文志拾遺‧易類》，收入《續修四庫全書》。

　　《艮宧易說》一卷收入《續修四庫全書》。

　　《卦氣直日考》一卷收入《續修四庫全書》。

二、黃以周

　　黃以周（西元 1827～1898 年）字元同，號儆季，浙江定海人，同治九年（西元 1870 年）舉人，任浙江分水縣訓導，光緒間主講南菁書院十五年，晚選處州府教授，以特薦授內閣中書，卒年七十二。平生治學尤邃於《易》，其說《易》不分漢、宋，不偏主義理與象數。雜採古義，而以己意折衷之。審定文字，以唐陸德明《經典釋文》、李鼎祚《周易集解》為據，詳列異同而不改動。集錄自漢至清諸儒不下七十人，皆節取其解說經傳之通義、闡明文字之訓解，又廣採東漢許慎《說文》、劉熙《釋名》、三國張揖《廣雅》諸書，以為佐證。擇善而從，實事求是。撰有《十翼後錄》二十四卷，《周易註疏賸本》一卷、《周易故訓訂》一卷。

　　《十翼後錄》二十四卷，此書之善本，現藏於中國國家圖書館（北京）〔註67〕收入《續修四庫全書》。

　　《周易註疏賸本》一卷收入《續修四庫全書》。

　　《周易故訓訂》一卷收入《續修四庫全書》。

〔註67〕同註49，頁31。

三、皮錫瑞

皮錫瑞（西元 1850～1908 年）字鹿門，湖南善化人，父皮樹棠，同治舉人，以儒術飾史治，爲浙江宣平知縣。皮錫瑞幼承庭訓，好學覃思，八歲能詩文，年十四應童子試，補善化縣學生員，年二十四，舉同治癸酉科拔貢；翌年，部試報罷。年三十三，舉光緒壬午科順天鄉試，後扼於禮闈；試內閣中書引見不記名。爾後三應禮部試，皆報罷。皮錫瑞既困於甲科，遂潛心講學著書。光緒十六年，主湖南桂陽州龍潭書院講席。後二年，移主江西南昌經訓書院。說經篤守家法，詞章必宗家數。中日甲午戰爭後，極言變法圖強，光緒二十四年春，任湖南南學會會長，主講學術，縱談愛國維新，爲忌者所誣奏，革去舉人，遂回原籍，杜門著述。皮氏生當清末變動之際，此時，西風東漸，其文化思想，亦有凌駕本土之優勢，皮錫瑞毅然以傳統經學家自居，服膺經今文學派「通經致用」之原則。〔註 68〕其論《易》，主張崇漢學，貶宋學；貶宋圖書學之思想〔註69〕，倡言孔子作卦、爻辭，並標榜焦循《易》學，撰有《易經通論》一卷。

四、王樹枏

王樹枏（西元 1851～1936 年）字晉卿，號陶廬，河北新城人，少時肄業蓮池書院，爲黃陶樓（彭年）先生所激賞，光緒十二年（西元 1886 年）進士，歷任戶部主事，四川青神、資陽、新津、富順等縣知縣，眉州知州、甘肅平慶涇固道、鞏秦階道、蘭州道，新疆布政使等官。辛亥革命後，家居北平不復出，一九一四年，入清史館任總纂，嘗研治《易》學，精費氏之《易》，曾明辨今文《易》與古文《易》之異同，以馬融、鄭玄、荀爽三家爲依據，兼

〔註68〕 皮錫瑞云：「乃知孔子爲萬世師表之尊，正以其有萬世不易之經，經之大義微言，亦甚易明，治經者當先去其支離不足辨，及其瑣細無大關繫，而用漢人存大體玩經文之法，勉爲漢時通經致用之才，斯不至以博而寡要與迂而無用疑經矣。」同註 65，頁 2。

〔註69〕 高志成云：「經學史自宋以來，漢宋兩學派即相互較勁：皮氏崇漢學，故貶宋學，是可得而知；然宋儒圖書學本有可議之處，其託之於伏羲、文王、孔子而言《易》，致使當時學者聞風而信之，不疑其有內在矛盾與附會之處；真至清儒學者黃宗羲、黃宗炎兄弟、胡渭、張惠言等家之指正，當知圖書學實與孔門儒學無關，更與《易經》無關，所謂『離則雙美，合則兩傷』（胡渭語）；皮氏論宋圖書學，實取以上清儒之說。」見《皮錫瑞易學述論》，同註 25，頁 5。

採鄭眾、王弼之《易》說，訂正費本，屬輯佚派《易》學，撰有《費氏古易訂文》十二卷，《周易釋貞》二卷。

　　《費氏古易訂文》十二卷收入《續修四庫全書》。

　　《周易釋貞》二卷收入《續修四庫全書》。

五、紀　磊

　　紀磊字位三，號石齋，浙江烏程人，諸生，家貧力學。接踵惠棟、張惠言之後，研精漢《易》，積思三十年，擅觀消息之道，其撰《周易消息》為生平精力所萃；卷首為凡例及卦圖，卷三至十四依經傳作注。消息之說以十二辟卦〈復〉、〈臨〉、〈泰〉、〈大壯〉、〈夬〉、〈乾〉陽遞次增加為息，〈姤〉、〈遯〉、〈否〉、〈觀〉、〈剝〉、〈坤〉，陰增而陽遞次減少為消。以此十二辟卦為消息卦，餘為〈雜卦〉。〈坎〉、〈離〉、〈震〉、〈兌〉為四正卦，以之占氣候則以四正卦之二十四爻，配二十四氣，以十二辟卦七十二爻配七十二候，以六十卦當一年三百六十五又四分之一日，而每卦主六日七分。冬至起〈中孚〉，周而終〈頤〉，所謂卦氣也，以之說經。〈雜卦〉從十二辟卦來，辟卦從〈乾〉、〈坤〉來，以此為本，參用旁通反對升降往來互體兩象易半象，爻辰納甲以說經。〔註70〕撰有《漢儒傳易源流》一卷、《周易本義辨證補訂》四卷、《周易消息》十五卷、《虞氏逸象考正》二卷、《九家逸象辨證》一卷、《虞氏易義補注》二卷。

　　《漢儒傳易源流》一卷著錄於《販書偶記》，收入《易經集成》、《續修四庫全書》。

　　《周易本義辨證補訂》四卷收入《續修四庫全書》。

　　《周易消息》十五卷收入《續修四庫全書》。

　　《虞氏逸象考正》二卷收入《續修四庫全書》。

　　《九家逸象辨證》一卷收入《續修四庫全書》。

　　《虞氏易義補注》二卷收入《續修四庫全書》。

六、馬國翰

　　馬國翰字竹吾，號詞谿，山東歷城人，道光十二年進士，歷任陝西石泉、雲陽縣知縣等職。精通漢學，為清人《易》籍輯佚之集大成者，馬國翰輯《玉函山房輯佚書》六三二種，其輯錄《易》類，對宋以前之《易》佚書進行大

〔註70〕同註8，頁1062。

規模之通輯，上起《連山》、《歸藏》，下迄唐釋一行諸書，共計六十四種、八十一卷，又《易占》一種四卷。每書之前撰有敘錄，述該書源流及輯錄依據，采輯甚博。皆存於《玉函山房輯佚書・經部・易類》中。

第六節　清代《易》學之特色

清代《易》學，彬盛一時，著述繁多；而自古研《易》範疇，漢代以來，《易》學專著大抵以三類爲大宗：一爲注解經文或傳文，闡釋其義理，而及於《易》例；一爲闡明筮法、象數、圖書；另有一類，則爲雜論《易》學〔註71〕。清代《易》學，自不例外，茲略舉要如下：

專釋經文或兼釋經傳，見存者有李光地《周易通論》四卷、惠棟《周易古義》二卷、姚配中《周易通論月令》二卷、莊忠棫《周易通義》十六卷、李文炤《周易本義拾遺》二卷、沈紹勛《周易易解》十卷、李道平《周易集解纂疏》三十六卷、林慶炳《周易集解補箋》四卷、鄭曉如《周易集說》四卷等。釋《易》例者，如惠棟《易例》二卷、龐大堃《易例輯略》一卷等。

專釋傳文而見存者，有莊存與《繫辭傳論》二卷、《象傳論》二卷、李光地《周易觀象》十二卷、茅式周《周易觀象》一卷、殷元正《周易說卦偶窺》三卷等。

闡明筮法、象數、圖書，見存者有鄭湛《易筮要義》一卷、張惠言《易圖條辨》一卷、焦循《易圖略》八卷、方申《諸家易象別錄》一卷、黃宗炎《周易象辭》二十一卷、《圖書辨惑》一卷、胡渭《易圖明辨》十卷、黃宗羲《易學象數論》六卷、茹敦和《周易圖注》一卷、董桂新《易圖駁議》一卷、崔述《易卦圖說》一卷、來集之《易圖親見》一卷等。

雜論《易》學者，有俞樾《艮宦易說》一卷、沈紹勛《周易說餘》一卷、惠士奇《易說》六卷、王心敬《豐川易說》、吳汝綸《易說》二卷、孫奇逢《讀易大旨》五卷、唐獻采《易說偶鈔》六卷、張烈《讀易日鈔》六卷等。

以上三者，爲清代《易》學與前代《易》學相同之處，清代《易》學另有二大特色：一爲沿承宋《易》之發展，再衍爲對宋圖書學之反動，一爲樸學《易》成爲主流，茲分述如下：

〔註71〕見黃沛榮師：〈元代易學平議〉（《元代經學國際研討會會議論文》，臺北：中央研究院中國文哲研究所籌備處，1998 年 12 月），頁 15。

一、沿承宋《易》之發展，再衍為對宋圖書學之反動

清代初期，中國進入於特定之歷史階段，政治上之鼎革，震撼士人之思想，《易》學又一次出現繁榮之局。彼時《易》學發展初由沿承宋《易》，再衍進而對宋圖書學之反動，而清初義理派宋《易》盛行，其代表人物為王夫之與李光地。

王夫之世稱船山先生，治《易》前後達四十年，撰《周易稗疏》、《周易考異》、《周易外傳》、《周易內傳》、《周易大象解》、《周易內傳發例》、尚有與《易》學遷涉較大之《思問錄》、《張子正蒙注》；至於以《易》說理、評史、論政、言政而散見於其他哲學、史學、政論、詩文中者，如《讀四書大全說》、《尚書引義》、《莊子通》、《俟解》、《讀通鑑論》、《續春秋左氏傳博議》等。《考異》與《稗疏》為對《周易》經傳文字之校勘及訓詁，《周易內傳發例》為王夫之《易》學之最後一部著作，亦為其綱領性論述，《周易內傳發例》云：

> 大略以〈乾〉〈坤〉並建為宗，錯綜合一為象，〈象〉〈爻〉一致，四聖一揆為釋。占學一理，得失吉凶一道為義。占義不占利，勸戒君子，不瀆告小人為用。畏文、周、孔子之正訓，闢京房、陳摶、日者、黃冠之圖說為防。〔註72〕

以上所言「宗」、為王夫之《易》學核心，「象」、「釋」、「義」、「用」、「防」為其烘托〔註73〕王夫之主義理，但不完全否定象數，其於《周易內傳發例》中評論各家《易》學，而卒歸宗於張載，船山為此派理論思維最為縝密者。

李光地著有《周易通論》、《周易觀象大旨》、《周易觀象》、《象數拾遺》，並奉敕主編《周易折中》、推崇程、朱，為官方義理學派之代表。李氏於《周易通論》中以程、朱《易》學為本源，以宋學為《易》宗；《周易觀象》發明《易》理，證以《易》象，從卦象以解釋〈象辭〉，以程、朱為宗，又有漢人訓詁遺風。《周易折中》代表宋《易》之高峰與終結，清代由宋《易》主導之風，自此而後逐漸轉為漢《易》略佔上風之勢。

清初義理派宋《易》學者尚有孫奇逢，撰《讀易大旨》五卷，刁包撰《易酌》二十卷，陳夢雷撰《周易淺述》八卷，張英撰《易經衷論》二卷，李塨撰《周易傳注》七卷，沈起元撰《周易孔義集說》二十卷等。

義理派宋《易》於乾隆以後，因內無發展動力，外有樸學《易》之攻訐，

〔註72〕見王夫之《船山全書》第一冊，《周易內傳附發例》，頁683，同註10。

〔註73〕參見廖名春：《周易研究史》（長沙：湖南出版社，1991年7月），頁333。

政府之支援提倡又消散，故一蹶不振。在清中葉中，較有影響之《易》學家有程廷祚，號綿莊，晚年又號青溪居士，一生致力於《周易》研究，先後撰寫《椐氏易通》十卷、《彖爻求是說》六卷、《易說辨正》四卷〔註74〕，《人易擇言》三十六卷，此外，在《青溪文集》中亦保存大量之研討《易》學論文。程廷祚力排象數之學，惟以義理爲宗。〔註75〕在十八世紀樸學《易》盛行之際，程廷祚在《周易》之義理探討上做出中流砥柱之貢獻，誠屬難得，此時期尚有王心敬撰《豐川易說》十卷。至清季影響較大之義理派宋《易》學家有丁晏《周易述傳》二卷，吳汝綸撰《易說》二卷，馬其昶撰《易費氏學》八卷，《周易敘錄》一卷，邊廷英《周易通義》十六卷等，此皆爲清代義理派宋《易》之餘緒。

在明末清初時，當一般人皆從事於宋《易》之研究時，即有一批《易》學家，從文獻考證與辨僞之角度，與宋《易》中圖書之學及邵雍派先天《易》展開大辯論，其以考據治《易》，抨擊周敦頤、邵雍圖書學，連帶亦動搖朱熹《易》學之權威性，此時期代表人物有顧炎武、黃宗羲、黃宗炎、毛奇齡、胡渭等人。顧炎武著《易》音三卷，另在《日知錄》及其他文集、書信中收集有關《易》學研究成果，其《易》學思想基本上屬於義理派宋《易》，反對漢《易》象數派之穿鑿附會，推崇程、朱《易》學，又批判宋《易》圖書學〔註76〕。後繼者則有黃宗羲，著有《易學象數論》，黃氏撰此書之宗旨，乃在反對宋《易》中圖書象數之學，其在自序云：

> 夫《易》者，範圍天地之書也。廣大無所不備，故九流百家之學，皆可竄入焉。自九流百家借之以行其說，而於《易》之本意反晦矣。……魏伯陽之《參同契》，陳希夷之圖書，遠有端緒。世之好奇者，卑王《注》之淡薄，未嘗不可別傳私之。逮伊川作《易傳》，收其昆侖旁薄者，散之於六十四卦中，理到語精，《易》道於是而大定矣。其時康節上接种放，穆修，李之才之傳，而創河圖先天之說，

〔註74〕據《清史稿藝文志及補編》，轉引自廖名春：《周易研究史》，同註73，頁346。

〔註75〕胡適《顏李學派的程廷祚》一文云：「程廷祚在《易》學上用力最久，他一面拋棄了邵雍、周敦頤、朱熹的象數之學，一面他也不承認兩漢的互卦、卦變、卦氣之說。他頗採用程頤的《易傳》，也頗採納王弼的說法，又受了明末一個程雲莊的《易》學的影響。」此文收入於《胡適文集》，同註4，第十冊，頁402。

〔註76〕見張其成：《易道：中華文化主幹》（北京：中國書店，1997年1月），頁112。

是亦不過一家之學耳！晦菴作《本義》，加之於開卷，讀《易》者存之，後世頒之於學官。初猶兼《易》傳並行，久而正行《本義》。於是經生學士信以爲義、文、周、孔，其道不同。所謂象數者，义語不詳，將夫子之韋編三絕者，須求之賣醬簠桶之徒，而《易》學之榛蕪，蓋仍如京焦之時矣。……世儒過視象數，以爲絕學，故爲所欺。〔註77〕

黃宗羲以爲京房以來之象數之學至邵雍之河圖先天之學，皆非《周易》經傳之正宗，乃百家之學竄入《周易》系統者，不過爲一家之學，不能依此解釋經文，而朱熹《本義》錄其圖或卷首，後世又定爲官方教科書，於周、孔之《易》外，別出伏羲之《易》。由是《易》學又回到京、焦方技之老路，黃氏《易》學屬義理學派，但其所言漢代以來之象數之學並非《周易》本來面貌，對宋《易》中之象數之學，實爲一沈重打擊。而其弟宗炎撰《圖學辨惑》，在辨論《易》圖之非，即辨別〈河圖〉、〈先天〉之學出於陳摶《易》學，以爲儒者以此解《易》，乃對經學之背叛，《易》之有圖，乃自宋出，陳摶所作，《經義考》宗炎〈自序〉云：

《易》有圖學，非古也，註疏猶是晉、唐所定之書，絕無言及於此者。有宋圖學三派，出自陳圖南，……上古何嘗有圖，但文字未備，畫爲奇耦，示文字之造端爾，陳氏不識古文古字，誤以爲圖也。……秦燔《詩》、《書》、《易》獨以卜筮得免。若有圖，亦宜不禁，故爲偏遯而孤行方外？秦、漢之時，雖有黃、老之學，亦只在民間，豈有與世間隔，不通於學士大夫之理乎？此皆據其偏辭，無能強中者也。非惑與？可不辨與？作《圖學辨惑》。〔註78〕

以上所言，乃黃宗炎駁圖書先天之學之基本論點，其意在清除道教系統之《易》學於儒家經學中之影響。所謂圖學三派，指劉牧之河洛圖式，邵雍之〈先天圖〉與周敦頤之〈太極圖〉，此三派或代表宋《易》中圖學之主流，對朱熹《易》學影響極大，故黃宗炎辯駁之，以爲《易》之有圖，乃自宋出，陳摶所作。及至胡渭作《易圖明辨》，專論圖之自宋而出，而《易》圖之爲宋人所作者，自此而明矣。

〔註77〕 見黃宗羲：《易學象數論》序言，收入《黃宗羲全集》第九冊，頁 1（上海：上海古籍出版社，1993 年）。

〔註78〕 同註 42，頁 759～760。

　　胡渭爲清初考據學派大師，著《易圖明辨》，此書爲清初，亦是宋明以來批判圖書與先天《易》學之總結，其中論點，胡渭以爲以河洛圖式解釋八卦乃後人所杜撰，與《周易》無關，而邵雍之先天《易》學出於道教之煉丹術，亦非《周易》之本義，朱熹《本義》所列九圖，皆可廢除，梁啓超曾評論之曰：

　　　　胡渭之《易圖明辨》，大旨辨宋以來所謂〈河圖・洛書〉者；傳自邵雍，雍受諸李之才，之才受諸道士陳摶；非羲、文、周、孔所有，與《易》義無關。此似更屬一局部之小問題，吾輩何故認爲與閻書有同等之價值耶？須知所謂「無極」、「太極」，所謂〈河圖・洛書〉，實組織「宋學」之主要根核：宋儒言理言氣言數言命言心言性，無不從此衍出。周敦頤自謂「得不傳之學於遺經」，程朱輩祖述之，謂爲道統所攸寄；於是佔領思想界五六百年，其權威幾與經典相埒。渭之此書，以《易》還諸羲、文、周、孔，以〈圖〉還諸陳邵，並不爲過情之抨擊，而宋學已受「致命傷」。自此，學者乃知宋學自宋學，孔學自孔學，離之雙美，合之兩傷；（此胡氏自序中語）自此，學者乃知欲求孔子所謂眞理，舍宋人所用方法外，尚別有其途。不寧唯是，我國人好以「陰陽五行」說經說理，不自宋始，蓋漢以來已然；一切惑世誣民汨靈窒智之邪說邪術，皆緣附而起；胡氏皆書，乃將此等異說之來歷，和盤托出，使其不復能依附經訓以自重；此實思想之一大革命也。〔註79〕

胡渭《易圖明辨》之目的，在使「圖」還諸陳、邵，《易》畫還諸羲、文、周、孔，梁啓超以爲胡渭爲《易經》找回眞面目，《易經》在元、明、清以來朱學之籠罩下，胡渭敢向廣爲接受之圖書之學提出挑戰，使學界對《易經》之詮釋方式再作省思，此爲義理《易》學家對宋圖書學反動，給宋明《易》最後一擊也。

　　毛奇齡爲清初著名《易》學家，所著《仲氏易》乃毛奇齡之仲兄之《易》說，而爲毛奇齡所書寫之書，書中毛奇齡以爲其說《易》之法乃漢、魏之法，非宋、元諸儒以義理、圖書說《易》之法，而在《推易始末》中，毛奇齡說《易》以漢、魏以來之卦變說爲主〔註80〕，彼又辨證圖書，攻擊宋《易》〔註

〔註79〕同註2，頁26～27。
〔註80〕朱彝尊：《經義考》毛奇齡〈仲氏易・自述〉曰：「顧其說《易》，實有西漢以

81〕，即以漢《易》出發，攻擊陳摶系統之象數之學，因而開啓漢學家解《易》之風，亦影響於清代樸學《易》之發展，使清代《易》學進入一嶄新階段。

二、樸學《易》成爲主流

清代是自宋義理《易》鼎盛以來，又一次《易》學發展之高峰時期。其成就在《易》學家對漢、魏《易》學文獻作整理、考證爲特徵之樸學《易》出現。樸學《易》是清代《易》學之主流；所謂樸學《易》，即是用文獻學及考據學之方法研《易》，並崇尚漢《易》，但排斥漢《易》中陰陽災變說及天人感應說，述而不作，其目的是欲恢復漢《易》之歷史眞面目。樸學《易》濫觴於清初〔註82〕，浩蕩於乾嘉，延續至清末。樸學《易》之《易》學哲學雖未超出宋《易》，但對漢《易》之整理與對《易經》之符號、文字系統之考訂，則前無古人，而功昭後世。樸學《易》之形成，乃當時政治專制背景與考據訓詁學術思潮興起之產物；當清兵入關後，順、康、雍、乾四朝，文字獄迭興，士人心膽俱寒，莫敢論朝政，彼時之學風遂由經世致用變爲通經實證，薄今好古，而樸學《易》以批判宋學，崇尚漢學爲口號。故在雍正以後，以惠棟、張惠言、焦循、姚配中等人爲代表之樸學家，對漢、魏諸家遺存《易》說，進行大規模之梳理，尤其對鄭玄、荀爽、虞翻、京氏諸家《易》說進行細密之整理歸納，綜其研究步驟，約可分爲以下三端：

還魏、晉、六朝遺法，爲宋、元諸儒所及者。余衰其志，就兄子口授諸說《易》大旨暨各卦詁義而擴大之，爲《仲氏易》。」又李澄中評論《推易始末》曰：「《推易始末》者，西河毛氏發明《仲氏易》推移之義，蓋即前儒卦變、卦綜之說而暢之。歷載變卦、反對、六十四卦相生、本義卦變、十辟卦變、六子卦變、卦綜乾坤主變七圖說，并載推易及推易折衷二圖說於後。」以上二例爲毛奇齡漢《易》解經之說。同註40，第三冊，頁3～4。

〔註81〕朱伯崑云：「就《易》學史說，毛氏從倡導漢學的立場，首次批判了圖書之學和〈太極圖說〉。所著《河圖洛書原舛編》，乃系統考證〈河圖〉〈洛書〉起源和演變的文獻。此書對先秦文獻中的「河圖」、「洛書」到明代的河洛之學，皆有評論。」同註21，頁306。

〔註82〕錢穆在《中國近三百年學術史》中評論毛奇齡曰：「并漢以後人俱不得免，而其所最切齒者爲宋人，宋人之中所最切齒者爲朱子。」（臺北：臺灣商務印書館，1996年7月），頁258。按：顧炎武《易音》爲開樸學《易》之先河，毛奇齡之《易》學，以破爲特徵，其《河圖洛書原舛編》、《太極圖說遺議》等書，考證分析，口誅筆伐，給宋學致命打擊，此象徵著樸學《易》之正式形成。

（一）疏　釋

　　疏釋即嚴遵漢人家法，從片文隻字中尋繹其例，對舊說進行疏通證明。〔註83〕如惠棟《周易述》、張惠言《周易虞氏義》、《虞氏易言》、《周易鄭荀義》等屬此。惠棟爲清代吳派經學之開創者，樸學派漢《易》之代表人物，其《周易述》以講述漢人虞翻之《易》爲主〔註84〕，而參考鄭玄、荀爽、干寶諸家《易》說，約其旨爲注，演其說爲疏。就其解字系統而言，對《周易》經傳中之文字訓詁，則旁徵博引，涉及北魏以前之典籍，以此證明荀爽、虞翻等人對經文之注釋爲正宗。〔註85〕故其論《易》之功在對漢人《易》說，搜輯鉤稽，不遺餘力。其旨在貶宋復漢，使後人窺見失傳已久之漢代《易》學內容，論者稱爲漢學之絕者千有五百餘年，至是而粲然復章，信哉斯言。

　　張惠言著《周易虞氏義》乃在專論虞翻之《易》說，其依虞翻義，對《周易》經傳作全部之註疏。其註疏卦爻辭之體例有旁通說、卦變說、乾坤升降說、飛伏說、納甲說、五行說、卦氣說、互體說等，而歸結爲取象說，並以十二消息卦說爲解經之綱領，張惠言曰：

> 翻之言《易》，以陰陽消息，六爻發揮旁通，升降上下，歸於乾元用
> 九而天下治，依物取類，貫穿比附，始若瑣碎，及其沈深解剝，離
> 根散葉，暢茂條理，遂於大道，後儒罕能通之。〔註86〕

張惠言所謂「陰陽消息」即指十二消息卦說，故又著《周易虞氏消息》以明其義。《周易虞氏義》及《周易虞氏消息》二書爲張惠言整理研究漢《易》之主幹；張氏以爲漢儒《易》說可見其大概者只有鄭玄、荀爽、虞翻三家，而三者之間又互有師承學派之不同，其中惟有虞翻得孟喜之正傳，繼承七十子之微言，故其治《易》專以虞翻爲主，著力闡明虞翻之《易》義。繼張惠言之後，對《虞氏易》作進一步整理與疏釋者有曾釗《周易虞氏義箋》九卷、李銳《周易虞氏略例》一卷、胡祥麟《虞氏易消息圖說》一卷等。

〔註83〕參見周玉山：〈易學文獻原論（三）〉（《周易研究》，1994 年第二期），頁 39。
〔註84〕按耿志宏曾經計本書徵引漢儒之說的次數，其中以徵引虞翻次數最高，計二六六次，荀爽次之，二八次，鄭玄義次之，計十三次。其他十三家，徵引次數多僅一、二次，最高不過六次。可見《周易述》一書，確是以闡釋虞翻爲主。見耿志宏：《惠棟之經學研究》（臺北：國立政治大學中文研究所碩士論文，民國 73 年 5 月），頁 75。
〔註85〕同註21，頁 341。
〔註86〕見張惠言：《周易虞氏義》，收入《易學十書》中（臺北：廣文書局，民國 66年 7 月），頁 4。

（二）會　通

　　會通即在疏通舊說之基礎上，進行新的綜合演繹。如焦循《雕菰樓易學二書》、姚配中《周易姚氏學》、李道平《周易集解纂疏》等屬此。焦循《易》學代表作《易學三書》，除《易通釋》二十卷外，尚有《易章句》十二卷，《易圖略》八卷，《易通釋》為依《周易》經傳中之概念、術語、範疇與命題，加以會通，解釋其所提出之《易》學體制；《易章句》乃依其《易》學體例，對《周易》經傳文句所作之簡明注釋；《易圖略》是對《易通釋》中體例所作之提要及圖解，並批評漢《易》與宋《易》中象數派提出之解《易》體例。焦循治《易》主張「實測」，用所謂「天元術」，說明卦爻之運動，並用轉注、假借以溝通經文，而發明所謂「旁通」、「時行」、「相錯」三法以解《易》，焦循以數學、語言學之新成就治《易》，是屬於樸學《易》中之象數創新派，為清代漢學家解《易》之殿軍。姚配中著《周易姚氏學》十六卷，其主旨在發明鄭玄《易》學，鄭玄所未及者，取荀爽、虞翻諸說補充，但必與鄭玄義相比附。荀、虞諸家也未及者，則自己附加案語，亦本於鄭玄家法，由卦象以求義理，一洗附會穿鑿之陋習。而對於鄭玄為後人所駁斥之爻辰說，則刪去不用。姚配中，參酌各家，無所不通，但已屬漢學之末流。其後又有方申《易學五書》，吳翊寅《易漢學考》，俞樾《易貫》皆為清季樸學《易》之餘響矣。

（三）輯　佚

　　當清代中葉以後，樸學勃興，從事漢學研究之學者皆鉤稽舊文，有系統、有計劃地進行漢、魏《易》說之輯佚工作；其程式、方法遠較前人科學、嚴密。而鄭玄、虞翻、荀爽諸家先後得到全面輯佚整理。先有惠棟從事《周易鄭注》之補輯，著成《鄭氏周易》三卷，較王應麟輯本多九十條，並注明引文出處。惠棟又著《易漢學》八卷，輯孟喜、虞翻、京房、干寶、鄭玄、荀爽諸家《易》說，並加考證。再有張惠言從事虞、荀《易》注之輯佚工作，對虞翻用力尤勤，於荀氏則輯有《周易荀氏九家義》一卷，又輯《易義別錄》十四卷，凡孟氏派四家、京氏派三家、費氏派七家、子夏一家，一一輯錄佚文，並條其源流，辨其異同。又有輯集舊注者，如：孫星衍撰《周易集解》十卷、李富孫撰《李氏易解賸義》三卷等。而又有輯錄唐、宋《易》籍遺文傳世者，如：孫堂輯《漢魏二十一家易注》三十二卷、馬國翰輯《玉函山房輯佚書》，《易類》六四種，黃奭輯《黃氏逸書考》，其經解《易》類輯出唐以前之佚書三十五種，易緯九種，共四十四卷，多數與馬氏重複，去取較精審。

而《四庫全書》爲清人輯佚之大著作，再根據《中國叢書綜錄》之粗略統計，有清一代共輯出宋以前已佚之《易》籍（包括易緯、易占在內）一一○餘種，先後共有二二○多個不同之輯本〔註87〕，故輯佚爲清代樸學《易》之一大特色。

綜上所述，清代《易》學之發展過程爲由宋《易》佔主導地位，到漢《易》之開始復興；再由宋《易》與漢《易》對立，到漢《易》佔上風，諸家爭鳴，而至互相融合之境。其分期大致爲清初之「漢宋兼采」時期，乾嘉之「漢宋對抗」時期，道咸之「漢宋調和」時期，從治學方法而言，漢《易》號稱「師法之學」、「家法之學」，固守師說，怯於創新；宋《易》蔑視傳統，勇於疑古，善於創新，但元、明之宋《易》學者卻拋棄此傳統，信守程、朱之學，徒抱門戶之見，大興講學之風，此則影響宋《易》之發展。而清初學者批評宋《易》，亦非從根本否定之，僅是剔除宋《易》中之糟粕，拯救其窒息狀態中，故清代中葉時，漢學盛行，然宋《易》並行不衰，漢、宋之間是對立，經過競爭，各自之優點得以發揚。清中葉以後，漢、宋融合之勢愈趨明顯，此時之《易》學家如沈夢蘭、丁晏、丁壽昌，俞樾等皆具有此種傾向，此亦造成清代《易》學空前繁榮之因。而自乾嘉以後，今文學派崛起，今文學派《易》學家，秉持懷疑精神，提出反傳統《易》學觀點，如姚際恒承歐陽修之緒，以爲《易》傳非孔子所作，其《古今僞書考》更首列《易》傳爲僞書〔註88〕。崔述更對《周易》卦、爻辭之作者提出疑問，也以爲不可定爲文王、周公所作〔註89〕，

〔註87〕 參見周玉山：〈易學文獻原論（四）〉（《周易研究》，1994年第三期），頁16。

〔註88〕 《四庫提要》云：「際恆生於國朝初，多從諸耆宿游，故往往剽其緒論。其說經也，如闢圖書之僞則本之黃宗羲，……至祖歐陽修、趙汝楳之說，以《周易·十翼》爲僞書，則尤橫矣。」（《總目》卷一百二十九雜家類存目六《庸言錄》條）。

〔註89〕 崔述言近世說《周易》者，皆以〈彖辭〉爲文王作，〈爻辭〉爲周公作。朱子《本義》亦然，崔述則不以爲然，因《易·繫辭下傳》雖言：「《易》之興也，其於中古乎？作《易》者，其有憂患乎？」然未言「中古」爲何時，而「憂患」爲何事。後又言：「《易》之興也，其當殷之末世，周之盛德邪？當文王與紂之事邪？」由此知《易》作於文王時，然未嘗言爲文王所自作也。且其用語皆爲疑詞而不敢決，至司馬氏作《史記》，遂附會之，以爲文王羑里所演，自是遂以《易·卦》爲文王所重，及班氏作《漢書》，復因《史記》之言，遂斷以辭爲文王之所繫，自是遂以《易》象、爻之辭爲文王所作矣。然東壁以爲因其中有文王以後事，故馬融、陸績之徒遂割〈爻辭〉謂爲周公作以曲全之。而鄭康成、王弼復以卦爲庖羲、神農所重，非文王之所演，然後後儒始獨以〈彖辭〉屬之文王，而分〈爻辭〉，屬之周公矣。故謂文王作〈彖辭〉、周公作〈爻辭〉，乃漢以後儒者因《史記》、《漢書》之文而展轉猜度之，非有

廖平、皮錫瑞、康有爲更指出孔子作卦、爻辭〔註90〕，黃沛榮師於《易學乾坤》考定結果曰：

> 首先，無論自任何合理之角度考察，卦爻辭必非孔子所作，且無可
> 商討之餘地。其次，孔子時代，《周易》卦爻辭業已流傳，以孔子之
> 好學與博學，研讀《易經》，絕有可能：且從事實論之，孔子既已傳
> 《易》，則其確曾讀《易》，可不待言。唯據帛書〈要〉云：「夫子老
> 而好《易》。」《史記·孔子世家》：「孔子晚而喜《易》。」《漢書·
> 儒林傳》：「孔子晚而好《易》。」故或未及撰作，僅有心傳。今自《易》
> 傳七種驗之，其內容雖與儒家思想淵源甚深，然究其內容、修辭、
> 句法等方面，頗有戰國以來著作之特色，故絕非孔子所手著。〔註91〕

此說以《易》傳七種爲戰國時代作品；而縱觀有清一代，《易》學雖以考證爲代表，但至末期，受今文學籠罩，又受西方思想衝激，懷疑風氣盛行，舊思想漸被推翻，今人則本著今文家懷疑之精神，採用科學方法，運用地下出土古物，以整理舊文化，則對《易》學之研究將可獲得豐碩之成果。

信而可徵者也。朱子《本義》之說亦無據，當闕疑。見《崔東壁遺書》第三冊，《豐鎬考信錄》卷五，頁21～24。（臺北：世界書局，民國52年6月初版，畿輔叢書）。

〔註90〕廖平《知聖篇》（卷上）云：「《十翼》既非孔子作，則經之爲孔子作無疑矣。」見李耀仙編《廖平學術論著選集》（成都：巴蜀書社，1989年），頁197。又康有爲《新學僞經考》云：「據《史記·周本紀》、〈日者傳〉、《法言·問神篇》、《漢書·藝文志》、〈揚雄傳〉、《論衡·對作篇》，皆謂文王重卦爲六十四卦三百八十四爻，無有以爲作卦辭者。……《漢書·藝文志》云：『人更三聖。』韋昭注曰：『伏羲、文王、孔子。』即《正義》所引〈乾鑿度〉云：『垂皇策者犧，卦道演德者文，成命者孔。』〈通卦驗〉又云：『蒼牙通靈，昌之成，孔演命，明道經。』晉紀瞻曰：『昔伏犧畫八卦，陰陽之理盡矣。文王、仲尼係其遺業。三聖相承，共同一致，稱《易》準天，無復其餘也。』……如《正義》言，爻辭又不得爲文王作，則〈藝文志〉謂『文王作上下篇』者謬矣！三聖無周公，然則含孔子誰作之哉！」蔣貴麟主編《康南海先生遺著彙刊》、《新學僞經考》、〈經典釋文糾謬〉第十（臺北：宏業書局，民國65年8月），頁186～187。

〔註91〕同註7，頁209～210。

第四章　王夫之《易》學研究

第一節　王夫之之生平與學術著作

一、生　平

　　王夫之（西元 1619～1692 年），字而農，號薑齋、一壺道人，湖南衡陽人，晚年築土室於衡陽之石船山居之，自稱船山老人、或船山老農、船山遺老、船山病叟，學者因稱之曰船山先生。

　　王夫之先世本江蘇揚州，高郵人，官衡州衛，遂爲衡州之衡陽人，世以軍功顯。父徵君公諱朝聘，字逸生，一字修侯，性篤孝友，少從伍學父先生游，又曾問道於鄒東廓、泗山先生，以眞知實踐爲學，學者稱之謂武夷先生。夫之之母譚孺人，其兄弟三人，長兄介之，字石子，號耐園。次兄參之，字立三，號鰥齋，先生即武夷公之季子也。

　　王夫之生於明神宗萬曆四十七年（西元 1619 年），少負儁才，穎悟過人，讀書十行俱下，一字不遺。四歲，初入家塾從長兄石崖公受讀；七歲畢十三經，十歲始從父受經義，十三歲，父武夷公罷選歸隱於家，始深受其方嚴之教。十四歲入衡陽州學肄業，十六歲致力於音韻學。二十一歲，與郭鳳躚、管嗣裘、文之勇結集匡社，蓋始與時代之風氣相通，而有感於國族之危亡。二十四歲，與兄介之同應崇禎壬午科湖廣鄉試，皆獲儁舉〔註1〕。翌年（明

〔註1〕王雲五主編：《明王船山先生夫之年表》云：「先生以『《春秋》』魁，』『大主考爲太吏吉水郭公之祥，副主考諫議大興孫公承澤，房師則安福歐陽方然先

崇禎十六年，西元 1643 年），張獻忠陷衡州，紳士降者以官官之，不降者縛而投諸湘水，夫之走匿南嶽雙髻峰下，闖賊執質武夷公以招之，夫之自引刀遍刺股體，舁往易父，賊見其重創，免之，與父俱歸，復走匿雙髻峰下，築室名續夢菴，聊蔽風雨。

　　崇禎十七年，年二十六，李自成攻陷北京，崇禎自縊，夫之聞此國變，涕泣不食者數日，作〈悲憤詩〉一百韻，吟已輒哭。二十八歲，居續夢菴，始注《周易》，成《周易稗疏》四卷，是年八月，清兵下汀州，執唐王，夫之聞變，再續〈悲憤詩〉一百韻。十月，瞿式耜等乃奉桂王於肇慶，改明年為永曆元年。清順治四年（西元 1647 年），年二十九，武夷公卒，清兵南下攻下湖南，翌年，夫之與管嗣裘興兵衡山，戰敗，走桂林，大學士瞿式耜疏薦於桂王，以父憂請終制，服闋，順治七年，年三十二，任「行人介子」之職。時期中有吳黨、楚黨內訌，大學士嚴起恆居其間，不能有所匡，夫之走告曰：「諸君棄墳墓，捐妻子，從王於刀劍之中，而黨人殺之，則志士解體，雖欲效趙氏之亡，明白慷慨，誰與共之者？」起恆感其言，為力請於廷。夫之曾三次上書，劾內閣王化澄結奸誤國，化澄恚甚，必欲殺之，其黨競致力焉。會有攸縣一狂人作百梅惡詩一帙，冒夫之名為之序，王化澄因之將構大獄，擠夫之於死。夫之憤激咯血，因求解職，彼時適有降帥高必正慕義營救之，乃得給假，而高氏係闖賊舊將，夫之以其人國讎也，故不以私恩釋憤，亦不往謝焉。乃返桂林，復依瞿式耜，聞母病，間道歸衡陽，至則母已歿。其後瞿式耜殉節於桂林，嚴起恆受害於南寧，夫子知勢愈不可為，遂決計老牖下，益自晦匿〔註2〕，浪跡於浯溪、彬州、耒陽、晉寧、漣邵之間，所至人士慕從，輒辭去。夫之三十六歲，避兵於零陵北洞釣竹源、雲台山等處，並徙居常寧西南鄉小祇園側之西莊源，變姓名為猺人，為常人說《周易》《春秋》，蓋夫之講學之始也。三十七歲，乃始作《周易外傳》於晉寧，八月，又著《老子衍》。至五十一歲（西元 1669 年），乃歸衡陽之石船山，築土室曰觀生居，晨夕杜門，學者稱船山先生。年五十三，方以智書來，屢勸夫之逃禪，夫之不

　　　　生介也。華亭章公曠，江門蔡公道憲是科俱為分考。時國勢漸不可支，出場後，遂引為知己，以志節相砥礪。」（臺北：臺灣商務印書館，民國 67 年 7月），頁 6。

〔註 2〕國史館：《清史稿校註》云：「時國勢阽危，諸臣仍日相水火。夫之說嚴起恆救金堡等，又三劾王化澄，化澄欲殺之。聞母病，間道歸。明亡，益自韜晦。」（國史館，民國 78 年 2 月），頁 10973。

應。五十八歲，撰《周易大象解》一卷。

　　清康熙十七年（西元 1678 年），年六十，吳三桂僭號於衡州，其黨以勸進表來屬，夫子曰：「亡國遺臣，所欠一死耳，今安用此不祥人之哉！」遂逃入深山，作〈袯襫賦〉以示意。三桂平，大吏聞而嘉之，屬郡守餽粟帛，請見，夫之以疾辭。年六十七，九月，病中勉爲從遊諸子作《周易內傳》十二卷、《發例》一卷。康熙三十一年（西元 1692 年）正月初二，午時，卒於湘西草堂，享年七十有四，葬於衡陽金蘭鄉高節里大樂山，自題墓碣曰：「明遺臣王夫之之墓」自爲銘曰：「抱劉越石之孤憤而命無從致，希張橫渠之正學，而力不能企，幸全歸于茲邱，固銜恤以永世。」〔註3〕夫之之志，實有足悲者也。

　　王夫之於明末革命後，隱遁深山而不出，不與當時士大夫相接，故彼時無稱之者。其學風專排斥晚明空疏之學，尤攻擊王學而尊宋學，論學以漢儒爲門戶，以宋五子爲堂奧，與張載《正蒙》之說神明契合。身處猺洞之中，勤奮著述四十年，學識淵博，對天文、曆法、數學、地理學均有研究，尤精於經學、史學、文學；治經於《易》致力最深，論史每有特識，開拓學者心胸，唐鑑於其所撰《清學案小識》卷三云：「先生理究天人，事通古今，探道德性命之源，明得喪興亡之故。流連顛沛而不違其仁，險阻艱難而不失其正。窮居四十餘年，身足以礪金石；著書三百餘卷，言足以名山川。遯跡自甘，立心恒苦；寄懷彌遠，見性愈眞，奸邪莫之能攖，渠逆莫之能儳，嶔崎莫之能躓，空乏莫之能窮。先生之道，可以奮乎百世矣。」〔註4〕，此可謂爲王夫之一生道德學問之最佳寫照。

二、學術著作

　　王夫之生平著作甚夥，因家貧，其筆札多取給於故友及門人，書成即贈與門人，故藏於家中者不多，而因其隱居山林，門人故舊又無一有力者爲之刊印，遺書散佚甚多。直至王夫之死後十四年〔註5〕，其子王敔始爲之收輯刻

〔註3〕　參見潘宗洛：《船山先生傳》，此文輯於《船山遺書》第一冊。（中國船山學會及自由出版社聯合印行，民國 61 年 11 月），頁 6。

〔註4〕　陸費逵總勘：《國朝學案小識》（四部備要本，臺北：台灣中華書局），頁 13。

〔註5〕　支偉成《清代樸學大師列傳》印「四十年」（臺北：藝文印書館，民國 59 年 10 月），頁 20。今依王敔〈薑齋公行述〉所載，應爲「十四年」，參見《船山遺書全集》第一冊（中華民國船山學會及自由出版社，民國 61 年 11 月），頁

印，僅十餘種，是謂初刻本。至清道光庚子年（西元 1840 年），夫之六世孫始於湘潭刻印，歷時三年，共刊行著作十八種，又稱為舊刻本。咸豐時燬於兵火，曾國藩廣為搜集，更佚文淵閣藏本與舊鈔本手稿等，校正百餘卷，於同治四年（西元 1865 年），由曾國荃刻於金陵，共五十八種三百二十卷，是為曾刻本。光緒十年至十三年（西元 1884～1887 年）又增刻五種，共六十三種，多附勘記，是為曾氏補刻本。民國十九年（西元 1930 年），湖南省政府尋找王夫之散失之遺稿，經李澄宇整理，共有七十種三百五十八卷及校勘記，由上海太平洋書店排印，於民國二十二年（西元 1933 年）排印完成，為二十二開線裝本八十冊，是稱太平洋書店排印本。民國六十一年（西元 1972 年），船山學會與自由出版社，依據太平洋書店排印本，參以光緒間武昌複刻曾文正公鑴本之十八開一百冊本殘卷，重為編印，并予增訂序、論、勘正譌誤，仍依原訂經、史、子、集四部之編例，類分為二十二冊，凡七十種，都三百五十八卷〔註6〕，茲將其著作，分列如下：

經　部

（一）《易》類

　　《周易內傳》六卷（一作十二卷）、《周易內傳發例》一卷，此書為王夫之年六十七，病中勉為從遊諸子作，《周易內傳發例》跋曰：「夫之自隆武丙戌，始有志於讀《易》。戊子避戎於蓮花峰，益講求之。初得〈觀〉卦之義，服膺其理，以出入於險阻而自靖。乃深有感於聖人畫象、繫辭、為精義、安身之至道。立於易簡以知險阻，非異端竊盈虛、消長之機，為翁張雌黑之術，所得與於《易》學之旨者也。乙未於晉寧山寺，始為《外傳》，丙辰始為《大象傳》。亡國孤臣志無可酬，業無可廣，惟《易》之為道，則未嘗旦夕敢忘於心，而擬議之難，又未敢輕言也，歲在乙丑，從游諸生，求為解說。形枯氣索，暢論為難，於是乃於病中勉為作傳。」〔註7〕本書為王夫之最重要之《易》學著作，其內容大要具在《發例》之中。

　　《周易外傳》七卷，柯劭忞云：「夫之《周易內傳發例》稱乙未於晉寧山

　　　14。
〔註6〕曾春海：《王船山易學闡微》（私立輔仁大學博士論文，民國 66 年 6 月），頁 5
　　　～6。
〔註7〕王夫之：《船山全書》，第一冊（長沙：嶽麓書社，1996 年 10 月），頁 683。

寺,始爲《外傳》。按乙未爲順治十二年,明永曆九年,在夫之咯血解職之後。夫之自謂《外傳》,以推廣於象數之變通極酬酢之大用,其實夫之從永明王於廣西,其時權臣恣肆,朋黨交訌,諫不行而言不聽,憤而弔去,假學《易》以明其忠悃,……其言感慨淋漓,雖不必爲經義之所應有,尚論者亦可以悲其志事矣。」〔註8〕故此書多援引歷代史學,借衍申經傳義理,以寄託作者嫉憤現實及對史學、哲學之見解。

《周易大象解》一卷,此書專釋《十翼》中之〈大象傳〉,書首〈自序〉云:「象與彖、爻自別爲一義。取〈大象〉以釋彖、爻,必齟齬不合;強欲合之,此《易》學之所緜晦也。《易》以筮而學存焉,唯〈大象〉則純乎《易》之理,而不與於筮。」柯劭忞云:「象與彖、爻有別爲一義者,亦有同義者,不盡齟齬不合;《易》本卜筮之書。謂〈大象〉不與於筮,亦非通論。夫之撰《易內傳》,詮釋〈大象〉,不與於筮,亦非通論。夫之撰《易內傳》,詮釋〈大象〉之義已詳盡矣。此書作於《易內傳》之前,詞義與《內傳》間涉複重。然謂〈否〉而可以儉德避難,〈剝〉而可以厚下安宅,〈歸妹〉而可以永終知敝,〈姤〉而可以施命告四方。略其德之凶危,而反諸誠之通復,則深切著明,有裨於反身之學,不當以義有複重而廢之矣。」〔註9〕

《周易稗疏》四卷,附《考異》一卷,此書爲王夫之說《易》之時所作隨筆札記,每條但舉《易》中文詞數字以爲標目,不全載經傳原文;或偶有疑義,乃爲考辨,而不逐卦逐爻一一盡爲之說,故題其書曰《稗疏》。《四庫全書提要》云:「大旨不信陳摶之學,亦不信京房之術,于先天諸圖、緯書、禨說皆排之甚力,而亦不空談玄妙,附合《老》、《莊》之旨,故言必徵實,義必切理,于近時說《易》之家爲最有根據。」〔註10〕此書卷帙雖少,固不失爲徵實之學焉。

(二) 詩 類

《詩廣傳》五卷、《詩經稗疏》四卷、《詩經考異》一卷、《詩經四十韻辨》一卷。

〔註8〕 中國科學院圖書館整理:《續修四庫全書總目提要》(北京:中華書局,1993年7月),頁45。

〔註9〕 同註8,頁44。

〔註10〕 紀昀等編:《文淵閣四庫全書》,第三十九冊(臺北:臺灣商務印書館,民國72年7月),頁133。

（三）書　類

《書經稗疏》四卷、《尚書引義》六卷。

（四）禮　類

《禮記章句》四十九卷。

（五）春秋類

《春秋稗疏》二卷、《春秋家說》三卷、《春秋世論》五卷、《續春秋左氏傳博議》二卷。

（六）四書類

《四書稗疏》一卷、《四書考異》一卷、《讀四書大全說》十卷、《四書訓義》三十八卷。

（七）小學類

《說文廣義》三卷。

史　部

《讀通鑑論》三十卷、《宋論》十五卷、《永曆實錄二十六卷》、《蓮峰志》五卷。

子　部

《張子正蒙注》九卷、《思問錄內外篇》二卷、《老子衍》一卷、《莊子解》三十三卷、《莊子通》一卷、《相宗絡索》三卷、《俟解》一卷、《噩夢》一卷、《黃書》一卷、《識小錄》一卷、《搔首問》一卷、《龍源夜話》一卷。

集　部

《楚辭通釋》十四卷、《薑齋文集》十五卷、《夕堂永日緒論》二卷、《南窗漫記》一卷、《薑齋五十自定稿》、《薑齋六十自定稿》、《薑齋七十自定稿》、《遣興詩》一卷、《嶽餘集》一卷、《落花詩》一卷、《和梅花百詠詩》一卷、《洞庭秋詩》一卷、《雁字詩》一卷、《倣體詩》一卷、《薑齋詩賸稿》、《瀟湘怨詞》一卷、《鼓棹初集》一卷、《龍舟會雜劇》二卷、《薑齋詩編年稿》一卷、《薑齋詩分體稿》四卷、《愚鼓詞》一卷、《憶得》一卷、《船山經義》一卷、《柳岸吟》一卷，《詩譯》一卷。

第二節　王夫之《易》學之淵源

王夫之著書三百餘卷，其學遠祧文周孔子，近宗橫渠，涉及百家，而以儒家為宗；其學術思想源本於《周易》，王夫之之《易》學諸作，大率成於遭逢時亂，憂心忡忡之際，所謂由憂患勘入《易》理〔註11〕，而王夫之治《易》除借助原書外，亦參考吸取歷代《易》學家研究成果及《易》學觀點，融會貫通，斟酌損益，故能獨樹一格，蔚成一家之言，茲分別溯考其《易》學淵源如下：

一、漢代《易》學家（馬融、陸績）

具體而言，對於伏羲畫八卦，文王重卦並作〈卦辭〉，周公作〈爻辭〉，孔子作《十翼》之傳統說法，本文第二章第一節言漢《易》學研究概況處已詳及之，而王夫之治《易》亦認為《周易》一書成於「四聖同揆，後聖之達先聖之意。」王夫之《周易內傳發例》云：

> 伏羲氏始畫卦，而天人之理盡在其中矣。上古簡樸，未遑明著其所以然，以詔天下後世，幸筮氏猶傳其所畫之象，而未之亂。文王起於數千年之後，以「不顯亦臨，無射亦保」之心得，即卦象而體之，乃繫之〈彖辭〉，以發明卦象得、失、吉、凶之所繇。周公又即文王之〈彖〉，達其變於〈爻〉，以研時位之幾，而精其義。孔子又即文、周〈彖〉、〈爻〉之辭，贊其所以然之理，而為〈文言〉與〈彖〉、〈象〉之傳；又以其義例之貫通與其變動者，為〈繫辭〉、〈說卦〉、〈雜卦〉，使占者、學者得其指歸以通其殊致。蓋孔子所贊之說，即以明〈彖傳〉、〈象傳〉之綱領，而〈彖〉、〈象〉二傳即文、周之〈彖〉、〈爻〉，文、周之〈彖〉、〈爻〉即伏羲之畫象，四聖同揆，後聖以達先聖之意，而未嘗有損益也。〔註12〕

此處言伏羲有立畫卦之功，文王有繫〈彖辭〉之功，周公有繫〈爻辭〉之功，

〔註11〕 曾昭旭：《王船山哲學》云：「嘗謂船山每際憂患，必於《易》義有得，蓋其所得，實即藉憂患險阻之刺激振奮，以知君子小人之分際，而有以自立於斯世也。於是君子之剛正，乃於柔靡之世而益顯，而迥異於老氏窺機踞暇之虛無矣。此乃所謂得也。故船山注《易》，甚嚴於君子小人、正道異端之辨，所謂『《易》為君子謀，不為小人謀也』。而於諸憂危之卦，此意尤為懇切。」（臺北：遠景出版事業公司，民國72年2月），頁44。

〔註12〕 同註7，頁649。

孔子則有贊《周易》；爲〈文言〉、〈彖傳〉、〈象傳〉、〈繫傳〉、〈說卦〉、〈雜卦〉
之功。孔子作《易》傳爲漢以來傳統說法，司馬遷云：「孔子晚而喜《易》，
序〈彖〉、〈繫〉、〈象〉、〈說卦〉、〈文言〉。」（《史記》卷四十七，〈孔子世家〉），
班固則以爲伏羲畫八卦，周文王演爲六十四卦，並作卦爻辭，而孔子作傳以
解說，東漢馬融、陸績等認爲文王只作〈卦辭〉，〈爻辭〉是周公所爲，船山
加以繼承〔註13〕，故王夫之對《易》形成之看法，主要吸取漢人馬融、陸績
等人之觀點而得，此爲其淵源所在。

二、魏、晉、唐、宋義理派學者（王弼、韓康伯、孔穎達、程頤）

王夫之以爲《易》非卜筮之書，而是人生哲理之典籍，占筮僅是《易》
之形式，明理領悟人生大道方爲其內容，《易》之爲道，應依據卦爻辭中之義
理決疑惑、斷吉凶，王夫之《周易內傳發例》云：

> 朱子學宗程氏，獨於《易》焉，盡廢王弼以來引伸之理，而專言象
> 占，謂孔子之言天、言人、言性、言德、言研幾、言精義、言崇德
> 廣業者，皆非羲、文之本旨，僅以爲卜筮之用，而謂非學者之所宜
> 講習。其激而爲論，乃至擬之於火珠林卦影之陋術，則又與漢人之
> 說同，而與孔子〈繫傳〉窮理盡性之言，顯相牴牾而不恤。由王弼
> 以至程子，矯枉而過正者也，朱子則矯正而不嫌於枉矣。若夫《易》
> 之爲道，即象以見理，即理之得失以定占之吉凶，即占以示學，切
> 民用，合天性，統四聖人於一貫，會以言、以動、以占、以制器於
> 一原，則不揣愚昧，竊所有事者也。〔註14〕

王氏對朱子治《易》頗有微詞，而主張「占學一理」說，此則淵源於先前魏
王弼、晉韓康伯、唐孔穎達、宋程頤等義理學派諸家之觀點而來，王弼《周
易略例・明象》云：

> 物无妄然，必由其理。〔註15〕

韓康伯亦以爲，《易》是明理之書，八卦及六十四卦及其卦辭已具備天下之理，
韓康伯云：

〔註13〕參見汪學群：〈王船山易學淵源試探〉（《周易研究》，1998年第三期，1998年
8月），頁33。

〔註14〕同註7，頁653。

〔註15〕樓宇烈：《王弼集校釋》（臺北：華正書局，民國81年12月），頁591。

夫八卦，備天下之理而未極其變，故因而重之以象其動，用擬諸形
容，以明治亂之宜。〔註16〕

八卦之義已備天下之理，然未窮盡事物之變化，故重爲六十四卦，每卦六爻
用以象徵事物變動之理，以明人事治亂之義，孔穎達云：

《易》道周備，无理不盡。聖人用之，上以和協順成聖人之道德，
下以治理斷人倫之正義，又能窮極萬物深妙之理，究盡生靈所稟之
性，物理既窮，生性又盡。至於一期所賦之命，莫不窮其短長，定
其吉凶。〔註17〕

《易》具備一切事物之理，聖人據此可確立其道德，可窮盡萬物之理及人之
生死貴賤，故程頤曰：

《易》是簡甚，《易》又不只是這一部書，是《易》之道也。不要將
《易》又是一箇事，即事盡天理便是《易》也。〔註18〕

王氏對占與學涉及人應如何對待吉凶禍福之遭遇，義與命，以《易》爲教人
懂得是非得失之理，即受王弼、韓康伯、孔穎達、程頤等人觀點之影響，此
爲其淵源所在。

三、朱　熹

王夫之主〈乾〉〈坤〉並建之說，以《易》道之「體」而言，《易》六十
四卦分體與用，〈乾〉〈坤〉爲體，其他六十二卦爲用，有體有用，《易》道乃
顯，王夫之《周易內傳》云：

凡卦有取象於物理人事者，而〈乾〉〈坤〉獨以德立名，盡天下之
事物，無有象此純陽純陰者也。陰陽二氣絪縕於宇宙，融結於萬彙，
不相離，不相勝，無有陽而無陰、有陰而無陽；無有地而無天、有
天而無地。故《周易》並建〈乾〉〈坤〉爲諸卦之統宗，不孤立也。
然陽有獨運之神，陰有自立之體：天入地中，地函天化，而抑各效
其功能。故伏羲氏於二儀交合以成能之中，摘出其陽之成象者，以
爲六畫之〈乾〉，而文王因繫之辭，謂道有「元亨利貞」者，皆此

〔註16〕參見十三經注疏──《周易正義》卷八，〈繫辭下〉（臺北：藝文印書館，民
　　　　國65年5月），頁165。

〔註17〕同註16，〈說卦〉，頁183。

〔註18〕陸費逵總勘：《二程全書》（四部備要本・子部，臺北：臺灣中華書局），《遺
　　　　書》卷二上，頁15。

> 純陽之撰也，摘出其陰之成形者，以爲六畫之〈坤〉，而文王因繫
> 之辭，謂道有「元亨利牝馬之貞」者，唯此純陰之撰也；爲各著其
> 性情功效焉。〔註19〕

王氏之〈乾〉〈坤〉並建說乃對朱熹思想之吸收，有其淵源，朱熹以爲任何事物皆必然是〈乾〉〈坤〉並存，不可能只有〈乾〉或只有〈坤〉，朱熹將〈乾〉〈坤〉視爲一統一體，爲一物兩個不可分割之面，此兩個方面互爲顯隱，相互爲用，反映事物質之變化，剛中必然有柔，柔中必然有剛；陰中必然有陽，陽中必然有陰；剛柔、陰陽實爲一體，不可相分〔註20〕，朱熹曰：

> 物物有〈乾〉〈坤〉之象，雖至微至隱纖毫之物，亦無有無者，子細
> 推之，皆可見。〔註21〕

> 「藏諸用」，便在那「顯諸仁」裏面，……「顯諸仁」是可見底，「藏
> 諸用」是不可見底；「顯諸仁」是流行發用處，「藏諸用」是流行發
> 見底物；「顯諸仁」是千頭萬緒，「藏諸用」只是一箇物事。〔註22〕

> 天下事那件無對來？陰與陽對，動與靜對，一物便與一理對。君可
> 謂尊矣，便與民爲對。〔註23〕

朱熹之此些觀點，皆爲王夫之〈乾〉〈坤〉並建之淵源所在。

四、張　載

　　張載（西元1020～1077年），字子厚，祖籍大梁（今河南開封），父迪，仕宋仁宗朝，載隨父僑寓於陝西鳳翔郿縣橫渠鎮，世稱橫渠先生。嘉祐進士，曾講學關中，載素敝衣疏食，與諸生講學，則教以知禮成性，變化氣質之道，以學必如聖人而後已。著作有《橫渠易說》、《正蒙》、《經學理窟》、《性理拾遺》，今有《張子全書》刊行於世。其中《正蒙》有王夫之《張子正蒙註》，是書凡十有七篇，條例暢達，旨趣富贍，而其義理玄要，則歸本於《易》，其中〈太和〉、〈參兩〉、〈天道〉、〈神化〉、〈大心〉、〈中正〉、〈至當〉、〈有德〉、

〔註19〕同註7，第一冊，卷一〈坤〉卦，頁74。

〔註20〕參見陳憲猷：〈從易理看王夫之對朱熹的吸收和繼承〉（《船山學刊》，1994年
　　　　1月），頁88。

〔註21〕朱熹：《朱子語類》卷第六十八，〈乾・上〉（臺北：文津出版社，民國75年
　　　　12月），頁1684。

〔註22〕同註21，卷第七十四，〈繫辭上傳〉，頁1899。

〔註23〕同註21，卷第七十二，〈咸〉卦，頁1814。

〈大易〉、〈乾稱〉諸篇，深繫《易》理，尤稱精妙。故王夫之贊曰：「蓋張子之學，得之《易》者深。」〔註24〕王夫之推崇橫渠，其論《易》亦歸宗橫渠；王夫之治《易》不限於對其本文之詮釋，而重發明其中之義理，微言大義。王夫之建立以氣爲本之《易》學思想體系，主要淵源於張載，張載以氣爲萬物之本源，萬物由氣聚而成，氣包括聚與散兩方面，氣聚爲物，物散復爲氣，作爲本原之氣，清虛無形，即太虛或天、太和，故張載曰：

> 太虛不能無氣，氣不能不聚而爲萬物，萬物不能不散而爲太虛。循
> 是出入，是皆不得已而然也。〔註25〕

> 太虛爲清，清則無礙，無礙故神，反清爲濁，濁則礙，礙則形。
> 〔註26〕

> 運於無形之謂道，形而下者不足以言之。〔註27〕

王氏以氣說明自然之現象源於張載，王氏將形下形上、虛實、清濁之觀點統一之，王夫之《周易內傳發例》云：

> 太極無陰陽之實體，則抑何所運而何所置邪？抑豈止此一物，動靜
> 異而遂判然而兩耶？夫陰陽之實有二物，明矣。自其氣之沖微而未
> 凝者，則陰陽皆不可見；自其成象成形者言之，則各有成質而不相
> 紊。自其合同而化者言之，則渾淪於太極之中而爲一；自其清濁、
> 虛實、大小之殊異，則固爲二。就其二而統言其性情功效，則曰剛、
> 曰柔。〔註28〕

王氏又以氣化探討事物之發展與變化，亦受張載之影響；張載以爲氣不僅爲萬象之本原，其變易即氣化過程亦是萬物運動及變化之過程，氣可從無形變有形，氣雖無形，却生生不已，氣之生生不已變化過程，就是道、易。張載云：

> 太和所謂道，中涵浮沉、升降、動靜相感之性，是生絪縕、相蕩、
> 勝負、屈伸之始。其來也幾微易簡，其究也廣大堅固。〔註29〕

〔註24〕蕭天石主編：《橫渠張子釋・張子正蒙注》（中國子學名著集成，中國子學名
　　　著集成編印基金會，民國67年12月），王夫之《正蒙注・大易》，頁490～491。
〔註25〕同註24，張載《正蒙・太和篇》，頁242。
〔註26〕同註24，張載《正蒙・太和篇》，頁254。
〔註27〕同註24，張載《正蒙・天道篇》，頁294。
〔註28〕同註7，頁660。
〔註29〕同註24，張載《正蒙・太和篇》，頁237。

太和所謂道，在氣化過程中，陽氣輕浮而上升，陰氣重濁而下降，陽動陰靜相互召感之本性得以顯現，王夫之從張載此說得到啓發，提出「太和絪縕之氣」，用以解釋人極本體氣論，其在《正蒙注・太和》中注「兩體者，虛實也，……其究一而已」云：

> 惟兩端迭用，遂成對立之象，於是可知所動所靜，所聚所散，爲虛爲實，爲清爲濁，皆取給於太和絪縕之實體。一之體立，故兩之用行。如水唯一體，則寒可冰，熱可爲湯，於冰湯之異，足知水之常體。〔註30〕

王夫之以太極之氣兼有陰陽二氣，其變化互相吸引，相互依存，相濟相成，如此觀點，皆淵源於張載之說。

五、方以智

方以智（西元 1611～1671 年），字密之，號曼公，安徽桐城人，崇禎十三年（西元 1640 年）進士，任翰林檢討。明亡後，南下廣東；清兵入粵，出家爲僧，別號有無可、藥地、弘智、浮山愚者等。方以智生於「四世傳《易》」之家，其曾祖方學漸著有《易蠡》，祖父方大鎮著有《易意》，父方孔炤著有《周易時論》，方以智著有《易餘》、《周易時論圖象幾表》、《學易綱宗》、《東西均》、《藥地炮莊》等。崇禎十六年（西元 1643 年），方以智曾爲其父所著《周易時論》稿作跋，順治十五年（西元 1658 年），方以智又爲此書稿作跋，並命其子中德、中通、中履將前後稿合編成書，故此書是在方以智主持下，由其三子編輯而成。方以智《易》說於天人關係主聖人宰天之論，其以爲聖人作《易》是依《周易》之法則，極深研幾，掌握事物變《易》之規律，從而支配自然，治理好人類社會生活，爲世界之主宰者〔註31〕，故聖人宰天之道，應發揚人之能動性，按天地萬物自然之理，因時制宜，採取各種對策，使天地萬物爲人類造福，方以智云：

> 智又以火喻之，稱燈之體曰火，而稱火之德曰光，雖三而一而不壞三也。倚自然者，委之於造化之質而已。聖人因造化之薪，傳造化之火，熱造化之水，制造化之器，以熟造化之物，善成其煇物照物

〔註30〕 同註24，王夫之《正蒙注・太和》，頁260。
〔註31〕 參見朱伯崑：《易學哲學史》第三卷（臺北：藍燈文化事業股份有限公司，民國80年9月），頁571。

之性用，而教人勿受其燔暴之害。此蓋表造化之所以然，即以造造
化之質，而造化不敢違。……聖人作《易》而聖人主天地矣。〔註32〕

按此處之「造化」，指天地自然而然生長之物，即自然界所給予之物，如木薪等。方以智以爲人類不能僅靠自然之恩賜而生活，須燒造化之火，熱造化之水，制造化之器，熟造化之物，必利用自然規律，免受火災之害，以成就薪火之功能，造福於人類。王夫之承受此學說影響，亦主「延天以佑人」之說，以爲人道與天道須配合，發揮人之主動性，王夫之云：

陰陽生人，而能任人之生；陰陽治人，而不能代人以治。既生以後，
人以所受之性情爲其性情，道既與之，不能復代治之。象日生而爲
載道之器，數成務而因行道之時。器有小大，時有往來；載者有量，
行者有程，亦恆齟齬而不相值。春霖之灌注，池沼溢而不爲之止也。
秋潦之消落，江河涸而不爲之增也。若是者，天將无以祐人而成之
務。聖人與人爲徒，與天通理。與人爲徒，仁不遺遐；與天通理，
知不昧初。將延天以祐人於既生之餘，而《易》由此其興焉。〔註33〕

天地能生萬物，但不能治萬物，用萬物，治萬物而用萬物者存乎人，王夫之對〈繫辭〉文引〈大有〉卦上九爻辭「自天祐之，吉無不利。」聖人延天以祐人之理，實淵源於方以智聖人宰天說，於此可見矣。

綜觀王夫之《易》學之基本傾向，主要繼承宋《易》義理學派中理學與氣學及傳統，其行文稱張載、程頤、朱熹三人爲「子」，《易》學思想主要繼承張橫渠〔註34〕，而王夫之與諸子學派之淵源，據其子王敔云：「至於守正道以屏邪說，則參伍於濂、洛、關、閩，以闢象山、陽明之謬，斥錢、王、羅等之妄，作《思問錄》內外篇，明人道以爲實踐學，欲盡廢古今虛妙之說，

〔註32〕 方以智：《周易時論合編》、《繫辭上》（臺北：文鏡文化事業公司，民國 72
年），頁 1425～1426。

〔註33〕 同註7，《周易外傳·繫辭上傳第二章》卷五，頁 992～993。

〔註34〕 康侶叔：〈王船山的家學淵源〉云：「大抵船山之學，雖取精多，用物宏，上
下古今，出入百家，但其歸根立命處實從武夷公發展而來。武夷公之學，原
其所得於伍學父者，雖云『天人理數財賦兵戎罔不貫洽』，方面亦甚廣博，但
後來終由泗山而上接東廓學派，走入『心學』一途……船山以他家傳的『心
傳』爲基點，而發揚光大起來，由是而神契橫渠。由是而旁通老莊，由是而
讀《易》，而論史，以形成其所特有的洗心藏密極深研幾的學風。」故知王夫
之學術思想受其父武夷公影響，再而神契張載矣。參見（《民主評論》第六卷，
第九期，民國 44 年 5 月），頁 256。

而返之實。自潛修以來，啓甕牖，秉孤鐙，讀十三經廿一史，及張、朱遺書，玩索研究，雖饑寒交迫，生死當前而不變。」〔註35〕故知王夫之遍讀經史，廣植其根，進而深研張載、朱熹著作，學其長處，棄其短處。又王氏治《易》重視歷史之引證，引史證《易》或以《易》解釋歷史則受程頤、楊萬里等影響，本文第二章第二節言宋《易》學研究概況——程頤處已詳及之。再則王夫之從錯綜角度解釋卦序受來知德之陰陽錯綜說影響〔註36〕，對方以智父子《易》學理論之吸收，王夫之除能吸取義理學派之傳統；但對象數學中合理之處，亦有所探納，此皆可見其吞吐百家、廣納群言之志矣。

第三節　王夫之釋《易》之方法

王夫之對《易》之研究，採取傳統之方法，其《內傳》以傳注形式，每章句加以注解，再詳加發揮，守象爻立誠之辭，體天人之理。在《外傳》以己身之經驗，推廣象數之變通，用自我一生之哲學發揮淋漓盡致，包含宇宙論、道德哲學、人性論、生命哲學等。王夫之自述其《易》學大體云：

> 大略以〈乾〉〈坤〉並建爲宗，錯綜合一爲象，〈象〉、〈爻〉一致，四聖一揆爲釋。占學一理，得失吉凶一道爲義。占義不占利，勸戒君子、不瀆告小人爲用。畏文、周、孔子之正訓、闢京房、陳摶日者黃冠之圖說爲限。〔註37〕

> 若夫《易》之爲道，即象以見理，即理之得失以定占之吉凶，即占

〔註35〕同註7，《船山全書》第十六冊，〈薑齋公行述〉，頁83～84。

〔註36〕汪學群：〈王船山易學淵源試探〉云：「船山以陰陽錯綜說解釋六十四卦的邏輯結構來源於來知德的錯綜說。來知德說：『錯者，陰與陽相對也。父與母錯，長男與長女錯，中男與中女錯，少男與少女錯。八卦相錯，六十四卦皆不外此錯也。』又說：『綜字之義，即織布帛之綜，或上或下，顛之，倒之者也。如〈乾〉〈坤〉〈坎〉〈離〉四正之卦，或上或下，〈巽〉〈兌〉〈艮〉〈震〉四隅之卦，則〈巽〉即爲〈兌〉、〈艮〉即爲〈震〉，其名則不同。』（《周易集注·易經字義》）八卦和六十四之象，其陰陽卦爻畫皆相反對者，則爲錯。卦畫相錯，其所取之物象亦相對錯。八卦、六十四之象，上下相互顛倒，如〈巽〉倒轉則爲〈兌〉，〈屯〉倒轉則爲〈蒙〉，卦象既相綜，所取之物象亦寓於綜中。陰陽向背說和陰陽錯綜說在船山這裡已不限於一般地描述《易》卦的邏輯結構，而是圍繞著〈乾〉〈坤〉展開，突出〈乾〉〈坤〉二卦在《易》卦中的地位，可以說是爲他的〈乾〉〈坤〉並建說服務的。」同註13，頁36。

〔註37〕同註7。

以示學，切民用，合天性，統四聖人於一貫，會以言、以動、以占、
以制器於一原。〔註38〕

此處所載可謂爲王大之《易》學方法論，茲以其《內傳》解《易》之原則；
〈彖〉〈爻〉一致、四聖一揆，占學一理，卦各有主，卦變，參天兩地，分
述如下：

一、〈彖〉〈爻〉一致、四聖同揆

王夫之治《易》以「四聖同揆」爲其立場，所謂「四聖同揆」乃指伏羲
之卦象，與文王之〈彖辭〉，周公之〈爻辭〉，孔子之〈文言〉、〈繫辭〉等，
皆相因相明，後聖以達先聖之意。而「〈彖〉〈爻〉一致」即所謂「即〈象〉
見〈彖〉，即〈彖〉明〈爻〉，即〈象〉、〈爻〉明〈傳〉，合四聖於一軌，庶幾
正人心，息邪說之意云。」〔註39〕王夫之以爲孔子之《易》傳以〈彖〉、〈象〉
爲綱領，〈彖〉、〈象〉二傳即文周之〈彖〉〈爻〉，文周之〈彖〉〈爻〉即伏羲
之畫象，因伏羲始畫卦，卦象中陰陽二爻之升降乃明天道變易，同時又示人
得失是非之理，天人之理盡在其中，而後聖以達先聖之意，未嘗有所損益，
此即爲「四聖同揆」。〔註40〕王夫之之目的在認爲《易》四部份〈卦象〉、〈彖
辭〉、〈爻辭〉、《易》傳自成一義理，上下相貫，圓融一致而已，其不贊成朱
熹區分伏羲、文王、周公、孔子之《易》，據此，關於《周易》體例；王夫之
著重辯論〈彖〉與〈爻〉之關係，而提出「〈彖〉〈爻〉一致」之說。〈彖〉與
〈爻〉之關係如何？《易》云：「〈彖〉者，材也。〈爻〉也者，效天下之動者
也。是故吉凶生而悔吝著也。」(〈繫辭下傳第三章〉) 王夫之註云：

材者，體質之謂，效天下之動則其用也。有此體乃有此用；用者，
用其體。唯隨時而異動爾。……吉凶悔吝，辭之所生所著也。因〈爻〉
而呈，而〈爻〉亦本乎〈象〉所固有之材。材者，畫象之材也。非
〈象〉無〈彖〉，非〈象〉無〈爻〉，非〈象〉與〈爻〉無辭。〔註41〕

按王氏之解釋，〈彖〉係指畫象之材，一卦之體質，而〈爻〉者、效也，
本〈象〉固有之材而起效用，係隨時而變動者，天地之化理，人物之情事，

〔註38〕同註7，頁653。
〔註39〕同註7，頁650。
〔註40〕參見《周易內傳發例》，同註7。
〔註41〕同註7，《周易內傳》卷六上，頁587。

所以成萬變，作《易》者比擬其酬酢之道而呈效於其中。由辭所著之吉、凶、悔、吝亦因〈爻〉而呈，人之法天而應物者，亦資三百八十四爻而盡其用。故〈象〉與〈爻〉之關係不僅為〈象〉為體，〈爻〉倚〈象〉而用之體用關係，亦可謂〈爻〉之動出於〈象〉之靜之動靜關係。王夫之云：

> 夫〈象〉者材也，〈爻〉者效也。效者，材之所效也。一木之生，枝莖葉花合而成體者，互相滋也；一車之成，輻轂衡軸分而效用者，功相倚也。其生也，不相滋則破而无體；其成也，不相倚則缺而廢用。故〈爻〉倚〈象〉以利用，抑資於〈象〉以生而成體。吉凶悔吝之效，未有離〈象〉以別有指歸者也。故曰：「觀其〈象辭〉，則思過半矣。」……《易》之有卦，則六位皆備，而一成始終。積以相滋，而合之為體，是故〈象〉靜而〈爻〉動，動者動於所靜，靜者固存也。……蓋靜者所生，動者其生。生於所生，則效固因材而起矣。〔註42〕

此處王氏闡釋〈象〉與〈爻〉之體用、動靜關係，〈象〉與〈爻〉係道合一而一致者，〈象〉外無〈爻〉，而〈爻〉之效因材而起，〈爻〉乃〈象辭〉旁通之情，〈爻〉動而變，變而情生事起。〈象〉總一卦之義，故〈象〉為體，〈爻〉為用。以一卦言之，則〈象〉為體，六爻皆其用，體貞而用變，故依此而可即〈爻〉論〈象〉，或即〈象〉明〈爻〉，所謂「觀其象以玩其〈象〉，則得失之所由，與其所著吉凶之所生，與其所受六爻合一，而〈爻〉之義大明矣。」〔註43〕王夫之又認為欲探求〈象〉〈爻〉之義而明《大易》之歸趣，則必依〈繫辭傳〉之要旨，王夫之曰：

> 昔者夫子既釋〈象〉〈爻〉之辭，而慮天下之未審其歸趣，故〈繫傳〉作焉。求〈象〉〈爻〉之義者，必遵〈繫傳〉之旨，舍此無以見《易》，明矣。〔註44〕

此處之言，王夫之以為孔子作〈繫辭傳〉，乃為使研《易》者把握全《易》之歸趣而明〈象〉〈爻〉辭之義者也，故總結王夫之釋《易》以「〈象〉〈爻〉一致，四聖同揆」為法則，乃卻即伏羲所畫卦卦象以見文王之〈象辭〉，即文王之〈象辭〉以明周公之〈爻辭〉，即文周之〈象〉〈爻〉辭以明孔子所贊之《易》

〔註42〕同註7：《周易外傳》卷六〈繫辭下傳〉第九章，頁1060～1061。

〔註43〕同註7，《周易內傳發例》，頁666。

〔註44〕同註7，頁661。

傳。由此層層相因，後聖以達先聖之意，所謂「四聖同揆」也，其於《易》道大道上，前後連貫，合爲一軌。王夫之此說是於張載等人之進一步發揮，其以此爲據，對割裂經傳以及用圖書解《易》之作法，進行一番評議也。

　　王夫之治《易》以「四聖同揆」爲其立場，此立場不僅表示其對《易》學之價值觀、治《易》之方法，且反映出其對《易》之作者問題所持看法，《易》傳既非出於一時一人之手，詳見本文第二章第一節，則吾人視王氏之言，係一假定，予以存而不論，可矣！此爲對其學說之評議。

二、占學一理

　　王夫之重視學《易》，同時亦講占《易》，其以爲學《易》與占《易》對於推進個人之認識甚有意義。占《易》、學《易》，在《易》傳中已明顯標出。〈繫辭傳〉曰：「君不居則觀其象而玩其辭，動則觀其變而玩其占」船山解釋曰：

　　　　觀象玩辭，學《易》之事；觀變玩占，筮《易》之事；占亦辭之所
　　　　占也。〔註45〕

君子之學《易》，專注乎象，象者大象也，所說一切皆在表達象之意義，君子玩味之可謂爲靜者之學。對於筮事，君子則觀卦象之變動而玩味其占，此可謂動者之學。故君子不廢「占《易》」，此乃王夫之「占學一理」之大意。又〈繫辭〉謂：「《易》有聖人之道四焉，以言者尚其辭，以動者尚其變，以制器者尚其象，以卜筮者尚其占。」先聖分四方面研究《易》，王夫之則將之歸約爲「占《易》」與「學《易》」，王夫之云：

　　　　《易》之重訓於萬世，占其一道爾。故曰：「《易》有聖人之道四焉。」
　　　　惟「制器者尚其象」，在上世器未備而民用不利，爲所必尚，至後世
　　　　而非所急耳。以言尚辭，以動尚變，學《易》之事也。故占《易》
　　　　學《易》，聖人之用《易》，二道並行，不可偏廢也。故曰：「居則觀
　　　　其象而玩其辭」，學也；「動則觀其變而玩其占」，筮也。〔註46〕

王氏在此處將《周易》之研究分爲「占《易》」與「學《易》」，而「占」意又爲何？〈繫辭上傳〉云：「極數知來之謂占，通變之謂事。」王夫之註曰：

　　　　「極」，根極之也。「事」謂既占而利用之，以成乎事也。善以成性，

〔註45〕同註7，《周易內傳》卷五上，〈繫辭上傳〉第二章，頁516。
〔註46〕同註7，頁654。

而性皆善，故德業皆一陰一陽之善所生，修此則吉，悖此則凶。吉凶未形，而善不善之理可以前知，不爽乎其數。《易》之有占，率此道也。〔註47〕

此處所言「占」乃謂吾人在應物行事之前，細察其變化之幾微，預知善不善之理，推斷其吉凶，採進退之道以成善事者也。〔註48〕又觀象玩辭之「學《易》」為何？王夫之云：

夫學《易》者，盡人之事也。盡人而求合乎天德，則在天者即為理，天下無窮之變，陰陽雜用之幾，察乎至小、至險、至逆，而皆天道之所必察。苟精其義，窮其理，但為一陰一陽所繼而成象者，君子無不可用之以為靜存動察，修己治人，撥亂反正之道。〔註49〕

王氏專講學，純為學習《易》中之理〔註50〕，其宗旨是「盡人事而求合乎天德」，天地風雷等自然現象變化基於陰陽規律，若精研其義，窮究其理，不僅可修養心性，亦能經世治國。

王夫之在占與學關係上，重視學，將占納入學之軌道中，故提出「以鬼謀助人謀之不逮」之論，王夫之曰：

故聖人作《易》，以鬼謀助人謀之不逮，百姓可用，而君子不敢不度外內以知懼，此則筮者筮吉凶於得失之幾也。固非如《火珠林》者，盜賊可就問以利害。〔註51〕

〔註47〕 同註7，《周易內傳》卷五上，〈繫辭上傳〉第五章，頁530～531。

〔註48〕 參見曾春海：《易經哲學的宇宙與人生》（臺北：文津出版社，1997年4月），頁69。

〔註49〕 同註7，頁675。

〔註50〕 按：汪學群：《王夫之易學》云：「在占學統一的基礎上，王夫之更重視學，並強調學《易》的意義。他認為觀象玩辭就是探尋其中的義，有云：『象謂〈大象〉。物之生，器之成，氣化之消長，世運之治亂，人事之順逆，學術事功之得失，莫非一陽一陰之錯綜所就，而宜不宜者因乎時位，故聖人畫卦而為之名，繫之〈象〉以擬象而之，皆所以示人應天下之至賾者也。卦備天下之象，極於賾矣，而以辨剛柔消長之得失，閑其邪而安於善，故不可惡；爻盡化機之變，因於動矣，而吉凶之故原本於卦德之順逆，故不可亂：皆可以詔君子之盡道，而精於其義。（《周易內傳》卷五下，〈繫辭上傳〉第八章）』自然界的消長，社會的治亂，人事的順逆，學術事功的得失皆存在於陽陰卦畫及爻象變化之中，聖人畫卦，繫卦爻辭，就是要揭示自然人事之變，觀象玩辭是精研其中的義理。」（北京社會科學文獻出版社，2002年5月），頁77～78。

〔註51〕 同註7，《周易內傳發例》，頁654。

王夫之肯定占《易》、鬼謀之價值，因其能在人謀無能為力之下，協助人們判斷是非、得失。其側重學《易》，並擬將占《易》落實於學《易》之基礎上，王夫之曰：

> 古之為筮者，於事神治人之大事，內審之心，求其理之所安而未得，在天子、諸侯則博謀之卿士以至於庶人，士則切問之師友，又無折中之定論，然後筮以決之。抑或忠臣孝子，處無可如何之時勢，而无以自靖，則筮以邀神告而啟其心，則變可盡，而憂患知所審處。是知《易》者，所以代天詔人，迪之於寡過之塗，而占與學初無二理。〔註52〕

古之筮者，或君子之占筮，皆處不得已時方為之占，故《易》占之時機不多。然於求理未得時，仍有助人斷事決疑之功，占《易》仍有其存在價值，因而提出「占義不占利，勸戒君子，不瀆告小人為用」，王夫之曰：

> 占者非徒以知吉而喜，知凶而憂也，苟為君子之人，則察其隨時之中，而乾惕以慎守其至正之則，於是而《易》之道乃以行萬變，而利用非其人，則恃其吉，而委其凶，於無可奈何之數，其占也，不如弗占，《易》道虛設矣，《易》之為書，言得失也，非言禍福也，占義也，非占志也，此學《易》者不可不知也。〔註53〕

按占事乃以天化為情，順天化而占，占者不違天化。占者並非在其無可奈何之時方占卜，亦非於不知所措時方占卜。若占者不知事之何為應做，何為不應做，僅是隨意占事，遇得吉占而喜，得凶占而憂，此即失卻占事之節度，《易》道喪失矣。《易》之為書，為君子謀，君子先應知何以為義，何以為不義，所謂「占義不占利」也。占者若全為私利而占，失其正義，此為小人之占，故王夫之強調《易》不言禍福，只告以得失之道，此方為占義，張橫渠曰：「《易》為君子謀，不為小人謀。」〔註54〕王夫之又云：

> 《易》不為小人謀，詭至之吉凶，於其善決其吉，於其不善決其凶，無不自己求之者，示人自反，而勿徼幸、勿怨尤也。〔註55〕
> 學《易》者，於仁義體之，而天地之道存焉，則盡性而即以至於命；

〔註52〕同註7，《周易內傳》卷六上，頁607。
〔註53〕同註7。
〔註54〕見張載：《張子全書》卷三〈大易篇第十四〉（臺北：中華書局，民國55年3月），頁12。
〔註55〕同註7，頁514。

> 占者，以仁義之存去審得失，而吉凶在其中矣。故曰「《易》不爲小
> 人謀」，以其拂性而不能受命也。〔註56〕

蓋小人未能以仁義處事，不能隨事之宜而行，而君子之占，完全以善與不善決定得失。善者即吉，不善者即凶。占者求吉凶，又若知吉凶決定在仁義，存乎仁義者吉，去乎仁義者爲凶，則占者必反求諸己，並非存於徼幸矣。故《易》爲君子謀，不爲小人謀，此乃王夫之所謂「占義不占利，勸戒君子，不瀆告小人爲用。」之精義。

　　王夫之論占學一理之說在企圖回答人應如何對待吉凶禍福之遭遇，即中國傳統倫理學所探討之義與命相關問題；所謂學《易》，即追求與堅守義理；所謂占《易》，即對吉凶遭遇，安然處之，王夫之曰：

> 占學一理、得失吉凶一道爲義；占義不占利。〔註57〕

王氏以學釋占來解釋一些占辭或卜吉凶之辭句，涉及到得失、吉凶、善惡、利義等問題，此爲其「占學一理」之具體運用，而在闡述得失與吉凶之關係，其以爲《易》非引導人們趨吉避凶、避禍求福，使人獲利者，而是在教人懂得得失、是非之理；此種觀點，進一步發展儒家盡人事之學說，打擊宿命論〔註58〕，而學《易》重視運用，則體現其通經致用之精神。

三、卦　主

　　《易》卦六爻中，有爲主之爻，稱「卦主」。昔西漢《京氏易傳》、魏王弼《周易略例》已揭此義〔註59〕，歷代《易》家注《易》，亦多採用，然多用

〔註56〕同註7，《周易內傳》卷六下，〈說卦傳〉，頁622～623。

〔註57〕同註7。

〔註58〕唐明邦：〈王船山論學易和占易的認識意義〉云：「王船山反對宿命論的無神論思想在占《易》問題上的表現，王船山肯定占《易》在決疑、預測中的認識意義，同時嚴厲地批判了江湖術士、迷信活動中的占卜小術。指出那種利用《周易》言詞進行的占卜不過是一些形而上學煩瑣神祕的『小慧成法』，它不是教人深入地觀察事物的變化，知常迎變；而是用神祕的思想框架，限制人們的思想，引誘人們墮入神學唯心論的深淵，充當神學、迷信的俘虜。王船山對荒誕不經的占卜小術及其始作俑者，予以怒斥：『實以數術之言，濫及五行、律歷、干支、星命之雜說，殊爲不經。聖門之所以不道，不可徇俗以亂眞。……潔靜精微，《易》教也。乃一亂於京房，再亂於邵子，而道士丹竈，醫人運氣，日者生克之邪說，充塞蔽盡，故不容不力辯也。』（《周易內傳》〈繫辭上傳〉第九章）」即爲此說。（《船山學報，1984年3月》，頁20。

〔註59〕按：有關《京氏易傳》、魏王弼《周易略例》之卦主說，則詳及之於本文第六

於一部份之卦象特殊者，如〈大有〉之六五、〈小畜〉之六四、〈復〉、〈剝〉之初九與上九等；或以八卦之主爻位，〈乾〉、坎在九五、〈坤〉、〈離〉在六二，〈震〉在初九，〈巽〉在六四，〈艮〉在九二，〈兌〉在上六。王夫之則自創己見，與京、王之說不同，其《周易內傳發例》云：

> 惟〈乾〉〈坤〉以純爲道，故〈乾〉曰「時乘六龍以御天」，又曰「天德不可爲首」，九五雖尊，不任爲群陽之主，而各以時乘；〈坤〉曰「德合无疆，承天而時行」，六二雖正，而下不能釋初六之凝陰，上不能息上六之龍戰。自此而外，則卦各有主。或專主一爻行乎眾爻之中，則卦象、卦名、卦德及爻之所占，皆依所主之爻而立義。或貞悔兩體相應，或因卦變而剛柔互相往來，則即以相應、相往來者爲主。或卦象同，而中四爻之升降異位，或初、上之爲功異道，則即以其升降剛柔之用爻爲主。非在此一卦，而六爻皆有其一德也。〔註60〕

王夫之以爲〈乾〉、〈坤〉兩純卦，沒有卦主，其他再分爲三類，即「一爻行乎眾爻之間」爲主者，「二爻相往來，而以所往來者爲主」、「以相應不相應爲主者」，茲依其分類，及根據《發例》所舉之卦例，分述如下：

（一）「一爻行乎眾爻之間」為主者

一爻行於眾爻之間，以此爻爲一卦之主者，在六十四卦之中，一陽而行乎眾陰之間者有六，分別爲〈復〉、〈師〉、〈謙〉、〈豫〉、〈比〉、〈剝〉；一陰而行乎眾陽之間者亦有六，分別爲〈姤〉、〈同人〉、〈履〉、〈小畜〉、〈大有〉、〈夬〉等共十二卦。依王夫之之言，此類型之卦，其卦德、卦象及卦名爲一致；換言之，一卦之名義即取決於主爻而定。如☰☱履，兌下乾上：履虎尾，不咥人，亨。此卦唯有六三爲陰爻，王夫之注：「〈履〉，《本義》謂『躡而進之』，是也。……爲卦六三以孤陰失位，躁進而上窺乎〈乾〉，欲躡九四，憑陵而進，乾德剛健，非所可躡，故有此象。」〔註61〕此卦卦名、卦象皆依六三爻而立義。又王夫之釋〈象傳〉：「履，柔履剛也。說而應乎乾，是以履虎尾，不咥人，亨。」云：「六三之柔，履〈乾〉剛而思干之，犯非其分，本無亨道。唯初、二兩陽本秉剛正，與〈乾〉道合，三不能獨試其險詖，姑以

章第三節李光地釋《易》之方法～「卦主」一段中。
〔註60〕同註7，《周易內傳發例》，頁662～663。
〔註61〕同註7，《周易內傳》卷一下，頁135。

說應，為求進之術，則小人欲效於君子，附貞士以向正，君子亦無深求之意，而不責其躁妄，刑戮不施，且錄用之，是以能亨。若自其履剛之逆志而言之，未有能亨者也。」〔註62〕柔履剛即指六三之柔，按《易經》之通例，柔乘剛為凶，〈履〉本凶危之卦〔註63〕，而本卦可取之處，在於柔能以說而應於剛，附貞士以向正，象徵小人欲效用於君子。此亦為本卦卦德與主旨之所往，六三爻為履剛關鍵之所繫，故為〈履〉卦之卦主。

（二）「二爻相往來，而以所往來者為主」

二爻相往來，而以所往來者為主，此類卦主皆是屬於三陰三陽之卦。其皆由〈泰〉、〈否〉卦變而來，通常卦主即是由卦變相往來之那兩爻決定之，如䷨損、䷩益即是。〈損〉，有孚元吉，无咎可貞，利有攸往。曷之用？二簋可用享。王夫之注曰：

> 〈損〉、〈益〉亦以〈泰〉、〈否〉之變而立名義者也。〈泰〉三之陽進而往上，上之陰退而來三，為〈損〉。〈否〉四之陽退而來初，初之陰進而往四，為〈益〉。不言進退往來，而謂之損益者。……陽實而陰虛，陽用有餘，陰用不足，理數之固然。陽以三中之實，補上之中虛，而陽之數損矣。〈否〉之內卦本陰也，陽損其四中之實，以與陰於初，而陰益矣。〈損〉者，陽之損也。〈益〉者，陰之益也。陽本至足，以損為惜。陰本不足，以益為幸。故損歸陽，而益歸陰。〔註64〕

按此處所言〈損〉、〈益〉二卦皆因〈泰〉、〈否〉卦變剛柔互相往來而形成，〈損〉，兌下艮上，是由〈泰〉卦九三進而往上，上六退而來居三所成。經此一剛柔往來，〈泰〉卦陽之數有損，故稱之為〈損〉卦。〈象〉：「損，損下益止，其道上行。」由〈泰〉變為〈損〉，陽方盛陰欲消，故以六三為所損，以上九為所益，此即為〈損〉卦之卦主。〔註65〕

（三）以相應不相應為主者

此類卦皆屬於二陰二陽之卦，以不相應之兩爻作為卦主者，有〈中孚〉、〈小過〉等卦。此類卦六爻中有兩對爻相應，只有兩爻不應。例如䷼中孚，

〔註62〕同註7，頁136。

〔註63〕同註7，見「象曰：上天下澤，履，君子以辯上下，定民志。」注文。

〔註64〕同註7，《周易內傳》，卷三下，頁339～340。

〔註65〕林文彬：《船山易學研究》（國立臺灣師範大學國文研究所博士論文，民國83年6月），頁179。

兌下巽上：豚魚吉。利涉大川，利貞。此卦二、四及三，上陰陽相應，王夫之注曰：

> 三順于二而說，四承乎五而相入，皆虛以聽命乎陽，而無疑無競，是
> 二陰之孚於中也。孚者，陰也；孚之者，得中之陽也。夫欲感異類者，
> 必同類之相信。己志未定，同道不親，則無望異己者之相洽以化。二
> 撫初，五承上，相與成純而不雜，邇悅則遠安，是以至實之德，內感
> 三、四，而起其敬信以說，故謂之中孚，言陽之能孚陰於中也，而陰
> 之在中者孚矣。「豚魚」，陰物，謂三、四也。二、五以中正之德施信
> 於三、四，而三、四相感以和順於內，受其矣。〔註66〕

此卦九二、九五陽剛得中，不僅能孚信初、上二陽，使同道相親，更能以誠信悅服三、四之陰，使異類相洽。三為躁進之爻，四為退疑之地，王夫之曰：「唯二、五剛中，以道相孚，故陰樂受其化。」〔註67〕因而九二、九五乃為〈中孚〉之卦主。

以相應之兩爻為卦主者，有〈蒙〉、〈臨〉等卦。此類型之卦，六爻中皆有兩處是陰陽相應，例如䷃蒙，坎下艮上：亨，匪我求童蒙，童蒙求我。初筮告，再三瀆，瀆則不告，利貞。王夫之注云：

> 二剛而得中，治蒙之任屬焉。故內之而稱「我」。「童蒙」謂五也。……
> 剛在下而得中，道不可行而可明，君道詘而道在師也。《禮》有來學，
> 無往教；五虛中而二以剛應之，五求二，二不求五也。〔註68〕

此卦中六五為童蒙之學子，九二為剛正之嚴師，柔順以來學，求教於嚴師；教與受教，蒙與養蒙，相結合而成啓蒙之義，故九二、六五為〈蒙〉卦之卦主。

綜上所述，從王夫之之《易》學方法論而言，王氏之《易》學顯然依循宋人之路徑；其在《周易內傳發例》中歷評各家之《易》學，而卒歸宗於橫渠。王夫之後半生雖過隱居之生活，繼續其著述，然其並非與世隔絕，乃堅決不事清廷，當桂王朝，占得〈觀〉卦，深覺與自己身世遭遇相契合，乃「服膺其理，以出入於險阻而自清」。這正是即占以為學。〔註69〕王夫之將《周易》

〔註66〕　同註7，《周易內傳》卷四下，頁478。
〔註67〕　同註7，頁479。
〔註68〕　同註7，頁99。
〔註69〕　參見：嵇文甫：〈王船山的《易》學方法論〉，此文收錄於林慶彰編：《中國經學史論文選集》下冊（文史哲出版社，民國82年3月），頁390。

述爲立身處世之道理書，是爲其「占學一理」思想之根由，王夫之之治《易》方法，即沿此路徑而行也。

第四節　王夫之之《易》學理論

王夫之對《易》學歷經四十年之潛心精研，建立自己之《易》學理論。首先指出天之本質爲太和清剛之氣，在論述天地化生萬物時，闡發「〈乾〉〈坤〉並建」說；王夫之主義理，但不完全否定象數，主張以「錯綜合一」之象以說明「〈乾〉〈坤〉並建」之理，將錯綜視爲「〈乾〉〈坤〉並建」之展開過程，王夫之既重視象數，亦主象數與義理之統一，茲以其《易》學思想理論「〈乾〉〈坤〉並建」、「錯綜往來」、「象理合一」，分述如下：

一、〈乾〉〈坤〉並建

〈乾〉〈坤〉並建爲王夫之《易》學理論之核心，在其之前，一般《易》學家或以〈乾〉爲首，以〈乾〉爲六十四卦之始，或以〈坤〉爲始者，王夫之以爲此皆未能盡《易》之底蘊，並加以批評，王夫之曰：

> 大哉《周易》乎！〈乾〉〈坤〉並建，以爲大始，以爲永成，以統六子，以函五十六卦之變，道大而功高，德盛而與衆，故未有盛於《周易》者也。《連山》首〈艮〉，以陽自上而徐降以下也；《歸藏》首〈坤〉，以陰具其體以爲基而起陽之化也。……〈乾〉〈坤〉並建於上，時无先後，權无主輔，猶呼吸也，猶雷電也，猶兩目視、兩耳聽，見聞同覺也。故无有天而无地，无有天地而无人，……无有天而无地，況可有地而无天，而何首乎〈艮〉〈坤〉？无有道而无天地，誰建〈坤〉〈艮〉以開之先？然則獨〈乾〉尚不足以始，而必並建，以立其大宗。〔註70〕

王氏於此處言《易》首〈艮〉或首〈坤〉之非是，〈乾〉〈坤〉二卦，排列有先，但《易》理上〈乾〉〈坤〉並建，並无分先後主輔，一如呼吸之一呼一吸，不究何爲先何爲後，不究何爲主何爲輔，所知者，是呼以待吸，吸以待呼，其間作用相輔相承，〈乾〉〈坤〉之相輔相承，无有先後，就如呼吸，又如雷電，兩目同見、兩耳同聞、天地相對相成，道理亦然。故王夫之以爲，《易》

〔註70〕同註7，《周易內傳》，卷五，頁989。

必〈乾〉〈坤〉並建，以統六子〔註71〕，以函五十六卦之變，〈乾〉〈坤〉爲純理，王夫之云：

> 凡卦有取象於物理人事者，而〈乾〉〈坤〉獨以德立名：盡天下之事物，無有象此純陽純陰者也。陰陽二氣絪縕於宇宙，融結於萬彙，不相離，不相勝，無有陽而無陰，有陰而無陽，無有地而無天、有天而無地。故《周易》並建〈乾〉〈坤〉爲諸卦之統宗，不孤立也。然陽有獨運之神，陰有自立之體：天入地中，地函天化，而抑各效其功能。故伏羲氏於二儀交合以成能之中，摘出其陽之成象者，以爲六畫之〈乾〉，而文王因繫之辭，謂道之「元亨利貞」者，皆此純陽之撰也：摘出其陰之成形者，以爲六畫之〈坤〉，而文王繫之辭，謂道有「元亨利牝馬之貞」者，唯此純陰之撰也：爲各著其性情功效焉。〔註72〕

此處所言《周易》並建〈乾〉〈坤〉，首先即謂二卦原非孤立，實爲合撰〔註73〕，而以全《易》六十四卦而言，六十四卦分體與用，〈乾〉〈坤〉爲體，其餘六十二卦皆其用，有體有用，《易》道乃顯，王夫之云：

> 《易》者，互相推移以摩盪之謂。《周易》之書，〈乾〉、〈坤〉並建以爲首，《易》之體也：六十二卦錯綜乎三十四象而交列焉，《易》之用也。純〈乾〉純〈坤〉，未有《易》也，而相峙以並立，則《易》之道在。〔註74〕

此處言〈乾〉〈坤〉爲體，六十二卦爲其用，而「〈乾〉〈坤〉並建」之二與「《易》有太極」之一亦相融通，蓋太極爲〈乾〉〈坤〉之合撰，王夫之曰：

> 「太」者極其大而無尚之辭。「極」，至也，語道至此而盡也：其實陰陽之渾合者而已，而不可名之爲陰陽，則但贊其極至而無以加，

〔註71〕六子指〈艮〉、〈震〉、〈坎〉、〈巽〉、〈離〉、〈兌〉。

〔註72〕同註7，《周易內傳》卷一上，釋〈坤〉卦解，頁74。

〔註73〕曾昭旭：《王船山哲學》云：「〈乾〉〈坤〉並建所以分爲二者，實因就人心之需要，要明白此二種純德以爲行道之所法，故通過人心之分析作用，將此凝合爲一之天地統體，摘出其獨運之神以謂之〈乾〉，摘出其自立之體以謂之〈坤〉，以各著其性情功效耳。非謂宇宙間眞有此實存之二元，可以此純陽純陰象之也。故所謂〈乾〉〈坤〉之二元，實只是人心中之暫時分析而實非二元者明矣。」此說甚允，〈乾〉〈坤〉並建實反映王夫之對天道結構之一個對偶而一元之「宇宙論」。（臺北：遠景出版事業公司，民國72年2月），頁58。

〔註74〕同註7，《周易內傳》卷一上，頁41。

日太極。太極者，無有不極也，無有一極也。唯無有一極，則無所
不極。故周子又從而贊之曰：「無極而太極。」陰陽之本體，絪縕相
得，合同而化，充塞於兩間，此所謂太極也，……在《易》則〈乾〉
〈坤〉並建，六位交函，而六十四卦之爻象該而存焉。〔註75〕

王氏以爲太極乃陰陽合同而化之本體，〈乾〉象徵天，〈坤〉象徵地而順承天；
夫〈乾〉，天下之至健者也，其健動極其亨通暢流，其陽氣之舒發，極天下之
殊情異質而皆至焉。夫〈坤〉，天下之至順者。〈坤〉陰壹於順，雖凝爲重濁
而或有所窒礙，然而依〈乾〉陽之時起，故〈乾〉〈坤〉並建而陰陽具足，不
單一事一物如此，整個宇宙天地亦莫不如此。宇宙具足陰陽，而陰陽分用而
同功，〈乾〉〈坤〉並建與陰陽有密切之關係，王夫之云：

《周易》並建〈乾〉〈坤〉，以統六子，而爲五十六卦之父母：在天
之化，在人之理，皆所繇生，道無以易，而君子之盛德大業，要不
外乎此也。〈乾〉者，陽氣之舒，天之所以運行。〈坤〉著，陰氣之
凝，地之所以翕受。天地，一誠无妄之至德，生化之主宰也。……
「物」者爻也，爻之剛柔，各自爲群，而性情分焉。同群者孚，異
群者應，如其道則吉，非其道則凶。若以陰陽之本體俱爲天地之大
用，何吉何凶？而一聚一分，則得失差異，是以吉凶生焉。……以
十二至足之陰陽，往來於六位之中，相錯以進退，剛利柔之受，柔
倚剛以安，乍然有合而相摩盪，則純陽而爲〈乾〉，純陰而爲〈坤〉，
陰陽相離而爲六子，皆自然必有之化。〔註76〕

〈乾〉〈坤〉並建，爲陰陽和合之氣，是變化之本體，而天以太極陰陽二
氣化成萬物，在氣化中，由於陰陽二氣交感作用，有相互對立及相互摩盪，
從而產生萬物之變化規律，純〈乾〉（陽）式或純〈坤〉（陰）皆不可能產生
變化，王夫之又以爲「太極」是無所不在，無時不在之陰陽統一體，〈乾〉極
乎陽，〈坤〉極乎陰，〈乾〉〈坤〉並建而陰陽之極皆顯。四象、八卦、三十六
象、六十四卦，摩盪於其中，無所不極，化生萬物，如此種種關係，〈乾〉〈坤〉
並建理論可視爲《周易》之起始與歸宿矣〔註77〕。

〔註75〕 同註7，《周易內傳》卷五下，頁561。
〔註76〕 同註7，《周易內傳》卷五上，〈繫辭上傳〉，頁506～509。
〔註77〕 王夫之《周易外傳》云：「大哉《周易》乎！〈乾〉〈坤〉並建以爲大始，以
爲永成。」即爲此意。見註70。

二、錯綜往來

　　錯綜爲《易》學中之一對重要範疇，一般而言，同位之陰陽爻全部相反相對之兩卦爲相錯，一卦之爻位上下顛倒而構成另一卦之此兩卦爲相綜〔註78〕，王夫之對錯綜之解釋爲：

> 奇耦之變爲八卦，八卦之變爲六十四卦，其象或參或伍，相爲往來，而象合成矣。「錯」，冶金之器，交相違拂之謂。「綜」，以繩維經，使上下而交織者，互相升降之謂也。卦之錯而不綜者八，〈乾〉、〈坤〉〈坎〉、〈離〉、〈頤〉、〈大過〉、〈中孚〉、〈小過〉。綜之象二十八，而成五十六卦，〈屯〉、〈蒙〉以下皆是。錯而兼綜者，〈泰〉、〈否〉、〈隨〉、〈蠱〉、〈漸〉、〈歸妹〉、〈既濟〉、〈未濟〉。其錯則不綜者，〈屯〉、〈蒙〉之錯〈鼎〉、〈革〉，凡四十八卦，通陰陽十二位而交相易，則六十四卦相錯而成三十二對，以於所發見之六位而相爲易，則五十六卦上下顛倒於二十八象之中。此象也，……極其數，謂因數以得象也。其錯也，一嚮一背，而贏於此者詘於彼；其綜也，一升一降，而往以順者來以逆。天下之器，其象各異，而用亦異，要其形質之宜，或仰而承，或俯而覆，或微而至，或大而容，或進而利，或退而安，要唯酌數之多寡以善剛柔之用，合異以爲同，分同以爲異，皆此一往一來，一贏一詘以成之象，象成體宅，而用以利矣。「變」者，盡乎萬殊之理而無所滯也。「至變」，則天下之事無不可爲，天下之物無不可用，動而咸宜，創制立法而永爲物利矣。〔註79〕

王夫之以「〈乾〉〈坤〉並建」爲體，以「錯綜」爲用，解釋《周易》整套卦爻之旁通秩序；在此，〈乾〉〈坤〉兩卦成對，其他六十二卦亦成對，所謂「錯」者，古人亦稱爲「變」；「綜」者，亦稱爲「覆」，王夫之以錯綜解釋六十四卦間相對映顯之作用，以虛擬天地之道，在《周易稗疏》中有舉例說明：

> 「錯」者，鑢金之械器，汰去其外而發見其中者也；「綜」者，繫經之線，以機動之，一上而一下也。卦各有六陰六陽，陰見則陽隱於中，陽見則陰隱於中。錯去其所見之陰則陽見，錯去其所見之陽則

<hr />

〔註78〕　錯、綜者，指六十四卦中，兩卦間之相互關係。明來知德《易注・序》云：「錯者，交錯對待之名，陽左而陰右，陰左而陽右也；綜者，高低織綜之名，陽上而陰下，陰上而陽下也。」是其義。

〔註79〕　同註7，《周易內傳》卷五下，〈繫辭上傳〉，頁553～554。

陰見，如〈乾〉之與〈坤〉、〈屯〉之與〈鼎〉、〈蒙〉之與〈革〉之類，皆錯也。就所見之爻，上下交易，若織之提綜，迭相升降，如〈屯〉之與〈蒙〉，五十六卦皆綜也。〔註80〕

「錯」者，可比擬治金之器，交相違拂之情，卦之六爻，十二位有六陰六陽，六十四卦每見陰陽互列，見陰現者即陽隱於其中，見陽現者即陰隱於其中，陰陽一嚮一背，贏於此者詘於彼，此謂之「錯」，例如〈乾〉與〈坤〉，〈屯〉與〈鼎〉，〈蒙〉與〈革〉：

乾☰☰錯→坤☷☷
屯☳☵錯→鼎☲☴
蒙☵☶錯→革☲☱

至於「綜」者，高低織綜之名，陽上而陰下，陰上而陽下也。例如〈屯〉卦與〈蒙〉卦：

屯☳☵「綜」→蒙☵☶

由此例觀之，一卦顛倒之則為彼卦，彼卦顛倒之則成此卦，此稱之為「綜」。《周易》六十四卦中，可綜者五十六，不可綜者則有八，計〈乾〉、〈坤〉、〈頤〉、〈大過〉、〈坎〉、〈離〉、〈中孚〉、〈小過〉等，其他五十六卦為可綜者，而王夫之又以為《周易》以綜為主，可綜者綜，不可綜者然後錯，王夫之曰：

《周易》以綜為主，不可綜而後從錯。蓋以天有全象，事有全理，而人之用之者，但得其半；天道備而人用精，是以六爻之中，陰陽多寡，即就此而往復焉，則已足備一剛一柔之用，善一進一退之幾，成一仁一義之德矣。……知其乃可以統其同，用其半即可以會其全，故略於錯而專於綜。實則錯綜皆雜也，錯者幽明之迭用，綜皆用其明者也。〔註81〕

此處言，天有全象，事有全理，人之智慧有限，縱依己然之化迹，僅能肖模天象與事理之大略，故王夫之示人「不可執象」，得其半，就當體會其全面，「略於錯而專於綜」矣。《周易》中，錯而不綜之卦八，其象亦八；即以錯相從，見六陰六陽皆備之實者〔註82〕：

〔註80〕 同註7，《周易稗疏》卷三，頁788～789。
〔註81〕 同註7，《周易內傳》卷六下，頁638～639。
〔註82〕 朱伯崑：《易學哲學史》卷四云：「按王氏的解釋，〈乾〉〈坤〉相錯，〈頤〉〈大過〉相錯，〈坎〉〈離〉相錯，〈中孚〉〈小過〉相錯。此八個卦，各自顛倒，其德其象皆不變，故為不綜之卦。相錯之卦，兩卦合為一體，各見六陰六陽。

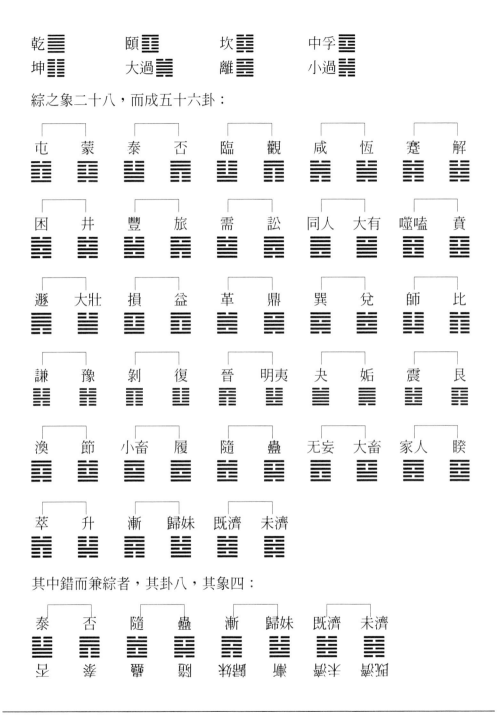

乾　　　頤　　　坎　　　中孚

坤　　　大過　　　離　　　小過

綜之象二十八，而成五十六卦：

屯　蒙　泰　否　臨　觀　咸　恆　蹇　解

困　井　豐　旅　需　訟　同人　大有　噬嗑　賁

遯　大壯　損　益　革　鼎　巽　兌　師　比

謙　豫　剝　復　晉　明夷　夬　姤　震　艮

渙　節　小畜　履　隨　蠱　无妄　大畜　家人　睽

萃　升　漸　歸妹　既濟　未濟

其中錯而兼綜者，其卦八，其象四：

泰　否　隨　蠱　漸　歸妹　既濟　未濟

此八個卦的關係是，〈坎〉〈離〉乃〈乾〉〈坤〉之變，〈頤〉〈大過〉〈中孚〉〈小過〉又各具有〈坎〉〈離〉之象。〈頤〉〈大過〉內備〈乾〉〈坤〉之德，〈中孚〉〈小過〉外具〈乾〉〈坤〉之貌。此八不變之卦爲一切變化的根源。」同註31，頁 95～96。

其錯則不綜者，凡四十八卦：

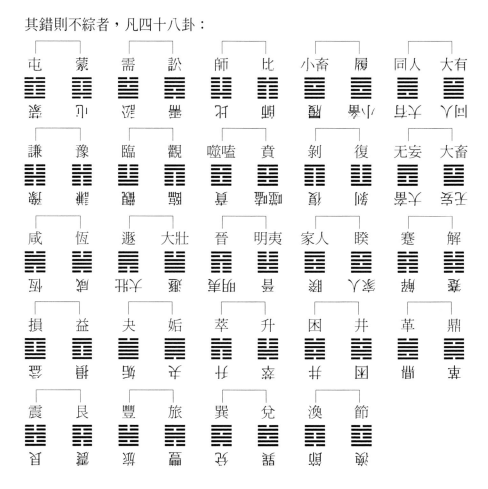

王夫之曰：「《易》之爲象，〈乾〉、〈坤〉；〈坎〉、〈離〉；〈頤〉、〈大過〉；〈中孚〉、〈小過〉之相錯，餘卦二十八象之相綜，物象備矣。」（《張子正蒙注》卷三）相錯不綜之卦各爲一象，得八象；相綜之卦二卦合一象，得二十八象。《周易》共三十六象，象徵物象之大全。〔註83〕「錯」喻物象之間或同或異、或始異終同、或始同終異之聯繫，「綜」喻事物屈伸往來、生化不息之運動變化發展。錯「嬴此詘彼」已具「消長之幾」，綜「通參變合」而顯「化機」之「神」。而「錯者捷錯，綜者捷綜，兩卦合用，四卦合體，體有各見而用必同軸。」（《周易外傳》卷七）如此，《周易》六十四卦便構成一幅錯綜複雜、化生萬變關係之網，但追其源，則皆爲〈乾〉〈坤〉並建之固有。故〈乾〉〈坤〉

〔註83〕參見蕭漢明：〈試論王船山的易學體系〉，收錄於《周易縱橫錄》（湖北：人民出版社，1986年11月），頁421。

有向背，六十二卦有錯綜，眾變而不捨〈乾〉〈坤〉之大宗，此亦爲王夫之之《易》學理論。

三、象理合一

王夫之雖主義理，但並不排斥象數，其企圖解決義理學派與象數學派之論爭，在建立自己《易》學體系過程，則力求象數與義理之統一，王夫之曾對王弼之一掃象數而闡發《易》理，提出批評，王夫之曰：

> 弼學本老莊虛無之言，既詭於道，且其言曰：「得意忘言，得言忘象」，則不知象中之言，言中之意，爲天人之蘊所昭示於天下者，而何可忘邪？然自是以後，《易》乃免於囂技者猥陋之誣，而爲學者身心事理之要典。〔註84〕

按大體而言，王弼思想本自老莊虛無之學，主觀上要極無心之妙，故虛其心而得一虛通之境，解《易》就往往詭於道，而王弼將象數一概摒棄，則疏略伏羲作卦畫象之意，此爲義理派「略象」之弊；專言「義理」，過於「略象」，有違「四聖同揆」之意矣。此外，漢代象數學家泥於數，流於占，王夫之亦提出評議，其曰：

> 乃秦既夷之於卜筮之家，儒者不敢講習，技術之士又各以其意擬議，而詭於情僞之利害。漢人所傳者非純乎三聖之教，而秦以來，雜占之術紛紜而相亂，故襄楷、郎顗、京房、鄭玄、虞翻之流，一以象旁搜曲引，而不要諸理。〔註85〕

王氏以爲漢代象數學家就卦象之變化探求《易經》，一心注意六十四卦間相互變化之規則，認爲將卦爻間之變換形式推衍出來，即可窺測宇宙自然之奧理，然是輩人士泥於象而以死板、機械式之法術以限制天理，失卻《周易》「神無方而易無體」、「無心感化，周流六虛」之特色。既然義理派與象數派皆有偏頗，王夫之只有另闢蹊徑，提倡象理合一，王夫之以爲，理解一卦之義理，亦不能脫離一卦之卦象及其所取之物象，其於《發例》中云：「若夫《易》之爲道，即象以見理，即理之得失以定占之吉凶。」「即象以見理」，即言，卦象中剛柔爻畫之排列組合，乃陰陽交感法則之體現，而事物之理即其所以然與當然之則即存於卦象之中，故不能捨象言理或象外求理，卦象不僅顯示吉

〔註84〕同註7，《周易內傳發例》，頁652。
〔註85〕同註83。

凶得失之理，亦顯示一切事物之理，王夫之曰：

> 陰陽變通而成象，則有體。體立而事物之理著焉，則可因其德而爲
> 之名。自〈屯〉、〈蒙〉以下，物理之化，人事之幾，得失良楛，賅
> 而存焉。其類不一，亦至雜矣。然皆〈乾〉〈坤〉剛柔交感合德之所
> 固有，不越乎大地之撰也。〔註86〕

王氏認爲卦象形成後，即爲一卦之主體；卦象確立後，事物之理即通過其象
顯現，而就事理之本然言，卦象基於陰陽變易之法則，象成方有數可數，就
揲蓍成卦說，則由數而成象，象成而陰陽之理即寓於其中，有象方有數，理
在象中，象顯其理，故象理合一。王夫之此說，既反對玄學派之忘象或廢象
說，又反對象數學派之泥象說，同時又揚棄程朱派「假象以顯義」說，可謂
對《易》學史上之象義之爭作一次總結矣。

第五節　王夫之之《易》學特色

王夫之之《易》學研究，氣勢宏大，思想精深，其闡釋《易》理，每每
能別出新意，富有創造性，茲以其特色，研《易》提倡實學，多引史事明《易》，
分述如下：

一、研《易》提倡實學

王夫之研究《易》學，提倡實學，言必徵實，義必切理，其既不附合老
莊之學，又反對將《易》理之《易》引入邪說，王夫之云：

> 後世之竊《易》者，或濫於符命，如《乾鑿度》；或淫於導引，如《參
> 同契》；或假以飾浮屠之邪妄，如李通玄之注《華嚴》；又其下則地
> 術星命之小人皆爭託焉；惡知《易》之爲用但如斯而已乎？〔註87〕

王夫之以將《易》學引入歧途者，謂之「竊《易》者」，其有「濫於符命」，
論者以祥瑞說論證君權天授；有「淫於導引」，用道家養生之法，如搖筋骨，
動肢節。東漢魏伯陽著《參同契》，即利用〈坎〉、〈離〉、水、火、龍、虎、
鉛、汞等法象，說明煉丹修化之術。而李通玄注《華嚴》，更以《易》法佛經，
粉飾佛學之邪妄。再下等者，有地術，即相地之術，亦稱堪輿，俗稱風水，

〔註86〕同註7，《周易內傳》卷六上，〈繫辭下傳〉第六章，頁600。
〔註87〕同註7，《周易內傳》卷五下，〈繫辭上傳〉第十一章，頁557。

選擇住宅地或墓地，迷信風水術數。又有星命，即術數家以人生八字，按天星運數推算人之祿命。凡此種種，王夫之皆力排之，故《四庫全書總目提要》贊云：「人旨不信陳摶之學，亦不信京房之術，於先天諸圖緯書雜說，皆排之甚力，而亦不空談玄妙，附合老莊之旨。故言必徵實，義必切理，於近時說《易》之家，最有根據。」此實爲中肯之言。

二、多引史事明《易》

　　王夫之治學，研史工夫至深，著《讀通鑑》、《宋論》尤爲人所稱道，故其於解《易》中，字裡行間常以史事作例以解釋卦爻之義，即以透過具體之歷史人事，藉其出處進退，褒貶得失，以詮釋卦爻中所蘊涵之義理，如〈蒙〉卦，坎下艮上，〈大象傳〉云：「山下出泉，蒙，君子以果行育德。」王夫之注云：

> 「泉」，水始出之細流，故於山下之水，不言水而言泉。泉方出山，而放乎四海，無所止息，「果」矣。曲折縈回，養其勢以合小爲大，「育」也。君子之行成於果決，而德資於涵養。勇決則危行而不恤利害，涵養則成章而上達天德。甯武之愚不可及，顏子之如愚足發，皆此道也。〔註88〕

〈蒙〉卦卦義〈大象傳〉：果多育德，坎爲水，艮爲山，二體之象爲山下出泉水，泉出是「果」，泉用是「育」，「甯武之愚不可及，顏子之如愚足發。」皆是指在道德涵養上擇善固執，果行於此，而以之自我淬勵也。

　　又如〈小畜〉卦，乾下巽下，卦解云：「小畜，亨，密雲不雨，自我西郊。」王夫之注云：

> 「小」謂陰也。………「畜」，止也，養也，止之所以養之也。……凡卦一爲主，二爲從。〈巽〉一陰入於二陽之中，陰爲主而得位；〈乾〉之健行方銳，而一陰以柔道止其健，五、上二陽，皆爲陰用，以成〈巽〉入之德，故爲〈小畜〉。「亨」謂陰亨也。柔得位，而上有二陽之助而有力，〈乾〉承其下而受其止，故亨。漢光武以柔道治天下，卒能止天下之競而養以安，用此道也。然其爲亨，能止陽而不使過，則抑未足以開物成務而化成天下，故又爲「密雲不雨，自我西郊」之象。〔註89〕

〔註88〕同註7，《周易內傳》卷一下，頁101。
〔註89〕同註7，頁129。

此處所言「〈巽〉一陰入於二陽之中,陰爲主而得位。」〈彖傳〉云:「小畜,柔得位而上應之曰小畜。」王夫之注云:

> 六四既自得位,下以柔道畜陽,而陽不爭,上有二陽,厚其力以使能入,故能以小畜大。〔註90〕

按六四爻既得位,以一陰而止五陽之躁動,王夫之以「漢光武以柔道治天下,卒能止天下之競而養以安,用此道也。」以比喻漢光武偃兵息武,示天下以清靜,然〈乾〉下三陽方盛,如光武休養生息,其德未孚,尚不足以開物成務而化成天下也。

　　綜觀王夫之《易》學側重義理之研究,以作進德修養、開物成務之理據。其治《易》能融貫群經,容攝眾說,而能以「四聖同揆」之識見,遙契伏羲、文王、周公、孔子一脈相因相成之大《易》正傳,肯定《周易》作者;主張占學一理,以《易》占與《易》學爲微言大義之所存;至於〈乾〉〈坤〉並建,不以〈乾〉〈坤〉爲二,而視〈乾〉〈坤〉合一,《內傳》卷一:「《周易》並建乾坤爲諸卦之統宗」「〈乾〉〈坤〉並建以爲首,〈易〉之體也。六十二卦錯綜乎三十四象而交列焉,〈易〉之用也。」無有獨陰獨陽之存,二者並建,無前後主輔之分,〈乾〉健施而不息,〈坤〉順行而無間,〈乾〉〈坤〉知能同功以成生生富有之大業,故《易》道之廣大,〈乾〉〈坤〉統之。復由「〈乾〉〈坤〉並建」引伸而曰「陰陽十二位數,隱現各半」。〔註91〕卦中陰陽亦相對而相和;而卦象顯著六位,隱者六位,合爲十二位,每卦十二位,皆視爲一〔註92〕,此爲〈乾〉〈坤〉一元說也。又《周易》上經自〈乾〉至〈離〉凡三十卦、下經自〈咸〉至〈未濟〉凡三十四卦,卦數不齊,王夫之則提出有上下之分,蓋卷帙相稱,無輕重失均疑慮之見解,其於《周易內傳發例》云:

〔註90〕同註7,頁130。

〔註91〕如《周易外傳》卷六:「夫由〈乾〉而知道之必有六陽也;由〈坤〉而知道之必有六陰也,〈乾〉〈坤〉必有而知數位之十二皆備,居者德而見者撰也。」

〔註92〕熊十力於王夫之「〈乾〉〈坤〉並建」說,時有「落於二元」之評。如其著《原儒》下卷〈原內聖〉第四云:「王船山《易內外傳》,不悟〈乾〉元、〈坤〉元,是以〈乾〉〈坤〉之本體而言,……乃有〈乾〉〈坤〉並建之說,頗有二元論之嫌。」(《中國現代學術經典》,〈熊十力卷〉,河北教育出版社,1996年8月,頁429。)同篇頁380又云:「船山《易》學,主張〈乾〉〈坤〉並建,故謂陰陽異體。余議其失之粗者,即此可見。但船山亦承認太極是陰陽之本體,究非二元論。祇惜其解悟有未透,理論欠圓明耳。然其精思獨到處甚不少,學者所宜詳究。」熊十力以爲船山主〈乾〉〈坤〉並建之二元論,並予以修正爲乾元坤元之一元論,熊氏之言多此一說,而疑船山爲二元論者則可以息矣。

且《上》、《下經》之目，非必孔子之所立也。《六經》之書，在孔子但謂之藝，其稱「經」者，始見於戴氏〈經解〉之文，後人之所稱也。其分上下也有二。古之簡策，以韋編之，猶今之卷帙也。簡多而不可編爲一，故分上下爲二，其簡之多少必相稱也。《上經》〈乾〉、〈坤〉二卦獨有〈文言〉，則損其二卦以爲下篇，而文與簡相均。《下經》之始〈咸〉、〈恆〉，不過如此而已。〔註93〕

王夫之以爲六十四卦中，唯獨〈乾〉、〈坤〉二卦別有〈文言傳〉，《上經》三十二卦加〈乾〉、〈坤〉〈文言傳〉，恰與《下經》三十四卦之篇幅相當，故上下二篇之卦數乍看似不均衡，實則正相稱也。此說不可通，因〈文言傳〉之附經，始於魏王弼《易》注。晉世汲郡發現之魏襄王冢中，有《易經》二篇；近世長沙馬王堆三號漢墓出土帛書《易經》六十四卦，亦爲獨立成篇，不與《易》傳混雜，足證戰國末葉及西漢初年之傳本，經傳並未雜廁如今本者也。《漢書・藝文志》著錄「《易經》十二篇」，師古注：「上下經及《十翼》，故十二篇。」其說蓋是。〔註94〕東漢靈帝熹平四年所刻之石經，其「上下經」亦獨立成篇，然則當時〈文言傳〉尚未附經也。清張惠言《周易鄭氏義》云：

康成始以〈彖〉、〈象〉連經文。……魏王弼又以〈文言〉附於〈乾〉〈坤〉二卦。故自康成而後，其本加「〈彖〉曰」、「〈象〉曰」，自王弼而加「〈文言〉曰」。〔註95〕

然則王夫之因《上經》有〈文言傳〉，故僅得三十卦云云，實曲說耳。〔註96〕然其以〈乾〉〈坤〉並建，〈乾〉君〈坤〉臣，〈乾〉陽〈坤〉陰並建，有民主思想，天地平等，陰陽平等之義，良有可取，並進而發揮博大精深之《易》理，所謂小疵不掩大瑜，其一生對學術之貢獻，實不可抹滅矣。

〔註93〕　同註7，頁676。

〔註94〕　參見黃沛榮師：《易學乾坤》（臺北：大安出版社，1998年8月），頁7。

〔註95〕　見張惠言：《周易鄭氏義》，收入《易學十書》（下）中（臺北：廣文書局，民國66年7月），頁890～891。

〔註96〕　同註94。

第五章　毛奇齡《易》學研究

第一節　毛奇齡之生平與學術著作

一、生　平

　　毛奇齡（西元 1623～1716 年），又名甡，字大可，號秋晴，又號初晴，浙江蕭山（今浙江省蕭山縣）人，先人為河南人氏，故以郡望號西河。生於明熹宗天啟三年（西元 1623 年），卒於清康熙五十五年（西元 1716 年），年九十四〔註1〕。父秉鏡，敕贈翰林院檢討，育有四子，奇齡排行第四，因出生時，其母張氏曾夢見番僧寄以番牒，四邊有四虯相啣，遂取郭璞〈遊仙詩〉「奇齡邁五龍」之句，命名為「奇齡」。西河自幼聰慧過人，明熹宗天啟七年（西元 1627 年），年五歲，請讀書，母親張氏口授《大學》，越一日便能成誦。十歲應童子試，推官陳子龍（字人中，號大樽）評為才子，拔之冠童子，於是補生員，時其兄萬齡已在學有名，人遂稱西河為「小毛生」。明崇禎十二年（西元 1639 年），年十七，以童年應臨安鄉試，不久明朝滅亡，乃哭於學宮三日，遂棄原本所習之舉子業，因天下已亂，會稽山賊紛起，毛奇齡遂藏身城南山，與同縣沈禹錫、包秉德、蔡仲光為四友，藏於土室，讀書其中。

〔註1〕阮元撰之《儒林集傳錄存》、錢林輯、王藻編之《文獻徵存錄》卷一、徐世昌等撰之《清儒學案》卷二十五，皆言毛奇齡於康熙五十五年（西元 1716 年）卒於家，年九十四。而《清史稿》卷四百八十一則言卒於康熙五十二年，年九十一。又據西河門人蔣樞於康熙五十九年補輯《毛西河先生全集》時有云：「先生自康熙三十八年以後，越五年而東歸草堂，又九年而卒。」（《毛西河先生全集‧卷首》）則此說與《清史稿》說法相符，今從普遍之前說。

　　順治二年（西元 1645 年），年二十三，清軍下江南，杭州失守，山陰縣秀才鄭遵謙與餘姚熊汝霖等人組織鄉兵抗清，而原本在寧波守備海防防務之鎮海將軍毛有倫移師蕭山縣西之西陵，與民兵相合，合謀抗拒清軍，並共同推舉魯王朱以海監國於紹興。因有倫與西河同族，遂向魯王薦西河為監軍推官，西河力辭之，遂被奪諸生籍。後鎮東將軍方國安收敗軍東奔渡江，馬士英亦率軍竄國安軍中，名曰方馬軍，屯兵錢塘江岸，與西陵軍相峙而居。後大司馬徐人龍犒軍西陵，方國安邀毛有倫共迎之，有倫詢於西河，西河則謂：「方、馬國賊也。明公（毛有倫）為東南建義旗，何可與二賊共事，請絕之！」〔註2〕方、馬聞此言，大恨，欲殺之。毛奇齡不得已避居龕山，託身有倫之弟靖南將軍毛有俶處，一月後又返回西陵，髡髮緇衣，寄居於山寺。順治三年，清軍破紹興，戮市中之留髮者，西河遂倖能避過此劫難。

　　清軍平定東南後，文士仍踵習前代結社之習，西河因品目過於嚴峻，且喜批評他人之文，故屢得罪於人，又輯《越郡詩選》時，選錄過於嚴格，得罪王自超，自超遂聚西河怨家，造謠誣蔑，意圖報復，幸官府明察秋毫，得以免坐。後毛氏又改寫元人《賣嫁》、《放偷》兩劇，撰成〈連廂詞〉，復被人誣指為諷刺張縉彥之改節事清〔註3〕。於是怨家又誣陷西河聚眾殺營兵，官府乃四出搜捕，不得已乃接受友人蔡仲光建議，化名王彥，字士方，倉遑逃亡，其間四處藏匿，亡命浪游。

　　康熙初年（西元 1662 年），年四十，毛奇齡投靠友人山陽（今淮安縣）令朱禹錫，禹錫故與西河善，遂招其至山陽，並為其開館驛，召諸賓客讌飲。是年八月十五夜，張鴻烈父子邀集流寓淮上諸名士，飲宴東湖之濱，毛奇齡賦〈明河篇〉應景，天明時，淮上諸家已傳寫殆遍。此時施閏章從京師返鄉，見〈明河篇〉，驚為才子之文，遂留山陽三月，與之交游，西河之名因而為人所周知。然官府又聞風緝捕，毛奇齡才改名為「甡」，倉惶逃匿，乃遍游齊、楚、梁、宋、鄭、衛等地，過禹州，匿嵩山，並得識閻若璩。康熙四年（西元 1665 年），年四十三，應施閏章之邀，會講於江西廬陵白鷺洲書院一

<hr />

〔註2〕 毛奇齡：《西河集》，卷一○一〈自為墓誌銘〉，第一三二一冊（臺北：臺灣商務印書館影印文淵閣四庫全書本，民國 72 年 7 月），頁 125。案：有關毛奇齡生平之記載，尚有施閏章之〈毛子傳〉、盛唐之〈西河先生傳〉、及全祖望之〈蕭山毛檢討別傳〉等篇著，〈毛子傳〉撰成於西河四十餘歲時，〈自為墓誌銘〉則為七十歲時所作，〈西河先生傳〉則據西河〈墓誌銘〉而加詳也。

〔註3〕 參見毛奇齡：〈自為墓誌銘〉，同註2，頁 126～127。

年，隔年，施氏將移治，西河乃轉之崇仁，崇仁令駱君歡留之數月。康熙十年（西元 1671 年），年四十九，復遊淮安，與閻若璩等人論學。康熙十四年（西元 1675 年），年五十三，復遊汝寧，幸得姜定菴、盧函赤兩人奔走相助，與仇家怨讎事終得化解，得以返鄉，姜定菴並以奇齡之名代為捐金，使西河恢復監生身分。康熙十七年（西元 1678 年），年五十六，清廷開博學鴻詞科，福建布政使吳興祚、分巡寧紹台道許弘勳等人力薦西河應試，翌年三月，試於體仁閣，試題為璿璣玉衡賦及省耕詩五言排律二十韻，西河以二等錄取〔註4〕，授翰林院檢討，充史館纂修官，敕修《明史》，自此，毛奇齡終免流離之苦，並得與朝中大臣應酬唱和，廁身於文學侍臣之林。康熙二十四年（西元 1685 年），年六十三，毛奇齡充會試同考官，閱《春秋》房卷，並進呈《古今通韻》一書，深獲康熙賞識。西河出游時，父母相繼去世。康熙二十五年（西元 1686 年），兄萬齡去世，毛奇齡以遷葬為由請假歸鄉，但不幸罹患痺病，不能行動，遂告病歸田，講學於杭州，不復返京師。康熙三十一年（西元 1692 年），年七十，毛奇齡病情加劇，自以為不久於人世，遂自為〈墓誌銘〉。康熙三十五年（西元 1696 年），年七十四，三月，以《駁太極圖》、《駁河圖洛書》二種寄贈李塨。康熙三十八年（西元 1699 年），年七十七，聖祖復南巡，毛奇齡迎駕於嘉興，以《樂本解說》二卷進呈，康熙頒諭獎勞，並敕改刻本訛字而宣付專行。康熙四十二年（西元 1703 年），年八十一，聖祖三巡至浙，西河謁行在。康熙加以慰勞，命起立勿跪，並賜御書一道，皇太子亦賜書，并屏聯一副，而國舅一等公佟公寄所註《周易》二十卷，請西河訂定。〔註5〕康熙五十五年（西元 1716 年），毛奇齡以九十四歲高齡卒於家。

　　毛奇齡一生淹貫群書，所自負者在經學，尤精於《易》，其好為駁辨，凡他人所已有定論者，必力反其詞，持異見別說，其曾作《經問》一書，指名攻駁博學重望之顧炎武、閻若璩、胡渭三人，以為此三人被攻駁，則其他學者就不在話下〔註6〕。毛奇齡解經重訓詁、考據，反對宋學，並以己意闡發經義，錢穆《中國近三百年學術史》言西河談經「并漢以後人俱不得免，而其所最切齒者為宋人，宋人之中所最切齒者為朱子。」〔註7〕其表現在《易》學

〔註4〕　參見《康熙實錄》卷八十（臺北：華聯出版社，民國 53 年 9 月），頁 1077。
〔註5〕　參見盛唐：〈西河先生傳〉（收入《毛西河先生全集》，臺北：中央研究院傅斯年圖書館藏清嘉慶年間刊本）。
〔註6〕　蔡可園：《清代七百名人傳》下（臺北：廣文書局，民國 79 年 4 月），頁 1567。
〔註7〕　錢穆：《中國近三百年學術史》上冊（臺北：臺灣商務印書館，1996 年 7 月），

上亦復如此，提倡樸學《易》，開啓清代漢宋之爭，如其推崇漢《易》，持守漢魏六朝儒者解《易》之說，而不取宋儒圖書《易》說，並考辨《易》圖，對往後之惠棟、胡渭等《易》學思想，皆有影響矣。

二、學術著作

毛奇齡爲清代著名之《易》學家，其著作甚夥，《四庫全書》收錄多達二十八種，若加上存目，則有六十三種之多，而收錄毛奇齡著作最完整之書，則爲《毛西河先生全集》，此書始編於康熙三十八年，由其門人李塨、盛唐等加以編輯，並由李庚星等人加以參校，至西河卒後，又由西河從孫毛雍及門人蔣樞等，再加補輯，分經集、文集二部分，此書臺灣公藏則有中央研究院之康熙刊本，及臺大、師大所藏之嘉慶元年刊本，茲將其著作，分述如下：

經　部

（一）《易》類

《仲氏易》三十卷，此書乃毛奇齡訓解《易》旨，以爲《易》兼「五義」：爲變易、交易、反易、對易、移易，立說頗有新意。《四庫全書》中《仲氏易提要》云：「初，奇齡之兄錫齡邃于《易》，而未著書，惟時時口授其子文輝；後奇齡乞假歸里，錫齡已卒，乃摭文輝所聞者，以己意潤飾之而成是書；或傳奇齡假歸之後，僦居杭州，一日著一卦，凡六十四日而書成，雖以其兄爲辭，實即奇齡所自解。以理斷之，或當然也。大旨謂《易》兼五義。一曰變易，一曰交易，是爲伏羲之《易》，猶前人之所知；一曰反易，謂相其順逆，審其向背而反觀之，如〈屯〉轉爲〈蒙〉，〈咸〉轉爲〈恆〉之類；一曰對易，謂比其陰陽，絜其剛柔而對觀之，如上經〈需〉、〈訟〉與下經〈晉〉、〈明夷〉對，上經〈同人〉、〈大有〉與下經〈夬〉、〈姤〉對之類；一曰移易，謂審其分聚，計其往來，而推移上下之，如〈泰〉爲陰陽類聚之卦，移三爻爲上爻，三陽往而上陰來則爲〈損〉；〈否〉爲陰陽類聚之卦，移四爻爲初爻，四陽來而初陰往則爲〈益〉之類，是爲文王、周公之《易》，實漢、晉以來所未知；故以〈序卦〉爲用反易，以分篇爲用對易，以演《易》繫辭爲用移易，其言甚辨；雖不免牽合附會，以詞求勝之失，而大致引據古人，不同于冥心臆測。」

〔註8〕又清周中孚《鄭堂讀書記補逸》云：「國朝毛奇齡撰，《四庫全書》著錄，朱氏《經義考》亦載之。前有自序，稱仲氏予仲兄與三（錫齡）也。以說經自娛，而尤長於說《周易》，其說《易》實有西漢以還魏晉八朝遺法，爲宋元諸儒所未及著。予就兄子文輝口授諸說《易》大旨，暨各卦詁義而擴大之，爲《仲氏》。今按其書依王韓本，逐章逐句詮釋，而前二卷則爲總論，大旨謂《易》有五易，世第知變易、交易，而不知反易；分經謂上下經用對易、演易，〈繫辭〉用移易也。」〔註9〕故《仲氏易》爲毛氏潤飾其兄錫齡之書而成者，亦爲其《易》學之代表作。

　　《推易始末》四卷，此書爲毛奇齡作《仲氏易》後，復取漢、唐以來荀爽、虞翻、干寶諸家卦變卦綜之說，與宋以後相生反對之圖，別加綜核以成，以卦變爲演畫〈繫辭〉之本旨。《四庫全書提要》云：「其名《推易》，本〈繫辭傳〉『剛柔相推』一語，乃《仲氏易》「移易」義也。大旨謂朱子《本義》雖載卦變圖於卷首，而止以爲孔子之《易》，未著其爲文、周之《易》。因上稽干寶、荀爽、虞翻諸家，凡有卦變、卦綜之說，與宋以後相生反對諸圖具列于卷，而以推易折衷之圖系于後。朱子謂卦變乃《易》中之一義，而奇齡則以爲演畫〈繫辭〉之本旨，《易》義廣大，觸類旁通，見智見仁，各明一理，亦足與所撰《仲氏易》互相發明也。」〔註10〕又清周中孚《鄭堂讀書記補逸》云：「西河既作《仲氏易》，以明《易》兼五義，而其一移易之說，嫌有未盡，因取漢以來諸儒之言卦變者，采輯裒次以成是編。首爲總論，次即漢魏晉南北朝唐儒推易遺文，又次爲李挺之變卦反對圖、朱漢上六十四卦相生圖、朱子《本義》卦變圖，朱楓林十辟卦變圖、六子卦變圖，來瞿塘卦綜圖、何元子乾坤主變圖，而終以己作之推易折衷圖；其名推易者，本諸〈繫辭〉剛柔相推之義，以爲『推者，移也。』而又總以二語慨之曰；方以類聚，物以群分。然後推移之旨全焉。蓋推易之說，前人啓之，至西河而暢其義，以與仲氏相發明云。」〔註11〕此爲其義。

　　《易小帖》五卷，此書乃毛奇齡講《易》之雜說，由其門人編輯成書，共一百四十三條，《四庫全書提要》云：「奇齡所著經解，惟《仲氏易》及《春秋傳》二種是其自編，餘皆出其門人之手，故中間有附入門人語者。此《小

〔註8〕　紀昀等編：《文淵閣四庫全書》第四十一冊（臺北：臺灣商務印書館，民國72
　　　　年7月），頁183～184。
〔註9〕　周中孚：《鄭堂讀書記補逸》，《仲氏易三十卷》，《西河合集》本。
〔註10〕　同註8，頁479。
〔註11〕　周中孚：《鄭堂讀書記補逸》，《推易始末》四卷，《西河合集》本。

帖》凡一百四十三條，皆講《易》之雜說，與《仲氏易》相爲引伸；朱彝尊載之《經義考》云：皆西河氏紀說《易》之可議者。今觀其書，徵引前人之訓詁以糾近代說《易》之先，於王弼、陳摶二派，攻擊尤力；其間雖不免有強詞漫衍，以博濟辨之處，而自明以來申明漢儒之學，使儒者不敢以空言說經，實奇齡開其先路。其論《子夏易傳》及《連山》、《歸藏》，尤爲詳核；第五卷所記皆商榷《仲氏易》之語，初稿原附載《仲氏易》末，後乃移入此編。舊目本十卷，今本五卷，蓋其門人編錄有所刊削。」〔註12〕又清周中孚《鄭堂讀書記補逸》云：「此係西河氏雜記說《易》之可議者，今按其書凡一百四十三條，大抵徵引古義，以糾歷代諸儒說《易》之失。其於焦、京、馬、鄭、王、韓以及陳、邵、程、朱，皆有所舉正；而掊擊來瞿塘、何元子兩家，尤不遺餘力，以兩家之學非漢非宋，自爲一說者多也。核其全書，前四卷，條理該括如出一手；當圖西河自所搆草，而門人編次之。至末卷首云：《易帖》目存十卷，後止存五卷，且卷末多載學人雜間雜識，今節錄數條於後云云。然則此卷十九條始爲門人所記錄，故盛唐與人論《仲氏易》二則，亦附於末。蓋是書本與《仲氏易》相爲表裏，以申明古學；惟其叫囂攻擊，似欠和平，此西河之所以不及顧亭林也。」〔註13〕其說皆精當。

《河圖洛書原舛編》一卷，「原舛」，意爲推究謬誤之本原，毛奇齡以爲清人所謂〈河圖〉，非古之所謂〈河圖〉，而爲大衍之數，當名爲〈大衍圖〉；清人所謂〈洛書〉，亦非〈洪範〉九疇，而爲太乙行九宮之法，《四庫提要》列此書於〈經部易類存目〉，並云：「〈河圖〉〈洛書〉，辨者既非一家，駁者亦非一說。奇齡謂今之〈河圖〉即大衍之數，當名〈大衍圖〉，而非古所謂〈河圖〉；今之〈洛書〉，則大乙行九宮之法，亦非〈洪範〉九疇；既著其說於前，更列其圖於後；其排擊異學，殊有功於經義。顧其所列之圖，又復自生名例，轉起葛藤。左右佩劍，相笑無休，是仍以鬩解鬩，轉益其鬩而已矣。」〔註14〕又清周中孚《鄭堂讀書記補逸》云：「其說謂〈河圖〉〈洛書〉並見於《易大傳》，而《尚書》、《論語》則單言河圖，大抵圖爲規畫，書爲簡冊，無非皆典籍之類。第未嘗實指爲是何規畫，是何簡冊，而其所以出之者，則又未知誰將之誰取之也。因歷引群書所載之相辨難，而有取於鄭康成《易大傳注》引《春秋緯》之說，至宋

〔註12〕同註8，頁 549～550。
〔註13〕周中孚：《鄭堂讀書記補逸》，《易小帖》五卷，《西河合集》本。
〔註14〕紀昀等編：《文淵閣四庫全書》第一冊，同註8，頁 221。

陳、李、劉、邵、朱、蔡諸家，皆備糾之；然其復列〈大衍圖〉，大衍配八卦圖，改正黑白點白點位圖，太一下九宮圖，九宮配卦數圖，陰陽合十五數圖，明堂九室圖，各爲說以申明之，則是去一圖學，又增一圖學矣。」〔註15〕故此書可謂爲考辨宋以來所傳〈河圖〉〈洛書〉之非，而極力排擊異學之作。

　　《春秋占筮書》三卷，此書爲毛奇齡取《春秋內外傳》與漢晉以下，言占筮者類列成書，以推三代之筮法，《四庫全書提要》云：「自漢以來，言占筮者不一家，而取象玩占存於世而可驗者，莫先於《春秋傳》；奇齡既於所著《仲氏易》、《推易始末》諸書發明其義，因復舉《春秋內外傳》中凡有得於占筮者彙記成書；俾後之言筮者知觀玩之概，而漢、晉以下占筮有合於古法者，亦隨類附見焉。《易》本卜筮之書，聖人推究天下之理，而即數以立象；後人推究《周易》之象，而即數以明理；羲、文、周、孔之本旨如是而已。厥後象、數、理岐爲三家，又《易》道無所不包，而天下之事亦無出象、數、理外者，於是百家技術皆從而牽引推闡之，亦皆足以自成其說，故六經之學，惟《易》最雜。《春秋內外傳》所紀，雖未必無所附會，而要其占法則固古人之遺軌；譬之史書所載，是非褒貶，或未盡可憑，至其一代之制度，則固無僞撰者也。奇齡因《春秋》諸占以推三代之筮法，可謂能探其本，而足關諸家之喙者矣。」〔註16〕又清周中孚《鄭堂讀書記補逸》云：「西河以《周官》占人，以八頌占卜詞，即以八卦占筮詞，因之別設筮人掌三易，以辨九筮，使占人占《易》，皆有成法。其書不傳，惟《春秋》諸傳，問存其詞，因專輯此書，以明古人之《易》學。凡內傳十四條，附四條，外傳二條，附八條，名曰《春秋占筮書》，以存《周官》筮人之一線，雖顏以『春秋』字，而其書實爲《易》作。自謂三古以來數千年不傳之祕，至今日而始發，誇翻太甚，則其習氣使然也。」〔註17〕此爲《春秋占筮書》一書內容之梗概。

《易韻》四卷

（二）詩　類

　　《國風省篇》一卷，《毛詩寫官記》四卷，《詩札》二卷，《毛詩續傳》三十八卷，《詩傳詩說駁義》五卷，《白鷺洲主客說詩》一卷，《續詩傳鳥名》三卷。

〔註15〕周中孚：《鄭堂讀書記補逸》，《河圖洛書原編》一卷，《西河合集》本。
〔註16〕同註8，頁519～520。
〔註17〕周中孚：《鄭堂讀書記補逸》，《春秋占筮書》三卷，《西河合集》本。

（三）書　類

《古文尚書冤詞》八卷，《尚書廣聽錄》五卷，《舜典補亡》一卷，《經問》十八卷，《經問補》三卷。

（四）禮　類

《周禮問》二卷，《昏禮辨正》二卷，《辨定祭禮通俗譜》五卷，《廟制折衷》二卷，《大小宗通釋》一卷，《喪禮吾說篇》十卷，《曾子問講錄》四卷，《辨定嘉靖大禮議》一卷，《儀禮疑義》二卷，《北郊配位尊西向議》一卷，《明堂問》一卷，《郊社禘祫問》一卷，《三年服制考》一卷，《家禮辨說》十六卷，《檀弓訂》一卷。

（五）春秋類

《春秋毛氏傳》三十六卷，《春秋屬辭比事記》四卷，《春秋條貫篇》十一卷，《春秋簡書刊誤》二卷。

（六）四書類

《四書索解》四卷，《四書賸言》四卷，《四書賸言補》二卷，《論語稽求篇》七卷，《大學證文》四卷，《大學知本圖說》一卷，《中庸說》五卷，《聖門釋非錄》四卷，《逸講箋》三卷，《大學問》一卷，《學校問》一卷。

（七）樂　類

《聖諭樂本解》二卷，《竟山樂錄》四卷，《皇言定聲錄》八卷，《李氏學樂錄》二卷。

（八）小學類

《古今通韻》十二卷，《韻學要旨》十一卷。

（九）地理類

《杭州志三詁三誤辨》一卷，《蕭山縣志刊誤》三卷，《杭城治火議》一卷，《蠻史合誌》十五卷，《三江考》一卷，《湘湖水利志》三卷。

集　部

《後觀石錄》二卷，《天問補注》一卷，《唐人試帖》四卷，《西河詩集》五十六卷，《雜說》十卷，《文集》一百三十三卷，《西河詩話》八卷，《西河詞話》三卷。

第二節　毛奇齡《易》學之淵源

一、源於家學

　　毛奇齡之先世均在朝爲官，家世顯赫，故其學《易》，亦頗源於家學，西河少時即以從仲兄錫齡習《易》，頗有所得，歸田後則究心《易》學，先撰《仲氏易》三十卷，即取與錫齡論《易》之說，引據漢魏六朝遺法，不取宋儒圖書《易》說，對王弼、韓康伯所注《周易》逐章詮釋，獨出疏解，自成一家，毛奇齡於《仲氏易》卷一云：

> 仲氏在崇禎之季，避難，得錮疾，授生生徒以說經自娛，而尤長于說《周易》。或勸之註《周易》，不答。當予出亡時，仲氏泣送予，謂曰：「古賢處憂患者，必明《易》，汝知之乎？」予拜而受言。暨予歸，被徵，而仲氏病，至乞假，而仲氏已不可見矣。顧其說《易》，實有西漢以還魏晉六朝遺法，爲宋元諸儒所未及者。予哀其志，就兄子（即文輝）口授諸說《易》大旨暨各卦詁義而擴大之，爲《仲氏易》。〔註18〕

毛氏之兄錫齡深於《易》，口授其子文輝，而未著書。錫齡去世之後，奇齡乞假歸故里，乃摭文輝所聞，以己意潤飾成此書，因其爲傳述其兄遺說，故以「仲氏」爲名，此書雖爲發揮錫齡義，實際是奇齡所自解，毛奇齡透過對《易經》之湛深研究，建立自己之《易》學體系，實皆有其家學淵源。

二、沿襲前人論說

　　清代初年，隨著學風逐漸由空返實，經學復興，學者紛拋棄理學，回歸原典，即從事辨僞考證，毛奇齡研《易》，尤致力於駁正宋儒圖、書之說，廓清宋明以來種種謬誤曲解。而此種考據學之興起，就《易》學而言，首先評論圖書學派之象數之學者爲顧炎武，顧氏於《日知錄》卷一〈孔子論易〉中云：

> 孔子論《易》，見於《論語》者，二章而已。曰：加我數年，五十以學《易》，可以無大過矣。曰：南人有言曰，人而無恆，不可以作巫醫。善夫，不恒其德，或承之羞。子曰：不占而已矣。是則聖人之所以學《易》者，不過庸言庸行之間，而不在乎圖書象數也。今之

穿鑿圖象，以自爲能，畔也。〔註19〕

此處顧氏以《論語》中，孔子論《易》之史料，斥責圖書學派之《易》學是對儒家經學之背叛，其又曰：

> 若天一地二，《易》有太極，二章皆言數之所起，亦贊《易》之所不可遺，而未嘗專以象數教人爲學也。是故出入以度，無有師保，如臨父母，文王、周公、孔子之《易》也。希夷之圖，康節之學，道家之《易》也。自二子之學興，而空疏之人，迂怪之士，舉竄迹於其中以爲《易》，而其《易》爲方術之書，於聖人寡過反身之學，去之遠矣。〔註20〕

顧炎武以圖書及先天《易》學出於道教系統，斷言非周孔之《易》之本來面貌，毛奇齡受其影響，其對宋學之「援道入儒」亦加以批判，其以爲宋儒之學本於老氏，皆華山道士所授，而南北二宋皆宗之。〔註21〕毛氏又考察作爲宋學立論根據之〈太極圖〉、〈河圖〉、〈洛書〉，認定其皆出於道教，並非儒學本有。宋學既本於道教，與儒學便不能混爲一談，故以道教之術爲學之「道學」，屬於異端，而非聖學，其又於〈辨聖學非道學文〉曰：

> 聖以道爲學，而學進于道，然不名道學。……道學者，雖曰以道爲學，實道家之學也……。道學本道家學，兩漢始之，歷代因之，至華山而張大之，而宋人則又死心塌地以依歸之，其爲非聖學，斷斷如也。〔註22〕

除顧炎武外，黃宗羲及黃宗炎皆是從義理學派之立場，抨擊宋《易》中之象數之學，而毛奇齡則依漢《易》對《周易》經傳之解釋，批判宋《易》中之圖書學派及邵雍之先天《易》學，故毛奇齡亦受黃氏兄弟之影響。黃宗羲反對宋《易》中之圖書象數之學，其著《易學象數論》，《四庫全書提要》指出：

> 〈自序〉云：「《易》廣大無所不備，自九流百家，借之以行其說，而《易》之本意反晦。世儒過視象數，以爲絕學，故爲所欺。今一一疏通之，知其於《易》本了無干涉，而後反求《程傳》，亦廓清之一端。」又稱王輔嗣《注》簡當而無浮義，而病朱子添入康節先天

〔註19〕顧炎武：《日知錄》（臺北：明倫出版社，民國59年9月），頁24。
〔註20〕同註19，頁25。
〔註21〕參見毛奇齡：《西河集‧辨聖學非道學文》，卷一百二十二，同註2，頁322。
〔註22〕同註2，頁321～322。

之學爲添一障。蓋《易》至京房、焦延壽而流爲方術，至宋陳摶而歧入道家，學者失其初旨，彌推衍而輳輵彌增。宗羲病其末派之支離，先刨其本原之依托。〔註23〕

黃氏之《易學象數論》爲《易》學史上第一部對象數學進行科學性批判之專著，對往後《易》學之發展有深刻影響，而其弟宗炎著《圖書辨惑》，亦駁圖書，先天之學，黃宗炎於此書〈自序〉中云：

> 《易》有圖學，非古也。注疏猶是魏晉唐所定之書，絕無言及於此者。有宋圖學三派出自陳圖南，以養生馭氣之術，託諸《大易》，假借其〈乾〉〈坤〉水火之名，自申其說，如《參同契》，〈悟眞篇〉之類，與《易》之爲道，截然无所關合。儒者得之，始則推墨附儒，卒之因假即眞，奉螟蛉爲高曾，甘自屈其祖禰。……圖學從來出自圖南，則道家者流，襍之《大易》，遂使天下靡然稱爲易老。儒者極其崇奉，並諱其所謂老，專以《易》歸之，亦可畏也。上古何嘗有圖？但文字未備，畫爲奇偶，示文字之造端爾。陳氏不識古文古字，誤以爲圖也。〔註24〕

黃宗炎《圖書辨惑》旨在詆斥朱熹《易》學，因朱熹於《本義》中引河洛及先天之學注釋《周易》經傳文，依黃氏觀之，此是引一家之言而「亂經」〔註25〕。黃宗炎所探討之《易》圖遍及〈河圖〉〈洛書〉與〈先天八卦方位圖〉〈六十四卦方圓圖〉等《易》圖，其論點有：由授受源流證明《易》圖非古即有、〈繫辭傳〉並未有圖、〈河圖〉〈洛書〉只是地理方冊、方位圖其實是養生家之學說、〈太極圖〉來自陳摶之〈無極圖〉〔註26〕。而毛奇齡對《易》圖之主要觀點，反映在《河圖洛書原舛編》中，其沿襲前人論說，再創己見，故有可觀之處。毛奇齡之《易》學淵源於家學及沿襲前人論說，由此可知矣。

第三節　毛奇齡之《易》學思想

毛奇齡之主要學術成就在經學，其反宋學思想，於彼時曾引起巨大之震

〔註23〕紀昀等編：《文淵閣四庫全書》第四十冊，同註8，頁1。

〔註24〕同註8，頁734。

〔註25〕按：黃宗炎：《周易尋門餘論》卷上有云：「棄經不用，或可望於來茲，亂經莫辨，雖孟子復生，亦不能覺其數百年沈錮之俗習矣，其禍豈止伏尸百萬，流血千里邪！」同註8，頁678。

〔註26〕參見黃宗炎：《圖學辨惑》，同註8，頁735～749。

動，在《易》學思想大致可分爲推崇漢《易》，考辨〈河圖〉、〈洛書〉爲陳摶所僞，考證〈太極圖〉出於道教、佛家，茲分述如下：

一、推崇漢《易》

毛奇齡撰《仲氏易》，引據漢魏六朝遺法，不取宋儒圖書《易》說，對王弼、韓康伯所注《周易》逐章詮釋，獨出疏解，自成一家，其後陸續撰《推易始末》等書，仍守漢魏六朝儒者解《易》之說，故毛氏之《易》學，不同於宋學之解經路線，而是繼承漢《易》之傳統，其曾於《推易始末》云：

> 乃東漢儒臣，自馬融、鄭玄外，凡說《易》家，如宋衷、干寶、虞翻、荀爽、陸績、侯果、蜀才、盧氏以及蔡景君、伏曼容諸儒，各守師承以立說。或主旁通（如地水〈師〉旁通爲天火〈同人〉類），或主正變（如〈乾〉正變自〈姤〉至〈剝〉，〈坤〉正變自〈復〉至〈夬〉類），或以〈乾〉〈坤〉爲父母（謂諸卦皆〈乾〉〈坤〉所出），或以〈泰〉〈否〉爲胚胎（謂〈泰〉〈否〉陰陽各均爲諸卦包育），或兼宗六子（謂兼從六子遷變），或專本十辟（謂以〈復〉〈臨〉〈泰〉〈大壯〉〈夬〉〈姤〉〈遯〉〈否〉〈觀〉〈剝〉爲十辟卦辟主也）……補苴傳會，未免牽強。以致王弼後起，盡掃諸前儒所說，而更以淡談。以爲五體不足，遂及卦變，變又不足，推致五行，彌縫多闕，不如心盡之爲快。而嗣此失學之徒，便于飾陋，悉屏絕漢學，專宗弼說。而于是辭象變占四不存一，方體位數，十七八九矣。〔註27〕

毛氏以爲，漢《易》以來之象數之學，其解經雖有牽強之處，但不可因此全盤否定。而王弼盡掃漢《易》諸家學說，其後學又「悉屏絕漢學，專宗弼說」，漢《易》中之象數之學則十亡八九，至程氏《易》學又承王弼之傳統，廢漢《易》象數之學，然漢《易》之卦變說，又爲其所吸收，朱熹亦復如此〔註28〕，西河於《易小帖》云：

> 東陽盧東元嘗以《本義》《易》說太略，且盡廢漢晉前儒之學，引朱子自爲說云：「譬如燭籠添一條骨，則障了一條明。」此引喻之最乖方者。夫燭之加籠，所以蔽風，非以助明也。如欲助明，則當日燈

〔註27〕同註8，頁482。

〔註28〕參見朱伯崑：《易學哲學史》（臺北：藍燈文化事業股份有限公司，民國89年9月），頁294。

檠添膏，不當曰燭籠添骨。何則？膏非增闇之物，籠非助明之具也。
自漢至宋，千有餘年，說《易》君子不知凡幾。至理宗朝，程朱說
出，而諸儒盡廢，膏之竭矣，何有籠骨？斯言良然。〔註29〕

此處毛氏乃引明時盧束元之言曰：「自漢至宋，千有餘年，說《易》君子不知凡幾。至理宗朝，程朱說出，而諸儒盡廢，膏之竭矣，何有籠骨？」而朱子嘗云後人解《易》「譬如燭籠添一條骨，則障了一條明。」盧氏則評其：「如欲助明，則當曰燈檠添膏，不當曰燭籠添骨」，義即漢《易》以來各家《易》說，如同膏油，可以助明，不能以其為燭籠。然程朱《易》學盡改漢晉以前諸家《易》說，如廢膏而燭盡，故《周易》經義，因而暗而不明。毛氏贊同其說，此即不滿程朱《易》學，故推崇漢《易》。

毛奇齡推崇漢《易》，並非因襲漢《易》之觀點，乃在企圖有所創新，其從漢《易》出發，攻擊陳摶之象數之學，並以己身於《周易》之精深研究，及對《周易》經傳原理之詮釋，創立一《易》學體系；其以為《周易》一書，實賅五義，即變易、交易、反易、對易、移易。其中變易、交易為伏羲之《易》，反易、對易、移易則為文王、周公之《易》。後人只知伏羲之兩易，而不知文王、周公之三易，此實未解《易經》「三古不傳之蘊」。故其言曰：

《易》有五易，世第知兩易，而不知三易；故但可言「易」，而不可以言「周易」。夫所謂「兩易」者何也？一曰「變易」，謂陽變陰，陰變陽也；一曰「交易」，謂陰交乎陽，陽交乎陰也；此兩易者，前儒能言之，然此祇伏羲氏之《易》也。是何也？則以畫卦用變易，重卦用交易也；畫卦、重卦，伏羲之事也。若夫三易：則一曰「反易」，謂相其順逆，審其向背而反見之；一曰「對易」，謂比其陰陽，絜其剛柔而對觀之；一曰「移易」，謂審其分聚，計其往來，而推移而上下之：此三易者，自漢魏迄今，多未之著，而《周易》之所為《易》，實本諸此。是何也？則以〈序卦〉用轉易，分經用對易，演易〈繫辭〉用移易也。夫〈序卦〉分經者，文王之為《易》也；演易〈繫辭〉者，則亦文王之為〈易〉，而或云周公之為〈易〉也。夫文王、周公之為〈易〉則正《周易》也，今既說《周易》而曾不知周之為〈易〉也，而可乎？〔註30〕

〔註29〕同註8，頁555。
〔註30〕毛奇齡：《仲氏易》卷一，同註8，頁184～185。

毛氏所言「變易，謂陽變陰，陰變陽也。」即如乾卦 ䷀ 變為坤卦 ䷁，坤卦 ䷁ 變為乾卦 ䷀ 之類。「交易，謂陰交乎陽，陽交乎陰也。」即如乾卦 ䷀、坤 ䷁ 交為泰卦 ䷊、否卦 ䷋，坎卦 ䷜、離卦 ䷝ 交為既濟卦 ䷾、未濟卦 ䷿ 之類。前者用以畫卦，後者以成重卦，此兩易為伏羲之《易》。毛氏所言之「移易，謂審其分聚，計其往來而推移而上下之。」即荀爽之「升降」，如泰卦 ䷊ 為陰陽類聚之卦，將其第三爻移往上爻，陽往而陰來，則為損卦 ䷨；否卦 ䷋ 也為陰陽類聚之卦，將其第四爻移為初爻，陽來而陰往，則為益卦 ䷩。毛氏所言「對易，謂比其陰陽，絜其剛柔而對觀之。」即近同於虞翻之「旁通」，如上經之需卦 ䷄、訟卦 ䷅ 與下經之晉卦 ䷢、明夷卦 ䷣ 時，以地對天，以火對水；上經之同人卦 ䷌、大有卦 ䷍ 與下經之夬卦 ䷪、姤卦 ䷫ 相對，以五陽對五陽，一陰對一陰。毛氏所言「反易，謂相其順逆，審其向背而反見之。」即如屯卦 ䷂ 反轉即為蒙卦 ䷃，咸卦 ䷞ 反轉即為恆卦 ䷟，此種倒轉，專取爻畫，不取卦象，又稱為「轉易」。「移易」用以解釋卦爻辭，「對易」用以解釋六十四卦分上下經，「反易」用以解釋卦序即〈序卦〉，此三易為文王之《易》。毛氏之五易說，旨在反對邵雍所提之伏羲先天之《易》及文王後天之《易》說法，西河曾於《仲氏易》卷一中批評邵雍之〈伏羲先天卦序圖〉云：

> 然則，何以知變易、交易為伏羲氏之《易》？夫世信以為伏羲畫卦，如陳氏所授先天之說，由兩而四而八而十六而三十二而六十四，為畫卦之終始乎？夫兩儀四象者生卦之序，非畫卦之序也。因而重之者，以三重三，非謂二可重一，四可重二，八可重四也。故就其成卦而觀之，則由兩而四，由四而八，由八而六十四，未為不可，而就其畫卦而觀之，則不然。……故先天之圖，其誤有八：一畫繁，二四五無名，三三六無住法，四不因，五父子母女並生，六子先母、女先男、少先長，七卦位不合，八卦數杜撰無據。具此八誤，而以為伏羲畫卦次第如是，不可通矣。〔註31〕

毛氏以為，邵雍之〈先天卦序圖〉，被認為依〈繫辭〉「《易》有太極」章，講畫卦之過程，此為誤解。「《易》有太極」章，乃講「生卦之序」，非講畫卦之序。〈繫辭〉所言「因而重之」，乃言三畫卦重為六畫卦，並非如邵雍之加一倍法，遞次加一倍。以邵氏先六卦序圖，為畫卦之序，其誤有八。「畫

〔註31〕 同註8，頁 185～186。

繁」，謂從一陰一陽，畫至六十四卦。「四五無名」，謂四畫、五畫卦之名，不見經傳。「三六無住法」，謂不能說明經傳講卦畫何以止于三或止于六。「不因」，謂一連畫去，不能解釋「因而重之」，即因八卦而爲重卦。「父子母女並生」，謂八卦同時畫成，違背〈乾〉〈坤〉合生六子卦說。「子先母，女先男，少先長」，謂邵氏之八卦順序，〈坤〉居第八位，六子卦俱列於〈坤〉之先，此即「子先母」；按其卦序，〈兌〉〈離〉先〈震〉，〈巽〉先〈坎〉，此即「女先男」；〈兌〉又先〈離〉，〈離〉又先〈巽〉，此即「少先長」。「卦位不合」，謂邵氏〈八卦方位圓圖〉，以〈乾〉南〈坤〉北、〈離〉東〈坎〉西爲八卦所居之位，此說本於魏伯陽之《參同契》，與〈說卦〉之〈乾〉西北、〈坤〉西南說不合。「卦數杜撰無據」，謂其〈乾〉一〈兌〉二〈離〉三〈兌〉四等卦數，同〈說卦〉「帝出乎震」章之八卦順序不合。毛奇齡以爲，此章中之卦序，按大衍之數推之，〈乾〉居西北，其數爲六；〈坤〉居西南，其數爲九。其它卦位之數爲〈坎〉一〈離〉二〈震〉三〈兌〉四〈巽〉七〈艮〉八。若以〈震〉居東方，陽氣興起爲起點，其卦數應爲〈震〉一〈巽〉二〈離〉三〈坤〉四〈兌〉五〈乾〉七〈坎〉八。以上皆依《易傳》文，指出邵氏〈先天圖〉有八誤，故非伏羲之《易》，而是陳摶系統《易》說所杜撰。〔註32〕

　　毛奇齡《易》爲清代漢學家解《易》之先驅，其推崇漢《易》並據五易之法，「旁搜兩漢焦、京以後七十六家之學，片言隻字，鉤稽無剩，以致旁通、卦變、卦綜、相生諸法，並皆羅縷而袪別之。三聖之祕，發揮備盡。著爲《仲氏易》三十卷，《推易始末》四卷」〔註33〕在清初之《易》學研究中自成體系，獨樹一幟，彼時及後世之學者評論其「《易》義一復漢、魏、隋、唐諸舊儒推《易》之法，以會之三聖之意，使三聖合一，無所謂義有義《易》，文有文《易》之謬說」〔註34〕其說雖不免於牽合附會，以詞求勝之失，但大致引據古人，終究非如冥心臆測者所能比。

二、考辨〈河圖〉、〈洛書〉

　　有關〈河圖〉之記載，最早見於《尚書・顧命篇》：「大玉、夷玉、天球、河圖，在東序。」《尚書》之後，孔子最先提及〈河圖〉，其曰：「河不出圖，

〔註32〕同註28，頁298。
〔註33〕《西河合集、西河經集凡例》。
〔註34〕李塨：《西河合集總序》，載《西河合集》卷首。

鳳鳥不至，吾已矣夫！」（《論語・子罕》）又有《管子・小匡》云：「昔人之受命者，龍龜假，河出圖，洛出書，地出乘黃，今三祥未見有者。」《周易・繫辭上》：「是故天生神物，聖人則之；天地變化，聖人效之；天垂象，見吉凶，聖人象之；河出圖，聖人則之。」漢代以來，在〈繫辭〉「河出圖、洛出書」之背景下，盛行「龍馬負圖、神龜出書」之傳說，影響後世於〈河圖〉、〈洛書〉之理解，以為八卦乃據河、洛推演而來，其中如孔安國於《尚書・顧命傳》云：

　　　〈河圖〉八卦，伏羲王天下，龍馬出河，遂則其文以畫八卦。〔註35〕

又於《尚書・洪範傳》云：

　　　天與禹，洛出書，神龜負文而出列於背，有數至于九，禹遂因而第之以成九類常道。〔註36〕

孔氏只言圖書為八卦、九疇之本，並未言明〈河圖〉、〈洛書〉之象為何？而劉歆於《漢書・五行志》亦云：

　　　虙羲氏繼天而王，受〈河圖〉，則而畫之，八卦是也；禹治洪水，賜〈洛書〉，法而陳之，〈洪範〉是也。〔註37〕

漢代緯書有〈河圖〉九篇，〈洛書〉六篇，以九六附會河洛之數〔註38〕，《禮記・禮運篇》又云：

　　　天不愛其道，地不愛其寶，人不愛其情。故天降膏露，地出醴泉，山出器車，河出馬圖，鳳凰麒麟皆在郊椒……〔註39〕

又《淮南子・俶真篇》云：

　　　古者至德之世……風雨不毀折，草木不夭，九鼎重味，珠玉潤澤，洛出丹書，河出綠圖。〔註40〕

此處所言「馬圖」、「綠圖」，亦即〈河圖〉，至於〈河圖〉為何物？上述記載未說明。而孔安國與劉歆雖皆以〈河圖〉、〈洛書〉為八卦、〈洪範〉之本，卻亦未具體說明河、洛為何物，因而開啟宋代圖書之爭。

〔註35〕十三經注疏──《尚書正義》（臺北：藝文印書館，1996年12月），頁278。

〔註36〕同註35，頁168。

〔註37〕班固：《漢書》（民國70年2月，臺北：鼎文書局），頁1315。

〔註38〕《春秋緯》有云：「〈河圖〉有九篇，〈洛書〉有六篇。」

〔註39〕十三經注疏──《禮記正義》，同註35，頁441。

〔註40〕劉安：《淮南鴻烈解》第二卷（臺北：河洛圖書出版社，民國65年3月），頁22。

　　宋初陳摶創《龍圖易》，據呂伯恭編著《宋文鑑》有陳摶〈龍圖序〉一文，《宋史・藝文志》著錄陳摶《龍圖易》一卷，呂氏以爲《龍圖易》乃陳摶所作，〈龍圖序〉中提出龍圖三變說，即一變爲天地未合之數（見附圖一），二變爲天地已合之位（見附圖二），三變爲龍馬負圖之形（見附圖三）。此處所列三種附圖圖式乃依據元張理《易象圖說》之圖，天地之數即〈繫辭傳〉所言之「天地之數五十有五」，龍圖三變即爲對〈繫辭傳〉有關天地一章之解釋。龍圖三變各圖中之白圈爲天數，黑圈爲地數，其方位爲下北上南。三變之圖式中，以第三變之兩圖式最爲重要，至劉牧時，將五行生成圖稱爲〈洛書〉〔註41〕，即五行之生數與五行之成數合一。配以五行，則下北方爲天一生水，地六成之；上南方爲地二生火，天七成之；左東方爲天三生木，地八成之；右西方爲地四生金，天九成之；中央爲天五生土，地十成之。劉牧稱〈河圖〉者，即九宮圖亦由第二變之兩圖相交得來，其情況爲上圖中間之五不動，下圖中間之十隱藏之，奇數一三七九分居於北東西南四正位，而偶數二四六八分居於四隅，成爲九宮圖，縱橫斜之數相加皆爲十五。此二圖式皆可生成八卦之象，即如除上〈河圖〉中宮之十五或〈洛書〉中宮之五，則一三七九、二四六八，分別居於八位，成爲八卦之象。龍圖三變之圖式，就其來源而言，乃出於道教之解《易》系統，其五行生成圖又吸收鄭玄之五行說，九宮圖則吸收《易緯》之九宮說。〔註42〕劉牧以九宮圖爲〈河圖〉，故其說被稱爲圖九。而所謂十，指五行生成圖，其中天奇之數五個，地偶之數五個，共十個數，劉牧以其爲〈洛書〉，故其說被稱爲書十。至南宋朱震（西元1072～1138年）著《漢上易傳》，主劉牧「圖九書十」之說，其後鄭樵、薛季宣、張理皆襲其說。而與劉牧「圖九書十」相左，持「圖十書九」意見之另一派，主要爲朱熹（西元1130～1200年）、蔡元定（西元1135～1173年）二人。朱熹作《周易本義》，卷首列〈河圖〉、〈洛書〉、〈先天圖〉、〈後天圖〉等九幅，約十年後又與蔡元定合著《易學啓蒙》四卷，〈本圖書〉爲首卷。朱熹一派

〔註41〕　按：朱伯崑：《易學哲學史》第二卷云：「北宋的圖書學派有一個發展的過程：朱震說的北宋《易》學傳授的系統，基本上屬於圖書學派。此派的創始人爲陳摶，陳摶又傳於种放。种放以後，分爲三支：一是傳授陳摶的〈先天圖〉，到邵雍；一是傳授〈河圖〉、〈洛書〉，到劉牧；一是傳授〈太極圖〉到周敦頤。朱震說的傳授的譜系，未必皆爲事實。但這三支《易》學，大體符合北宋時期圖書學派發展的情況。」同註28，頁11。

〔註42〕　參見廖名春：《周易研究史》（長沙：湖南出版社，1991年1月），頁215。

以為劉牧、朱震等將〈河圖〉與〈洛書〉弄顛倒，將九宮圖稱為〈洛書〉，五行生成圖稱為〈河圖〉，即應為〈河圖〉五十五點、〈洛書〉四十五點（見附圖四）始為正確，朱熹於《本義》卷首對〈河圖〉、〈洛書〉之解說云：

【附圖一】：龍圖三變（第一變之圖）

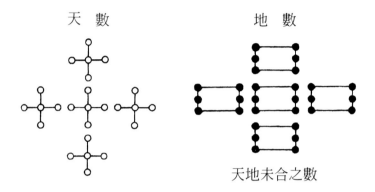

天　數　　　　　　　地　數

天地未合之數

【附圖二】：龍圖三變（第二變之圖）

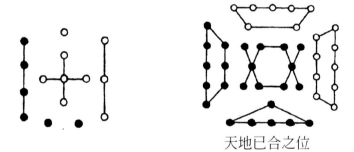

天地已合之位

【附圖三】：龍圖三變（第三變之圖）

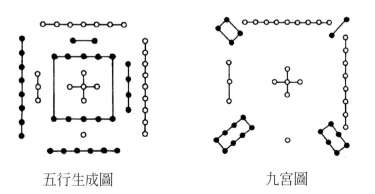

五行生成圖　　　　　　九宮圖

【附圖四】：《啟蒙：圖書》

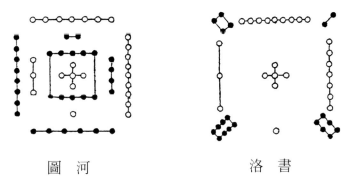

圖　河　　　　　　　　　洛　書

〈繫辭〉傳曰：「河出圖，洛出書，聖人則之。」又曰：「天一、地二，天三、地四，天五、地六，天七、地八，天九、地十。天數五，地數五，五位相得而各有合。天數二十有五，地數三十，凡天地之數五十有五，此所以成變化而行鬼神也」。此〈河圖〉之數也。〈洛書〉蓋取龜象，故其數戴九履一，左三右七，二四為肩，六八為足。〔註43〕

旁列蔡元定之語云：

蔡元定曰：「圖書之象，自漢孔安國、劉歆，魏關朗子明，有宋康節先生邵雍堯夫，皆謂如此。至劉牧始兩易其名，而諸家因之，故今復之，悉從其舊。〔註44〕

朱子注《易》，據陳振孫《直齋書錄解題》，「用王弼本，復以呂氏（祖謙）《古易經》為《本義》」〔註45〕。王弼本《易經》中〈繫辭〉不分章節，朱子分為上下傳各十二節，其「天一地二」一段，原位於第十章之首，程子疑為錯簡，朱熹所見略同，注云：「此簡本在第十章之首。程子曰：『宜在此』，今從之」。遂移至第九章「天數五、地數五」一節之前。依《朱注》而觀，朱子以為「天地之數」乃〈河圖〉、〈洛書〉之黑白點數，「大衍之數」揲蓍順序，其數又出自〈河圖〉、〈洛書〉，因河、洛為《易》之根源，故以卦畫、揲蓍皆效之而得。此為朱子對此段〈繫辭〉之理解。而蔡元定之引證，則全在託古。蔡元定以為，圖書自漢孔安國、劉歆以來，即是「圖十書九」之象，

〔註43〕朱熹：《周易本義》，〈周易圖說〉（臺北：華聯出版社，民國78年12月），頁2。

〔註44〕同註43。

〔註45〕陳振孫：《直齋書錄解題》（臺北：臺灣商務印書館，1968年），頁20。

至劉牧時方改爲「圖九書十」。劉牧與朱熹、蔡元定皆以「龍圖龜書」之說以區分圖書之黑白點數，然二派結果卻相反，前者在宋元影響甚鉅，後者則成後世通行說法。毛奇齡於《易》圖之主要觀點，反映在《河圖洛書原舛編》中，此書指出今之〈河圖〉，即大衍之數，當名〈大衍圖〉，而非古所謂〈河圖〉；今之〈洛書〉，則爲大乙下九宮法，也非〈洪範・九疇〉，茲將其考辨〈河圖〉、〈洛書〉之內容論述如下：

（一）就典籍記載推知〈河圖〉、〈洛書〉非古

毛奇齡以爲，列入朱熹《周易正義》卷首之〈河圖〉、〈洛書〉是陳摶杜撰，朱子將此種僞學纂入儒學中，亦爲錯誤，毛氏考證〈河圖〉、〈洛書〉之名，「大抵〈圖〉爲規畫，〈書〉爲簡冊，無非皆典籍之類。」在宋以前，只有文字，無有圖書，[註46] 而其先引述《易・大傳》、《尚書・顧命》、《論語》、《竹書紀年》、《帝王世紀》、揚雄、鄭玄，及漢代流行之緯書《尚書・中候》、《春秋緯》等，皆未述及〈河圖〉，並評論曰：

> 自漢代說《易》家，由施、孟、梁丘、京、焦、費、趙，以至馬、鄭、虞、荀、何晏、陸績、干寶、王肅，以及孔穎達、陸德明、李鼎祚諸家，各有論著，而其爲〈圖〉、〈書〉，則皆云無有，即《易緯》妄推其說，亦不過指之爲文字之類，如〈河圖要元篇〉可驗也。乃趙宋之世，當太平興國之年，忽有華山道士陳摶者，驟出〈河圖〉、〈洛書〉，并〈先天圖〉、古《易》以示世，稱爲三寶。並不言授自何人？得自何處？傳自何家？出之何書之中？嬗之何方術技士之手？」[註47]

毛氏以爲漢、唐諸家學者，皆未見〈河圖〉、〈洛書〉。足見所謂〈圖〉、〈書〉並不可信。漢、唐學者，既從未見過〈圖〉、〈書〉，則宋人所傳者自非古，毛奇齡明確論定陳摶所傳「三寶」爲僞造，而朱熹竟取說載於大《易》之首，「岸然與三聖經書彼此分席」，是謬說流傳。

（二）由〈圖〉、〈書〉內容不確定，證知其非古

宋初道士陳摶方解說〈河圖〉與〈洛書〉之內容，但亦未言出於何處。

[註46] 參見陳德述：〈試論毛奇齡的反宋學思想〉，此文收入林慶彰編：《中國經學史論文選集》下冊（臺北：文史哲出版社，民國82年3月），頁410。

[註47] 毛奇齡：《河圖洛書原舛編》（收入《續修四庫全書》編纂委員會編《續修四庫全書四○・經部・易類》，上海上海古籍出版社，1995年），頁526。

後傳至劉牧倡其說，劉牧明言以四十五數者爲〈河圖〉，五十五數者爲〈洛書〉。至邵雍又以圓者爲〈河圖〉，方者爲〈洛書〉，不言五十五與四十五之數。而阮逸又僞造《關朗易傳》與《洞極眞經》又以十爲圖，九爲書，對抗劉牧之河九洛十說，至朱熹采阮逸說載於《啓蒙》與《本義》之首，圖書之名，彼此紛紜，由〈圖〉、〈書〉之內容不確定，證知其非古，毛奇齡云：

> 當時陳摶所授，但有兩圖而世不親授，不得指名，一則圖以五十五點爲數，其數後一六、前二七、左三八、右四九、中五十，有四正而無四維，合之得五十五數。一則圖以四十五點爲數，其數後一前九、左三右七爲四正，前四左、前二右、後八左、後六右爲四維，中有五而無十，合之得四十五數。……夫〈圖〉、〈書〉非他，神聖之事也，豈有神聖之事而一人授之，一二人受之：授者無憑，受之者無據，而或四或五，或方或圓，或羲或禹，或卦或範，彼此可以爭，先後可以易，一室兩家，茫無定準，其爲不足道，亦可見矣。〔註48〕

由於各家對於〈圖〉、〈書〉所言各異，此二圖，何者爲〈河圖〉？何者爲〈洛書〉，彼時並未確定。劉牧以爲〈河圖〉數四十五，〈洛書〉數五十五，而邵雍卻以爲五十五數者爲〈河圖〉，四十五數者爲〈洛書〉。同出一師，說法各異，故〈圖〉、〈書〉之授受，既祇一二知之，即使同師門者，對其內容之看法亦不一，〈圖〉、〈書〉內容之確定，可證知其非古矣。

（三）今之〈河圖〉應稱爲〈大衍圖〉

毛奇齡以爲〈河圖〉係據〈繫辭傳〉「大衍之數」鄭玄之注解推衍而來，故應稱爲〈大衍圖〉，其於《河圖洛書原舛編》云：

> 聞嘗學《易》淮西，見康成所註大衍之數，起而曰：「此非〈河圖〉乎？」則又思曰：「焉有康成所註圖而漢代迄今不一引之爲據者？」則又思：「大衍所註見于李氏《易解》者，干寶、崔憬言人人殊，何以皆並無〈河圖〉之言？」則又思：「康成所註《大傳》，其於『河出圖』句既有成註，何以翻引入《春秋緯》文（即前〈河圖〉九篇、〈洛書〉六篇之說）而不實指之爲大衍之數？」于是怳然曰：「圖哉！圖哉！吾今而知圖之所來矣！摶之所爲圖即大衍之所爲註也，然而大衍之註之斷非〈河圖〉者，則以〈河圖〉之注之別有在

也。大衍之註曰：『天地之數五十有五：天一生水在北，地二生火在南，天三生木在東，地四生金在西，天五生土在中。然而陽無耦，陰無配，木相成也。于是地六成水于北，與天一并，天七成火于南，與地二并；地八成水于東，與天三并；天九成金于西，與地四并；地十成土于中，與大五并，而大衍之數成焉。』則此所爲註非即搏之所爲圖乎？康成但有註而無圖，而搏竊之以爲圖，康成之註即可圖，亦非〈河圖〉，而搏竊之以爲〈河圖〉，其根其氏，其曲其裏，明白顯著，可謂極快。〔註49〕

今之〈河圖〉既是陳搏根據〈繫辭傳〉「大衍之數」鄭玄之注加以推演而成。而何以趙宋、元、明之學者，皆未能指出其根源？毛氏又於〈河圖洛書原舛編〉中分析其因有二：一爲彼時言〈河圖〉者於「大衍之數」體會不深，以爲「天生地成，地生天成，或北或南，爲水爲火，能方能圓，有單有複，按之可爲形，指之可爲象」，只有〈河圖〉方有，大衍之數不得有。二則自魏晉後，俗尚王弼之學，而鄭玄《易注》散佚，雖有王應麟之輯佚，然已在劉牧、邵雍之後。劉、邵二人言《易》時並未見，故不知陳搏之〈圖〉竊自鄭玄之《注》。毛氏既以爲陳搏之〈圖〉竊自鄭玄大衍之註，乃根據該註所爲之圖，應稱爲〈大衍圖〉〔註50〕，毛氏並自爲一圖（見附圖五），其對〈河圖〉之見解，由此可知矣。

〔註49〕 同註47，頁530。

〔註50〕 按廖名春：《周易研究史》有云：「（毛奇齡）明確指出陳搏所作之〈河圖〉係據鄭玄『大衍之數五十有五』注而成，但鄭玄并不認爲大衍之數就是〈河圖〉，相反鄭玄認爲『〈河圖〉有九篇，〈洛書〉有六篇』，這顯然不是宋人所謂五十五點和四十五點的《易》圖。所以，宋人所謂〈河圖〉，『當名之爲〈大衍圖〉，非然則名天地生成圖，非然則名五行生成圖，而斷斷不得名之爲〈河圖〉。浸假〈河圖〉即此圖，則此圖固康成所註者也，其于《大傳》河出圖下何難直註之曰：所謂〈河圖〉，即揲筮所稱大衍之數……者。而乃又曰：河龍圖發，其書九篇，則豈非衍數河圖，截然兩分，數不得爲圖、衍不得爲畫乎？』這一考證，將宋人之〈河圖〉稱爲〈大衍圖〉，雖不免有自生名例，畫蛇添足之失，但揭露陳搏的自我作古，的確是有功於《易》道。」可資參證。同註42，頁374～375。

【附圖五】：〈大衍圖〉毛奇齡：《河圖洛書原舛編》

（四）今之〈洛書〉應稱為「太乙下九宮法」

　　毛奇齡以為今之〈洛書〉，即《易緯》家所謂「太乙下九宮法」。《易緯》今存者有《乾鑿度》，其下篇有以一陰一陽合為十五之說，後人遂創為「太乙下九宮法」。此乃將八卦與大衍之數相配，再以八卦從橫相峙，將各卦所代表之數，縱橫相加，皆得十五之數，今之〈洛書〉即由此推演而來。〔註51〕毛奇齡於《河圖洛書原舛編》云：

> 夫其合于陰陽十五之數者何也？則以〈坎〉之在北也，〈坎〉數一，則履一也，〈坤〉之在南也，〈坤〉數九，則戴九也。〈震〉位東，數三，則為左三，〈巽〉位西，數七，則為右七；〈離〉二西南，〈兌〉四東南，則二為右肩，四為左肩，〈乾〉六西北，〈艮〉八東北，則六為右足，八為左足，中央無卦偶為太乙之所息，則其數五為太乙之數，而太乙四周不復再息于中央而上升紫宮，則太乙之數，亦止于五數而無十數焉。惟無十，則中宮得合八卦而可定為九；惟無十，則四正四維從衡延袤，皆可減三分之十而定為十五。所謂創太乙下

〔註51〕參見：林慶彰：《清初的群經辨偽學》（臺北：文津出版社，民國79年3月），頁105。

　　九宮之法，以合之陰陽十五之數，其說鑿鑿。〔註52〕

毛氏以爲今之〈洛書〉，爲「太乙下九宮之法」，則〈洛書〉自非聖人所傳，而爲漢後道家所作，毛氏更作有「太一下九宮圖」（見附圖六），此爲其解說〈洛書〉之要論。

【附圖六】：「太一下九宮圖」毛奇齡：《河圖洛書原舛編》

　　綜上所述，毛奇齡以爲古之〈河圖〉、〈洛書〉，均早已亡佚，今所見〈河圖〉是陳摶依據《易・繫辭》「大衍之數」鄭玄註推演而成，今所見〈洛書〉，亦是陳摶據《易緯・乾鑿度》而僞作，不可爲訓，此說乃發前人之所未發，對後人研究圖書之學之起源，有重大影響。毛氏雖提倡漢學，但取捨標準以經解經爲原則，此皆體現考據學派與漢學家尊重史實治學之態度。

三、考證〈太極圖〉源於佛家、道教

　　〈太極圖〉之理論根據，首見於《易・繫辭上》：「《易》有太極，是生兩

〔註52〕同註49，頁532。

儀，兩儀生四象，四象生八卦。」太極爲何？《易傳》則未說明，而依漢人之理解；太極生兩儀，兩儀生四象，四象生八卦，此爲宇宙演化過程，故其以爲太極是元氣，《漢書·律曆志》云：「太極元氣，含三爲一。」此說常爲後人引用，唐孔穎達《周易正義》云：「太極謂未分之前，元氣混而爲一，即是太極。」故無論將太極視爲「道」亦或「氣」，皆是無形無象，既是無形無象，則不可能被畫成圖，若非要畫成圖，則僅能畫個空心圓，此爲第一類〈太極圖〉。第二類〈太極圖〉爲周敦頤之〈太極圖〉（見附圖七），此圖首由朱震向宋高宗獻上，而爲世人所知〔註53〕若將此圖五部份而

【附圖七】：〈太極圖〉（收錄於陳克明點校《周敦頤集》）

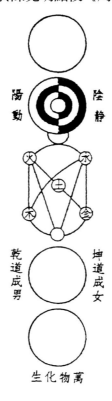

〔註53〕按：李耀仙：《周敦頤太極圖說思想探索》有云：「濂溪的〈太極圖〉究竟是他的創見？還是所有依據？朱震在《漢上易傳》上說：『陳摶以〈太極圖〉授种放，放授穆修，修授周子。』象山在他與考亭辯《太極圖說》第一書中亦肯定了這點，還接著說：『希夷（陳摶）之學，老氏之學也。無極二字，出自《老子·知其雄》章，吾聖人之書所無有也。』我們從這段話可以明確兩點：（一）濂溪的〈太極圖〉來自陳摶，非他自創；（二）〈圖〉中的「無極」二字又是來自《老子·知其雄》章，與道家有關。」同註46，頁163。

觀之，由上而下，依次爲：其一：空心圖之部份，爲一不著任何文字之圖。
其二、其三，爲毛奇齡所言〈水火匡廓圖〉及〈三五至精圖〉。此〈水火匡
廓圖〉爲出四同心圖組成，並以圓心爲基準，自上至下剖爲兩半（但並不貫
穿當中最小之圓）：左半部爲白黑白，右半部爲黑白黑。除《四庫》本最小
之圓爲半白半黑外，其餘版本中心皆爲一空白之圓。至於被稱爲〈三五至精
圖〉之第三部份，則是由分別寫上「金」、「木」、「水」、「火」、「土」之五小
圈及一空白小圈，加上若干線條組合而成。再來屬於四、五部份之兩空白圈，
第一空白圈左右分別寫上「乾道成男」、「坤道成女」，第二空白圈則於圓下
標「萬物化生」四字。周敦頤提出此圖後，又有《太極圖說》之說明，其文
曰：

> 無極而太極。太極動而生陽，動極而靜，靜而生陰，靜極復動，一
> 動一靜，互爲其根，分陰分陽，兩儀立焉。陽變陰合，而生水火木
> 金土。五氣順布，四時行焉。五行一陰陽也，陰陽一太極也，太極
> 本無極也。五行之生也，各一其性。無極之眞，二五之精，妙合而
> 凝，乾道成男，坤道成女。二氣交感，化生萬物，萬物生生而變化
> 無窮焉。惟人也得其秀而最靈。形既生矣，神發知矣，五性感而善
> 惡分，萬事出矣。聖人定之以中正仁義而主靜（自注云：「無欲故
> 靜」），立人極焉。故聖人以天地合其德，日月合其明，四時合其序，
> 鬼神合其吉凶。君子修之吉，小人悖之凶。故曰：「立天之道曰陰與
> 陽，立地之道曰柔與剛，立人之道曰仁與義」，又曰：「原始反終，
> 故知生死之說」。大哉！易也，斯其至矣！〔註54〕

周氏雖有《太極圖說》之輔助說明，然因語句過於簡潔，辭意過於隱晦，仍讓
人莫名所以，而有關〈太極圖說〉之註解在朱熹表彰周子後則紛出，而歷來論
辨周敦頤〈太極圖〉及〈太極圖說〉文章，據保守估計，至少有百篇以上。論
者每以不同之學術立場及目的，或探索〈圖〉之來源，或詮釋〈圖說〉之意義，
彼此意見之紛歧，幾可以一〈太極圖說論辯史〉概括之。〔註55〕毛奇齡一生反
援道於儒，亦反援佛於儒，其考辨〈太極圖〉，以爲其非儒學之物，而是源於佛

〔註54〕 李申：《話說太極圖——易圖明辨補》（北京：知識出版社，1992 年 7 月），頁
6。

〔註55〕 參見許維萍：《歷代論辨太極圖之研究》（私立東吳大學中國文學研究所碩士
論文，民國 84 年 6 月），頁 250。

家、道教；毛奇齡考證〈太極圖〉之著作，有《太極圖說遺議》一卷及〈復馮山公論太極圖說〉一文。《太極圖說遺議》在探討周敦頤圖說之來源，此書之扉頁，列有六小標題，分別爲：其一，宋乾道間所傳周子〈人極〉新圖。其二，《參同契》〈水火匡廓圖〉、〈三五至精圖〉。其三，宋紹興間所進周子〈太極〉原圖。其四，唐《眞元經品》〈太極先天合一之圖〉。其五，諸家〈太極圖〉。其六，〈太極圖說〉「自無極而爲太極」至末，毛奇齡於此書之首云：

> 太極無所爲圖也。況其所爲圖者，雖出自周子濂溪，爲趙宋儒門之首，而實本之二氏之所傳。（毛奇齡自注：〈太極圖〉一傳自陳摶，一傳自僧壽涯。）乃其所傳者，則又竊取魏伯陽《參同契》中〈水火匡廓圖〉與〈三五至精〉兩圖，而合爲一圖。或云：其圖在隋、唐之間，有道士作《眞元品》者，先竊其圖入品中，爲〈太極先天之圖〉，此即摶之竊之所自始。且其稱名有「無極」二字，在唐玄宗〈序〉中。初亦疑之，及觀其圖，則適與南宋紹興間朱內翰震所進圖合。則必隋、唐先有其圖，而摶又從而轉竊之，然且分圖爲二：一曰先天，一曰太極。〔註56〕

毛氏以爲，朱熹所傳之〈周氏太極圖〉，乃朱氏所審定〔註57〕，朱震所進之圖式，方爲周氏之原圖。即最上一圈爲陰靜，第三圈爲陽動，此說是毛氏一大發現，對朱熹《易》學爲一沉重打擊。西河又以爲，周氏此圖與《道藏》中《上方大洞眞元妙經》（簡稱《眞元品》）之〈太極先天之圖〉相合，道教之〈太極先天之圖〉，又來於魏伯陽《參同契》之〈水火匡廓圖〉及〈三五至精圖〉，換言之，《參同契》之〈水火匡廓圖〉及〈三五至精圖〉可謂爲〈太

〔註56〕毛奇齡：《太極圖說遺議》，《毛西河全集》第八冊，清嘉慶元年（西元179年）刊本，頁1～5。

〔註57〕按：朱伯崑主編：《周易知識通覽》有云：「據朱熹所說，他見到的太極圖，上數第二圖是『黑中有白，而白中無黑』。他認爲這樣畫很不合理。其說見於他給胡廣仲的信。信中說道：『太極圖舊本，極荷垂示，然其意義終未能曉。如陰靜在上，而陽動在下，黑中有白，而白中無黑。及五行相生，先後次序，皆所未明。』……朱熹在信中繼續說道：『周子立象於前，爲說於後，互相發明，平正洞達，絕無毫髮可疑。而舊傳圖說，皆有謬誤。幸其失於此者，猶或有存於彼。是以向來得以參互考證，改而正之。凡所更改，皆有據依，非出於己意之私也。若如所論，必以舊傳爲據，而曲爲之說，意則巧矣。然既以第一圈爲陰靜，第二圈爲陽動，則夫所謂太極者果安在邪』（《朱文公文集》卷四二）。依朱熹此段所說，則『舊傳圖說，皆有謬誤』，所以他要『改而正之』。」（濟南齊魯書社，1993年12月），頁494～496。

極圖〉之最早雛形，《參同契》之〈水火匡廓圖〉（見附圖八），毛奇齡云：

【附圖八】：魏伯陽《參同契》中之〈水火匡廓圖〉（毛奇齡：《太極圖說遺議》）

〈水火匡廓圖〉者，以章首有「坎離匡廓，運轂正軸」二語。所云
「水」、「火」，即〈坎〉、〈離〉也。丹家以〈坎〉、〈離〉爲用，故輪
而象之。又名〈水火二用圖〉，則又取「天地者〈乾〉、〈坤〉之象，
〈坎〉、〈離〉者〈乾〉、〈坤〉之用」二語。蓋其圖正作〈坎〉、〈離〉
二卦而運爲一軸，非所謂兩儀也。亦非所謂「陽動生陰，陰靜復生
陽」也。〔註58〕

此處「非所謂兩儀」與「非所謂『陽動生陰，陰靜復生陽』」，其意在言〈太
極圖〉之第二圖式，與〈繫辭〉「太極生兩儀」既不相合，亦無〈太極圖說〉
「動而生陽，動極而靜，靜而生陰，靜極復動」之意在內。故毛奇齡以爲〈水
火匡廓圖〉，原爲一〈坎〉、〈離〉二卦合抱之圖，象徵水火之流通，循環如匡
廓。從意象而言，左半部爲〈離〉，畫成圖即白黑白；右半部爲〈坎〉卦，畫
成圖爲黑白黑。而所以取〈坎〉、〈離〉二卦者，因丹家最重水，火也。至若
〈三五至精圖〉（見附圖九），毛奇齡又釋之云：

〔註58〕同註56，頁2～3。

【附圖九】：魏伯陽《參同契》中之〈三五至精圖〉（毛奇齡：《太極圖說遺議》）

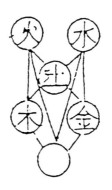

至于〈三五至精圖〉，則取「三五與一，天地至精」語，而分五行爲三五：中央土，一五也，天五生土也。左火與木，共一五也；地二生火，天三生木也。二、三、五也。右水與金，又共一五也；天一生水，地四生金也；一、四，亦五也。故其爲生序，則水承〈坎〉下，火承〈離〉下。其爲行序，則金盛爲水，木盛爲火，而合而復歸于一元。則此一○者三五之合，非二五之合。三五之精，非二五之精。〔註59〕

此處〈三五至精圖〉之「三五」乃指金、木、水、火、土五行共具三個「五」：其一，「土」居中，是爲第一「五」。其二，圖左方之「火」（「地二生火」，故火爲「二」）加「木」（天三生木），故木爲「三」」，此爲第二「五」，其三，圖右方之「水」（「天一生水」，故水爲「一」）加上「金」（「地四生金」，故金爲「四」），此乃第三「五」。以發生之次序而言，水承〈坎〉下，火承〈離〉下，以流行之順序而言，金盛爲水，木盛火，此即圖上水火木金安排之因，而圖中最下之一小○，毛氏以爲以上三「五」合而後歸於一元也。而其又以〈水火匡廓圖〉與〈三五至精圖〉自朱註《參同契》之後，學者多刪去。惟五代時彭曉所編之《參同契》其圖猶存，《參同契》中之〈水火匡廓〉、〈三五至精〉二圖，隋、唐間有

〔註59〕同註56，頁4。

道士作《上方大洞眞元妙經品》（簡稱《眞元品》），遂竊此二圖入書中，並改造成〈太極先天之圖〉（見附圖十），關於〈太極先天合一圖〉，毛奇齡有云：

【附圖十】：唐《眞元品》中〈太極先天之圖〉（毛奇齡：《太極圖說遺議》）

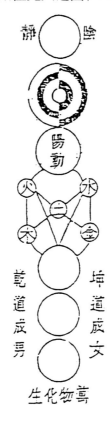

　　道家以太乙爲太極，即一元也。然非第一○也，亦非三輪圖也。第
　　一○爲陰靜，第二爲坎離匡廓，第三○爲陽動，此即〈先天圖〉也。
　　所云「〈乾〉〈坤〉定南北，〈坎〉〈離〉分左右」者是也。但〈坎〉
　　〈離〉之中一小○，則一元也。陰陽水火所媾之胎，復鍊以五行水
　　火木金土，三五之精，而歸于一元，則于是五行之下，又有第四○，
　　即太極也。夫然後生生不窮，加二○爲。則是第四大○與第二小○，
　　皆爲太極。而連上三○，則爲〈太極先天之圖〉。〔註60〕

此處毛氏言〈太極先天合一圖〉之要點有三：其一，第一○爲「陰靜」，第二圖爲〈坎離匡廓圖〉，第三○爲「陽動」。此三部分合起有「〈乾〉〈坤〉定南北，

――――――――――――――――――
〔註60〕同註56，頁7。

〈坎〉〈離〉分左右」之義，是爲〈先天圖〉。其二，〈坎離匡廓圖〉中間之一小○，以及五行之下之一○，此爲太極之義。爲表生生無窮，底下又加二○。此是圖名作爲「人極」二字之由來。而依毛氏之意，〈人極圖〉之雛形在〈水火匡廓圖〉及〈三五至精圖〉中出現後，至〈太極先天合─圖〉，演變成〈水火匡廓圖〉上又一○，爲「陰靜」義；而〈水火匡廓圖〉與〈三五至精圖〉之間亦添加一○，爲「陽動」義。此二○及〈水火匡廓圖〉合而構成〈先天圖〉。至於朱震所進周敦頤〈太極〉原圖（見附圖十一），係宋紹興年間朱震所上，見於朱氏〈易卦圖〉卷上，西河對此圖評論云：

> 聞之漢上（指朱震）所進圖，在高宗紹興甲寅（1134 年）；而親見其圖而摩畫之，則在徽宗政和之丙申（1116 年）。其間游仕西洛，搜討遺文，質疑請益，寢食不捨者一十八年。然後著成《易傳》九卷，《易圖》五卷，豈復有一切于其間者？況其圖後註云：

【附圖十一】：朱震所進周敦頤〈太極〉原圖

「右〈太極圖〉，周惇實茂叔傳二程先生。」其稱惇實，則猶在英宗

以前，未經避諱改名之際，其圖之最眞而最先，已瞭然矣。〔註61〕

毛氏以爲朱震進呈〈人極圖〉在南宋紹興甲寅年（西元 1134 年）；但親見其圖而摩畫之，則在徽宗政和丙申年（西元 1116 年）、而〈圖〉後註「周惇實」，是宋英宗前未經避諱之名字，可見朱震進呈之〈太極圖〉最眞。

　　毛奇齡又論辨〈太極圖說〉首句「無極而太極」本應作「自無極而爲太極」，其於《太極圖說遺議》又云：

　　〈圖說〉在程、邵諸儒未嘗言及，故世亦未見其文。至南渡後，朱
　　子始刻其文於乾道間。而當時見者，皆不能信，多起而爭之。然在
　　所爭者亦祇見「無極而太極」作五字句。及朱子遇洪景盧於玉山，
　　語及原文，知《國史》於〈濂溪傳〉中所載〈圖說〉首句作「自無
　　極而爲太極」時，景盧爲史官，遂借觀其所藏史本，請去「自」、「爲」
　　二字，不可得。乃指爲史官所增擬，請改去。夫史官無改人成文者，
　　況景盧名邁，即洪容齋也。容齋博覈伉直，定無訛錯與益損二弊，
　　即或非其手筆，係前人史官，然亦何苦爲此？乃後人以爲朱子刪去
　　「自」、「爲」二字，則又不可定。若史文則終宋之世未嘗請改，祇
　　存其說於《語錄》中。……而宋後爲史者，始據朱子本得改去焉。
　　〔註62〕

依洪邁（西元 1123～1202 年）編修之《國史・濂溪傳》，〈太極圖說〉首句本作「自無極而爲太極」，然南宋孝宗乾道年間（西元 1165～1173 年）刊刻之〈太極圖說〉，其首句卻爲「無極而太極」，毛氏以爲朱子首刻其〈圖說〉於乾道間，但距離周子原文之創作已有一段時日，而二程、邵雍諸儒文中又不曾提及；朱熹於玉山遇洪邁，嘗就「自無極而爲太極」句討論，並請洪邁刪去「自」、「爲」二字而不可得，毛氏以爲史官絕無改人成文史料者，故定爲朱熹將其篡改也。毛氏又作〈復馮山公論太極圖說書〉，對《遺議》之說補正，並提出新論，其言曰：

　　舊說〈太極圖〉，但據一時所見，便爾草草。如紀、顧諸名言，皆超
　　雋有餘趣，自慚脫漏，不能遍舉，且有要領俱失處，不止于此。明
　　知是圖本于二氏，然僅僅以希夷、壽涯當之。昨見黃山中洲和尚，

〔註61〕同註 56，頁 8。
〔註62〕同註 61，頁 14～15。

有太極本于禪宗說。其所爲〈太極圖〉，即唐僧圭峰之〈十重圖〉也。中三輪◉爲阿梨耶識，在行爲◉，爲覺，即圖之左◖，右行爲◕，爲不覺，即圖之右◗。此在陳摶授圖之前已行世者。是摶所爲圖，一本于《道藏‧眞元品》，一本于圭峰《禪源詮集》，而總出于《參同契》，是眞贜實樣，鑿鑿要領，今第知《眞元品》而不知《禪源詮集》，是舉褫失要，究竟脫漏，從來讀書，原不能盡，且又以二氏忽之，此即非眞學問人，況既論此事，而于此事反有闕，豈可耶？若根字，則過于推求，竟忘孟子有根心之文，捕蟬彈雀，指出甚快，但行世已久，不能改矣。〔註63〕

此處言「舊說〈太極圖〉」，即指《太極圖說遺議》，毛氏修正《遺議》之說，其以爲《遺議》中明知〈太極圖〉本於釋、道二家，但僅溯源於道士陳摶及僧壽涯二人，似有所未盡，而〈太極圖〉與禪宗有關，圭峰宗密有《禪源諸詮集都序》中有〈十重圖〉（見附圖十二），此即爲〈太極圖〉之部份來源。再者陳摶所作之〈無極圖〉，其來源有二，一爲《道藏‧眞元品》，另一是《禪源詮集》。故綜合毛氏《太極圖說遺議》及〈復馮公論太極圖說書〉之說，〈太極圖〉之來源爲：漢魏伯陽作《周易參同契》，其中有〈水火匡廓圖〉及〈三五至精圖〉兩幅，所謂〈水火匡廓圖〉，是因《周易參同契》開頭幾句中有「坎離匡廓，運轂正軸」之語。〈坎〉、〈離〉乃八卦中之兩卦名，代表水與火。〈三五至精圖〉是因《周易參同契》中有「三五與一，天地至精」之言。隋唐時，道士作《上方大洞眞元妙經品》，將〈水火匡廓圖〉與〈三五至精圖〉合而爲一，又加上幾個圓圈，作成〈太極先天之圖〉。而陳摶剝竊《眞元品》之圖，改成〈太極圖〉，傳於周敦頤，周敦頤依陳摶所傳，於宋英宗即位之前繪成〈太極圖〉，署名爲周惇（敦）實，後因避英宗諱，方改名爲周敦頤。至宋徽宗政和六年（西元1116年），朱震發現此圖，獻於宋高宗，朱震之注解言：「右〈太極圖〉，周惇實茂叔傳二程先生」。說明朱震此圖不僅保持原有署名，亦保持〈太極先天之圖〉之形制。往後，朱熹不僅改篡《太極圖說》，亦改篡〈太極圖〉，其去掉「陽動」之圖，於說明亦有更動。而毛奇齡作《太極圖說遺議》後，有僧人告之，〈太極圖〉源於唐代高僧宗密（圭峰）之〈十重圖〉，於是毛奇齡做出結論言，陳摶以前，已有圖，陳摶所作之圖，一來源於《道藏》

之《真元品》，另一是宗密《禪源詮集》之〈十重圖〉。二者又同出於《參同契》，毛氏云此皆「真贓實據」，不可否認，此乃其考證〈太極圖〉源於佛家、道教之說也。

【附圖十二】宗密〈十重圖〉（取自《中國佛教思想資料選編》第二卷第二冊）

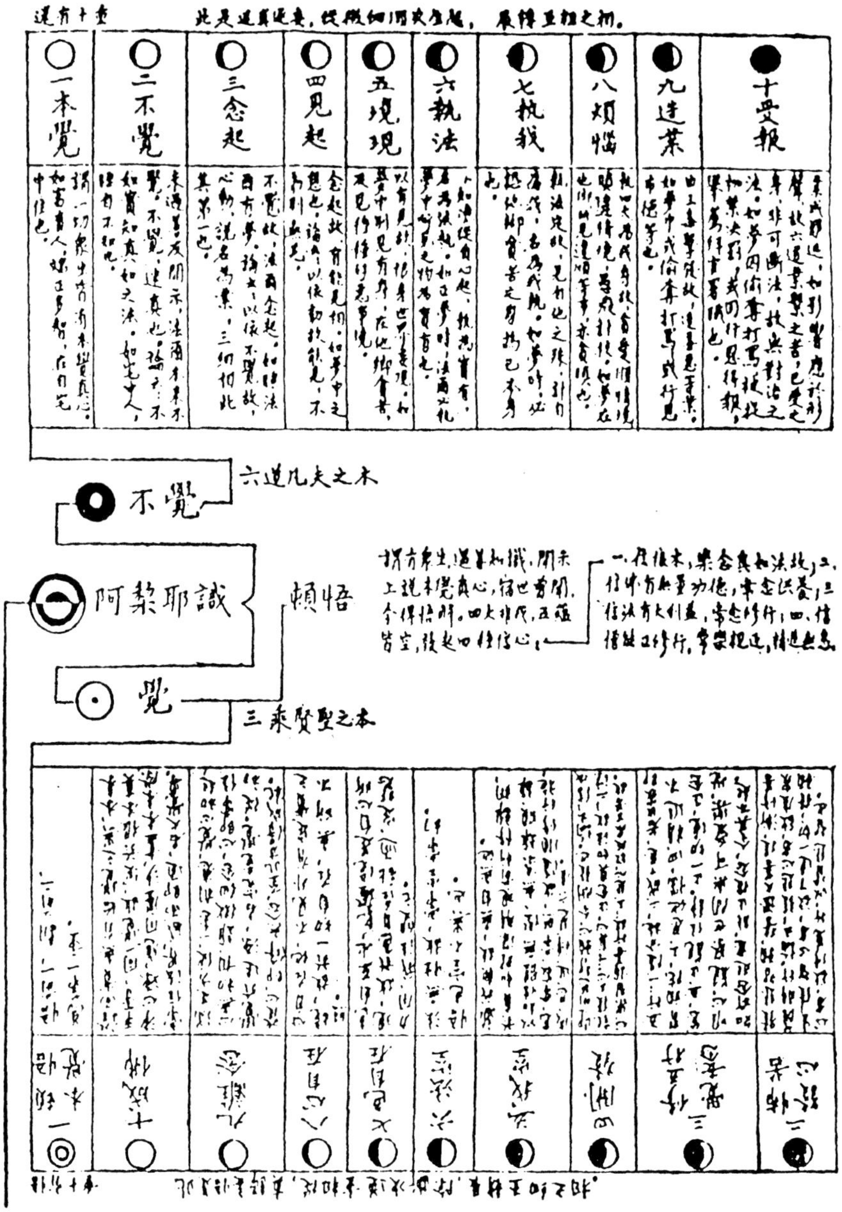

第四節　毛奇齡、朱彝尊、胡渭之《易》學流衍關係

　　歷代對《易》圖之考辨，自朱熹、陸九淵、宋濂等皆有議論，及清初黃宗羲作《易學象數論》，其弟宗炎作《圖書辨惑》，開啟清代學者考辨《易》圖之門〔註64〕，在黃宗炎之基礎上，毛奇齡接著展開論辨，經黃宗炎與毛奇齡考辨後，〈太極圖〉與佛、道之關係，幾成學者普遍之共識，而朱彝尊又融合黃、毛二氏之說，對〈太極圖〉與道家之淵源持續進行考辨，朱氏著《太極圖授受考》，追溯〈太極圖〉之授受源流，以定該圖是出自道家。其後對《易》圖之考辨有所貢獻者為胡渭，胡氏吸收清代前期學者之考證成果，加以發揮，故在胡氏《易圖明辨》之後，《易》圖考證之學術論題，幾乎成為定讞。而自黃宗炎、毛奇齡致力於考辨〈太極圖〉之淵源，得出〈太極圖〉出自釋、道二家之論點，「〈太極圖〉非出自儒家」之說，則成學者論辨〈太極圖〉之主流，此時朱彝尊便有所發揮，其於〈太極圖授受考〉云：

> 自漢以來，諸儒言《易》，莫有及〈太極圖〉者。惟道家者流，有《上方大洞真元妙經》，著〈太極三五〉之說，唐開元中，明皇為製〈序〉。而東蜀衛琪，注《玉清無極洞仙經》，衍有〈無極〉、〈太極〉諸圖。按：陳子昂〈感遇詩〉云：「太極生天地，三元更廢興，至精諒斯在，三五誰能徵。」「三元」本〈律曆志〉陰陽至精之數，「三五」本魏伯陽《參同契》。要之，〈太極圖說〉，唐之君臣已先知之矣。〔註65〕

朱氏以為漢朝以來，談論《周易》之人，無人談過〈太極圖〉，僅道教之《上方大洞真元妙經》有〈太極圖〉，唐玄宗曾為此作序言。所謂〈太極圖〉，唐代君臣已知曉矣，故〈太極圖〉出自周敦頤之說自然不可信，由此可見毛奇齡〈太極圖〉淵源說在當代之傳播。

　　至若毛奇齡與胡渭《易》學思想之流衍關係〔註66〕，對於辨〈伏羲八卦

〔註64〕　按：鄭吉雄：《易圖象與易詮釋》有云：「清代最早研究《易》圖，分判儒道的學者是黃宗羲《易學象數論》、黃宗炎《圖學辨惑》、毛奇齡《河圖洛書原舛編》和《太極圖說遺議》。其中撰著年代最為確定，亦可能為最早的是《易學象數論》。」（臺北：喜瑪拉雅研究發展基金會，民國91年2月），頁87。

〔註65〕　朱彝尊：《曝書亭集》，卷五八，冊三，四部備要本（臺北：臺灣中華書局，不著出版年月），頁1。

〔註66〕　按：鄭吉雄：《易圖象與易詮釋》有云：「具體言之，如毛奇齡是清代『申明漢儒之學』第一人，在辨《易》圖之學方面亦是胡渭的前輩。《易圖明辨》錄

次序圖〉（見附圖十三），亦有互引者，〈伏羲八卦次序圖〉主要內容在解釋八卦生成之過程，由太極生兩儀，兩儀生四象，四象生八卦，八卦之次序是〈乾〉、〈兌〉、〈離〉、〈震〉、〈巽〉、〈坎〉、〈艮〉、〈坤〉。前人對此早已有多種不同見解，胡渭於《易圖明辨》卷六云：

> 按：橫圖逐爻漸生之法，唯揲蓍三變而成爻，十八變而成卦。自初而二，而三，而四，而五，而上，六爻次第得之，誠有然者。然兩儀主一變言，但分奇偶，而初畫則兼三變，三變之餘，或老或少，各視其所得之九、六、七、八以爲名，則初畫便當爲四象，不可謂兩

【附圖十三】：〈伏羲八卦次序圖〉

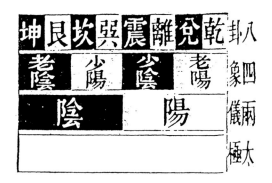

> 儀，四象三畫皆有，獨以中畫爲四象，尤不可也。然就揲蓍言之，其義亦有難通者矣。若夫畫卦之法，三才一時俱備，豈有先畫一奇一偶，其上復爲一奇一偶之理……《儀禮注》云：卦者主畫地識爻，爻備，以方寫之，方即牘也。伏羲時，書契未興，其始作八卦，不知畫在何處，然亦必有一物焉，以載此八卦之象，可知也。信如康節所圖，則初畫最長，中畫半之，終畫又半之，吾不知伏羲既作此象，將截爲八段以示人乎？將連者仍連，而聽人之自爲識別乎？抑亦殫其智力以爲之，初如今人之起稿，繼乃更定，劃然分列爲八乎？揆諸事情。決無是理。……吾不知季通何以極贊其妙，而朱子舍己從之也。〔註67〕

奇齡著作《河圖洛書原舛編》、《仲氏易》及《太極圖說遺議》三部專著，大段徵引材料共八條。卷一引《河洛原舛編》三條，引《仲氏易》一條，共四條；卷三引『毛氏曰』一條，卷五引《原舛編》一條，卷六、卷七各引《仲氏易》一條。」同註64，頁90。

〔註67〕 胡渭：《易圖明辨》，同註8，頁739～740。

胡渭對邵雍加一倍法所成之先天八卦、先天六十四卦〔註68〕，批評極爲嚴苛，就《易經》之文義內容上，胡渭以爲〈繫辭〉「《易》有太極，是生兩儀，兩儀生四象，四象生八卦」一段，所言乃「分二・掛　・揲四・歸奇」之揲蓍過程〔註69〕。而揲蓍必在卦畫已成之後方能行之，故此段文字與作卦過程無涉，先天學實爲對〈繫辭〉之誤解。揲蓍之序，五十根蓍草分而二即爲兩儀；每爻經三變之後必得九、八、七、六四數，亦即老陽、少陰、少陽、老陰四象。故兩儀、四象皆有別於邵雍所言，此因邵雍誤以「揲蓍之序」爲「畫卦之序」之故。至於聖人畫卦之序，據〈繫辭〉所云：「兼三才而兩之，故六」，應爲三爻一次畫出成八經卦，再重之爲六十四別卦，而非逐爻畫出。邵雍加一倍法逐爻相生又與傳文所言之「三畫相重」不合。「揲蓍」、「畫卦」上之兩種謬誤，爲胡渭由《易經》文義內容對邵雍之批評。因而胡渭引毛奇齡《仲氏易》指出邵雍「先天圖」畫卦順序有兩不合理處：一爲陰、陽、老、少四象之說，二爲先天八卦之序。胡渭「康節以揲蓍之序爲畫卦之序」之評，毛奇齡同意此說，亦以爲四象乃揲蓍所用，但於邵雍加一倍法四象之成另有批判。邵雍加一倍法中，初畫分兩儀，再加一畫，則二奇畫（═）爲老陽，二偶畫（══）爲老陰，一奇一偶（══）、（══）爲少陰及少陽；但二畫之上再加一畫，老陽可能爲（☰）、兌（☱）兩卦，老陽成乾固然無誤，但兌卻爲

〔註68〕 朱伯崑：《易學哲學史》卷二云：「邵雍關于八卦和六十四卦形成的理論，在《易》學史上自成一家。其基本法則是『一分爲二，二分爲四，四分爲八……。』程顥稱此法則爲『加一倍法』。他說：『堯夫之數，只是加一倍法。』（《外書》十二）」同註28，頁143。按：邵雍以爲「加一倍法」之過程恰與〈繫辭〉「《易》有太極，是生兩儀，兩儀生四象，四象生八卦」一文若合符節。

〔註69〕 按：朱伯崑：《易學哲學史》卷一云：「關於《周易》揲蓍求卦的方法，《周易・繫辭上》有記載：『大衍之數五十，其用四十有九。分而爲二以象兩，掛一以象三，揲之以四以象四時，歸奇于扐以象閏。五歲再閏，故再扐而後掛。……是故四營而成《易》，十有八變而成卦。八卦而小成，引而伸之，觸類而長之，天下之能事畢矣。』這段話，後人有不同的解釋，唐宋以來有兩種較爲流行的說法。二說都以五十根蓍草爲『大衍之數』，以從中拿出一根放在外邊不參與蓍草數目的變化爲『其用四十有九』。都認爲以後經過四次經營得出一變之數。第一營是把四十九根任分爲兩部份，此即『分而爲二以象兩』。第二營是于右邊一堆中取出一根放在一邊，此即『掛一以象三』。第三營是將左右兩堆的草根，以四根爲一組，分別數之，此即『揲之以四以象四時』。第四營是將左右兩堆中的餘數放在一堆，此即『歸奇于扐以象閏』。『奇』，指餘數；『扐』，一說謂指間。這四次經營即分二，掛一，揲四，歸奇，稱爲一變。此即『四營而成易』。」同註28，頁4～5。

陰卦。老陰可能爲坤（☷☷）、艮（☶☶）兩卦，老陰成坤固然爲是，但艮卻爲
陽卦。老陽生出陰卦、老陰生出陽卦，甚不合理，〔註70〕故毛氏《仲氏易》
卷二｜八曰：

> 夫老之與少，並從已成之卦所推，故〈乾〉爲老陽，非老陽而後〈乾〉
> 也。當庖義作乾畫時，雖有二畫，然未知所成爲何等，而乃先口：「此
> 當爲純陽之卦，此畫爲老陽」，有是理乎？此說之必不通者也。〔註71〕

依據〈繫辭〉「成象之謂〈乾〉，效法之謂〈坤〉，及〈說卦〉乾坤三索生六子
之語〔註72〕，聖人畫卦，應首畫〈乾〉〈坤〉，六子再順序遞生。而邵雍加一
倍之法，四象之後，八卦一時並出，毛氏《仲氏易》卷二八又批評曰：

> 乃作三重畫而并以〈乾〉、〈兌〉、〈離〉、〈震〉、〈巽〉、〈坎〉、〈艮〉、
> 〈坤〉一齊出之爲八卦。是一畫之後不必成〈乾〉，已先作〈兌〉、〈離〉
> 諸卦之畫，乃成〈乾〉之後，又不必繼〈坤〉，而反以六子之卦成之
> 〈坤〉前，將夫子《大傳》所云：成象乎〈乾〉，效法乎〈坤〉，與
> 夫〈乾〉、〈坤〉成列，因而重之，一索、再索，得男、得女諸語，
> 顯然牴牾，是敢于悖聖而以此解經，眞鹵莽之甚者也。〔註73〕

若以〈傳〉文之卦序，〈乾〉父之後應爲〈坤〉母，然邵雍〈乾〉父後即生六
子，坤母反居殿後，是違反聖人解經意也。又胡渭引毛奇齡之語爲證，以爲
先天卦序來自加一倍法，而加一倍法之弊在於「以數生象」，其《易圖明辨》
卷六云：

> 卦，象也；蓍，數也。《左傳》韓簡曰：「物生而後有象，象而後有
> 滋，滋而後有數」。蓋數即象之分限節度處，生於象而不可以生象。
> 康節加一倍法欲以數生卦，非也。四象唯揲蓍三變成久後有之，〈乾〉
> 〈坤〉男女即是八卦，不得稱四象專屬第二畫，尤無理。〔註74〕

此處胡氏引《左傳》「言象生於數」之理，而在筮儀中，乃先具備六十四卦卦

〔註70〕 參見許朝陽：《胡渭易圖明辨之研究》（國立中央大學碩士論文，民國85年5
月），頁93。
〔註71〕 同註8，頁453。
〔註72〕 〈說卦傳〉第十章：「〈乾〉，天也，故稱乎父；〈坤〉，地也，故稱乎母。〈震〉
一索而得男，故謂之長男；〈巽〉一索而得女，故謂之長女；〈坎〉再索而得
男，故謂之中男；〈離〉再索而得女，故謂之中女；〈艮〉三索而得男，故謂
之少男；〈兌〉三索而得女，故謂之少女。」
〔註73〕 同註71。
〔註74〕 同註67，頁741。

象，再以蓍數去求卦，而邵雍卻以二生四，四生八等數字規則求得卦象，以數生象，此違背「象生於數」之義，故胡渭承續毛奇齡《易》學思想，批評邵雍《易》學，於此可見。

毛奇齡反對邵雍提出之伏羲先天之《易》及文王後天之《易》之說，據此，其於《仲氏易》卷一批評邵雍之〈伏羲先天卦序圖〉，作爲畫卦之次序，其誤有八，前已述及，胡渭對毛氏所列〈先天圖〉八誤亦十分贊同，以爲「仲氏八誤之辨，剖析無遺」〔註75〕，於此可見西河《易》學之精微，胡渭實知悉其心志也。

清代初年，因學風逐漸由空返實，經學復興，學者紛拋棄理學，「回歸原典」。然而，儒家經籍歷經兩千多年之流傳，其本身篇章錯亂、字句訛舛之處，所在多有，而後人之附會。僞托亦不一而足，嚴重淆亂經書之原貌，故清初學者「回歸原典」之功，即在辨僞考證，力求恢復其本來面目。如對《易經》，黃宗羲、黃宗炎、朱彝尊、胡渭等學者，皆曾有辨僞考證、廓清訛誤之功。在此辨僞考證潮流中，毛奇齡則起推波助瀾之作用，毛氏尤爲致力於駁正宋儒圖、書之說，廓清宋明以來種種謬誤曲解。〔註76〕阮元曾評論曰：

> 國朝經學盛興，檢討（毛奇齡）首出於東林蕺山空文講學之餘，以經學自任，大聲疾呼，而一時之實學頓起。當是時，充宗（萬斯大）起於浙東，朏明（胡渭）起於浙西，寧人（顧炎武）、百詩（閻若璩）起於江淮之間，檢討以博辨之才，睥睨一切，論不相下，而道實相成。迄今學者日益昌明，大江南北著書授徒之家數十，視檢討而精核者固多，謂非檢討開始之功則不可。檢討推溯〈太極〉、〈河〉、〈洛〉在胡朏明之先，發明荀、虞、干、侯之《易》，在惠定宇（棟）之先。
> 〔註77〕

梁啓超在《清代學術概論》中云：

> 平心論之，毛氏在啓蒙期不失爲一衝鋒陷陣之猛將，但於「學者的道德」缺焉。〔註78〕

〔註75〕同註70，頁101。

〔註76〕參見王俊義・黃愛平：《清代學術文化史論・毛奇齡學術研究》（臺北：文津出版社，1999年11月），頁140。

〔註77〕阮元：《揅經室二集》卷七，〈毛西河檢討全集後序〉（臺北：臺灣商務印書館，民國56年3月），頁501〜502。

〔註78〕梁啓超：《清代學術概論》（臺北：臺灣商務印書館，民國74年2月），頁28。

錢穆在《中國近三百年學術史》中亦言：

> 今平心而論，西河制行，固未修飾，而其論學，伸王抑朱，於姚江、
> 蕺山浙東一脈，不得謂全無地位。……雖才氣足以跨駕一時，尚不
> 如考證所得，確有成績，可不以人見廢耳。〔註79〕

毛氏於圖書之學之研究，批判周氏圖說，特重考證其思想資料及其觀點之歷
史淵源，以此證圖書之學出於道教與佛家，進而否定其為儒家學說，其門人
李塨將毛氏解《易》之學風納入「實學」之領域，以為其解經，「雖一語一字
必有的歸著，一若天地之重開，而〈乾〉〈坤〉之再闢」（《西河合集總序》），
此則表明毛奇齡《易》學實開清代漢《易》之先河也。

〔註79〕同註7，頁261。

第六章　李光地《易》學研究

第一節　李光地之生平與學術著作

一、生　平

　　李光地（西元 1642～1718 年），字晉卿，號厚菴，學者尊為安溪先生，卒諡文貞。明思宗崇禎十五年（西元 1642 年）九月初六日生於福建安溪，其先世居劍州，相傳為唐江王元祥後，初祖君達始達、始遷安溪縣感化里之湖頭鄉，六世祖樸菴公李森，好義樂施，鄉國歸仁，祖念次公李先春，邁德種善〔註1〕，父惟念公李兆慶，學問「淹博宏深」，一生尊崇朱熹，反對明季講師蔑棄宋學之書，李光地自幼受其影響至深。

　　李光地幼穎異，四歲，未就塾，已識字，見關侯廟有「忠義」二字，輒取炔炭摹肖之。五歲入幼學，讀書背文，穎悟過人。七歲，能賦詩；九歲讀〈離騷〉，成誦即知大意。十二歲，日命五題，自辰至酉，楷畢，居然大篇。十三歲，畢誦群經〔註2〕。順治十二年（西元 1655 年），年十四，夏六月，舉

〔註1〕 李光地：《榕村全集》，〈文貞公年譜〉（臺北：大西洋圖書公司，民國 58 年元月），頁 11028。

〔註2〕 同註 1，頁 11029～11032。案：《榕村語錄續編》卷十六〈學〉云：「某天資極鈍，向曾學籌算于藩次耕，渠性急，某不懂，渠拂衣罵云：『此一飯時可了者，奈何如此糊塗。』其言語又唧啾不分明，卒不成而罷。今得梅先生和緩善誘，方得明白。」此「天資平庸」說與《年譜》或異，觀李光地對《易》學之造詣，非智者所不能，今從《年譜》之說。

家陷山賊中，隔年，自賊拔歸。十八歲，始講性理之學〔註3〕，毅然希蹤前哲，斂衣冠，謹坐起，非程朱不敢言。年十九，纂《四書解》一部〔註4〕，二十歲，纂《周易解》一部，於諸家同異，條分縷析，用為熟研覃思之地，並讀《參同契》。二十一歲，讀書妙峰山，曾看陸王之書〔註5〕。二十二歲，補廩膳生，即秀才中之最高點。三十三歲，始注〈洪範〉，又著《卜書補義》。二十四歲。輯《曆象要義》，末附以《曆論八篇》，備一家之言。二十五歲，夏，始明律呂之學，八月，舉福建鄉貢。

康熙九年（西元1670年），光地年二十九，登進士第〔註6〕，以館選第一而入翰林院為庶吉士。十年，始見顧炎武，聞音韻之學。十一年散館，仍以第一改授編修。十二年五月，返鄉省親，旋遇三藩亂起。十三年，耿精忠反，鄭經亦由臺灣入踞泉州〔註7〕，光地奉親避亂山谷，精忠與經並遣招致，皆力拒。彼先赴福州與同年好友陳夢雷密議，籌劃報國方略；十四年五月，再遣人潛出，入京上〈蠟丸疏〉，建議清廷攻耿、鄭之不備，由汀州入閩，出奇制勝。十五年冬，清廷平叛大軍破仙霞關南進，耿精忠窮蹙而降。十六年，漳、泉二州次第恢復，鄭經潰退廈門，四月，特遷侍讀學士，行至福州，以父喪歸。十七年春夏間，蔡寅「白頭軍」起義，掠安溪，鄭經遣將劉國軒等犯泉

〔註3〕陳祖武：〈李光地年譜略論〉云：「根據新譜《榕村譜錄合考》所記，李光地一生為學，可以大致劃分為三個階段。作為一個從科場角逐中躋身仕途的知識份子，由於朝廷功令所在，士子風氣所趨，譜主（李光地）自十八歲即『始講性理之學』」（《文獻季刊》第三期，1989年），頁138。

〔註4〕「纂」即摘錄前人著作之精華，摘抄成書。此為提綱挈領，融會貫通之讀書法。李光地：《榕村語錄》卷二十四云：「讀書要搜根，搜得根便不會忘。將那一部書分類纂過，又隨筆箚記，復全部串解，得其主意，便記得。」（北京中華書局，1995年6月），頁426。

〔註5〕李光地：《榕村續語錄》卷十六〈學〉：「廿一至廿五歲，看陸子靜、王陽明集及諸雜書。」（北京中華書局，1995年6月），頁773。

〔註6〕據《清史稿‧李光地傳》，李光地「順治九年成進士，選庶吉士，授編修。」案《清史稿》此處實誤，應為康熙九年：考順治九年為西元1652年壬辰年，是年李光地年僅十一歲，不可能「成進士」。而《四庫全書總目‧經部‧易類六》在介紹李光地《周易通論》一書時，謂其為「康熙庚戌進士」。康熙庚戌年為西元1670年，即康熙九年，此年李光地二十九歲，中進士方為可信，而明清歷科進士題名碑錄，記載李光地中「康熙九年」庚戌科進士，《榕村全集》、《李文貞公年譜》、《清史列傳》卷十〈李光地傳〉亦同，故知《清史稿》撰修者誤將「康熙九年」誤記為「順治九年」。

〔註7〕《清史稿》「鄭經」作「鄭錦」，清史館繆荃孫纂明遺臣《鄭成功傳》稿作「鄭經」，蓋「鄭錦」乃「鄭經」之乳名。

州，閩南再亂；彼時光地正丁父憂在鄉，再度爲亂局所困；其一面組織義勇，結寨自保，瓦解「白頭軍」，一面堅拒劉國軒、國昌兄弟招降，分遣戚屬，前往福州‧漳州乞師，李氏族眾及一方人民，先期開路搭橋，以作清軍引導。八月，福建巡撫吳興祚、寧海將軍喇哈達之師自山道並進，遂解泉州之圍，屬縣悉平。〔註8〕

　　康熙十九年（西元1680年），年三十九，奉母太夫人返京赴任，至京師，授內閣學士。二十年，上召大臣聯「柏梁體」光地賦詩道：「仰觀神策驅天狼」。上不解其意，光地復言：「鄭氏爲寇三世，垂六十年，此天道數窮之秋也。……若命良將率閩兵討之，必克。」〔註9〕遂薦施琅提督水師，專平海事，是歲著《尊朱要旨》。二十一年，光地送母歸里；是時八閩疊經兵革，官困于供億，人凋於重歛，武夫悍卒，竟爲陸梁。而沿海之民又因通海之嫌，迫令遷入內地，流移滿途，千里爲墟，百里皆敝。光地乃協助總督姚啓聖，虛心諮訪于時所宜興革者，朝聞夕行，不數月，民困更蘇。〔註10〕其爲官實勤政恤民，治績顯著。二十二年，秋八月，臺灣平。二十四年，於家鄉闢榕村書屋，因其地「有榕數株，蔭數十畝而得名」，〔註11〕供家鄉學者在此讀書、著述、講學，故時人稱李光地爲「榕村先生」，是歲，《禮學四際約言》成。

　　康熙二十五年（西元1686年），年四十五春，《禮記纂編》成，七月，還京；九月，改授翰林院掌院學士兼禮部侍郎，教習庶吉士。逾年，以母病乞歸者。二十七年至京。初，光地與侍讀學士德格勒善，於上前互相稱引。上召德格勒與諸詞臣試乾清宮，以文字劣，鐫秩。施掌院庫勒訥劾其私抹起居注事，下獄論罪。詔責光地，光地引罪，乞嚴譴，上原之，尋擢兵部侍郎。三十一年，五月，薦理學家陸隴其，《初夏錄》成。三十二年冬十二月，以兵部右侍郎，提督順天學政。三十三年，丁母憂，在任內守制，請假回籍治喪，不許，給事中彭鵬疏劾解任。三十四年，年五十四，《朱子語類四纂》成。三十五年，《程子遺書纂》成，夏六月，服闋，仍督順天學政。三十七年，出爲直隸巡撫，清勤恤民，盡心於農田水利，尤以治永定河爲重大業績，〔註12〕選《古文精藻》、《榕

〔註8〕陳祖武：〈論李光地的歷史地位〉《福建論壇》文史哲版雙月刊第五期，1992
　　　年10月），頁2。

〔註9〕許蘇民：《李光地傳論》（廈門大學出版社，1992年9月），頁35。

〔註10〕楊國楨：《李光地研究》（廈門大學出版社，1993年5月），頁35。

〔註11〕同註1，頁11100。

〔註12〕同註10，頁6。

村講授》成。三十八年，設義學，有間，則身臨課之，〔註13〕此在發展教育。
三十九年，《洪範初稿》、《孝經注》、《正蒙注》、《握奇經注》成。

康熙四十年（西元1701年），年六十，上特遣中書舍人詢訪人才於光地，
光地薦楊名時、劉琰、文志鯨等十五人，康熙帝遂任命楊名時督順天學政，文
志鯨督浙江學政，劉琰督江西學政。四十一年，舉賢才；二月，薦徐元夢；四
月，薦何焯；十一月，調考北方三鎮軍政，又薦數十人，是歲，《春秋稿》成。
四十二年，上褒其治績，擢吏部尚書，仍管巡撫事，延梅文鼎校刻《歷算書》
七種〔註14〕。四十四年，拜文瀾閣大學士。四十五年，夏四月，充國史館、典
訓館、方略館。一統志館總裁，五月，承修《朱子全書》。四十六年，四月，校
刻《韓文考異》；十一月，《朱子禮纂》成，又薦吳郡爲定海總兵。嗣是數年間
所薦大帥以十計，大抵皆戢兵愛民，克舉其職，若吳陞之清操，歐陽凱之死事，
尤武臣中之表表者也，〔註15〕舉將才積極如是。四十七年，太子胤礽初廢，十
月，光地即應召獨對乾清宮，以管束廢太子之見，言於上曰：「人情尊榮則驕，
安舒則肆，驕肆之行，神志日昏。始則偷安，繼而惡正，聞一善言，如刺在背，
惶惑顚倒。若或憑之，則昏之極也。」故於廢太子之教，則力主：「若屛其聲色，
使凝志寧靜，滌神清虛，平旦之氣益生，則本心之明漸者矣。」〔註16〕是歲，《韓
子粹言》成，四十八年，三月，太子復立，光地奉旨爲冊立正使，胤礽尊父命
求救，其告誡曰：「勤思孝道，篤志正學，天聰益開，天性益厚，如此而已。」
四十九年，《韻箋》、《中庸餘論》、《曆象本要》成。五十一年，四月，《周易通
論》成；七月，《朱子全書》成，光地奏上曰：「朱子造詣誠與四配伯仲，但時
世相後，千有餘載，一旦位先十哲，恐朱子心有未安。」乃定列祀於十哲之末。
〔註17〕此將朱子從祀孔廟之位，即以昭表彰至意。八月，上決意再廢太子，事
前，光地應召隻身赴西苑，奏請曰：「全父子之恩」，又言：「上既削其名號，茇

〔註13〕同註1，頁11146。
〔註14〕《曆算書七種》指《三角法舉要》、《弧三角舉要》、《筆算》、《塹堵測量》、《環
　　　　中黍尺》、《交食蒙求》、《曆學駢枝》。按《書目答問補正》作《平三角舉要》
　　　　五卷、《弧三角舉要》五卷、《環中黍尺》六卷、《塹堵測量》二卷、《交食管
　　　　見》一卷、《曆學駢枝》四卷、《筆算》五卷，總二十八卷。
〔註15〕同註1，頁11214～11215。
〔註16〕同註1，頁11221～11222。
〔註17〕同註1，頁11244，又四配：顏淵、曾參、孟軻、子思。顏、子居東，曾、孟
　　　　居西：十哲：子張、閔子騫、冉伯牛、仲弓、宰我、子貢、冉有、季路、子
　　　　游、子夏十哲加有若、朱熹合爲十二哲。

其羽翼，以上神武威明，又何慮焉？」九月，薦劉謙；十月，救方苞〔註18〕。

　康熙五十二年，年七十二，光地以《易》更三古四聖，一心詮解者多不能融洽而離異視之，乃每卦括其人指為一篇，七月，《周易觀象人指》成。彼時聖祖以《易》為六經之源，欲成一書，以惠萬世而鄭重其事，未知所委，至是屢出圖象，命公採擇，公依義條答與。上意合，乃下諭曰：「卿留心河洛久矣，見來書愈知理明識，遠此事，非卿萬不能辨其是非。」遂命修之，十二月，乃承修《周易折中》。五十三年，秋八月，《周易觀象》成，光地自十八歲，即玩心于《易》，至是而年七十三矣。前後凡易稿數十次，是時承修方《折中》，薈萃自漢迄明諸儒之說，凡三百餘家，採擷精純，刊取領要，鎔鑄百氏，陶冶千載《易》之道，於是大備。五十四年，三月《周易折中》成；六月，《陰符經注》成，疏丐休致，予假二年，行前，賜「謨明弼諧」匾，贈餞別詩，云：「協恭惟得老成儒，味道經書揖廟謨，辭闕憂君千里外，引年捧日萬方敷。秋霜昔歲明臣節，昆玉沖襟決勝符，暫別恩榮宸翰餞，勿勞遠念慰長途。」並表示政事有決疑者，當密以傳聞。七月，《性理精義》成；九月，離京，在家不到半載，上即遣魏廷珍密傳光地進京，信中曰：「家事皆舊日事，八、九個月可完。事完後，著于十月或十一月起身赴京，三月間可到。北方住久，北方高燥，南方暑氣熱難受，著善為保養。再荔枝性極熱，亦著少吃。」〔註19〕如此關懷，光地深受感動。五十五年，《大學古本私記》、《中庸章段》成。五十六年，二月啟程，六月到京，雍正之門人戴鋒於此年中，上書其主，曰：「近因大學士李光地告假回閩，今又奉特旨，帶病進京，聞係為立儲之事，召彼密議。」〔註20〕故康熙帝祕密建儲計劃，或與李光地密商多次矣，聖祖曾感嘆曰：「大臣中每事為我家計萬世者，獨此一老臣耳。」是歲，《論孟箚記》、〈離騷〉、〈九歌〉、《參同契注》成。康熙五十七年，年七十七，五月，

〔註18〕康熙四十一年（西元 1702 年），戴名世作《南山集》、方苞為《南山集》作序，書中，戴氏表明對南明王朝之感情。康熙五十年（西元 1711 年），左都御史趙申喬據書，內容對戴氏提出糾參，康熙命刑部嚴察，刑部判決戴氏即行凌遲處死，方苞被判斬首，李光地為救方苞，趁汪霦死，往見康熙，康熙嘆曰：「汪霦死，無復能為古文者。」李光地曰：「必如班馬韓柳，誠急未得其人，若比霦者，才固不乏，即如案中之方苞，其古文詞尚當勝之。」康熙又曰：「作古文僅次於方苞為誰。」李光地曰：「戴名世。」康熙遂赦免方苞，並命其入蒙養齋修纂群書。參見許蘇民：《李光地傳論》，同註 9，頁 79～80。

〔註19〕同註 1，《榕村全集》卷三十一，頁 1569。

〔註20〕同註 9，頁 237。

以辛勞病逝住所。上在熱河行宮聞訊，遣恆親王允祺奠醊，賜金千兩，諡文貞。使工部尚書徐元夢護其喪歸，復諭閣臣：「李光地謹慎清勤，給終一節，學問淵博。朕知之最悉，知朕亦無過光地者！」於五十九年，庚子，夏四月，葬於安溪興二里之百葉林。

李光地生於詩書之家，其父李兆慶爲明儲生，篤信「正學」，又以禮法教於其家。光地自幼受其薰陶，勤奮好學；五歲入學，十三歲讀畢群經，十八歲開始著書立說，一生「以濂（濂溪周敦頤）、洛（洛陽程顥、程頤）、關（關中張載）、閩（閩中朱熹）爲門徑，以六經四子爲依歸。務造于知性達天，不得不正。」〔註21〕彼時清廷方推崇理學，尤尊朱子，李光地極力鼓吹：「今天子衡量道術，一以朱子爲宗，聖人有作，萬世定論矣。在學者誠宜稟皇極之彝訓，奉一先生之言，以講以思，以服以行，庶幾沿河及海，而無斷潢絕港之差也。」〔註22〕李光地如此膺服朱熹，致力於朱子之學，務期其涵被海內，毋庸諱言，乃出自仰體康熙帝之「聖意」。其與聖祖之關係，誠如章太炎所言：「李光地『會康熙朝尊朱學，故以朱學名。……貴訓詁，即稍稍理故書；貴文言幽眇，即皮附《周易》與《中庸》篇，爲无端崖之辭。然惟算學爲通明。卒以是得人主意，稱爲名相，……自光地在朝，居臣相顧歡甚，……時令參訂朱熹書，常曰：知光地者莫如朕，知朕者，亦莫光地若也。』」〔註23〕楊名時稱光地：「積學六十年，精融深化，自漢、唐以來，未有儔匹。」其嫡傳門生李紱曰：「榕村先生早歲志道，沈潛卷籍而自得於心，箋疏六經，各自成書，學者翕然師之，莫不曰：安溪先生，今之程朱也。」王承烈曰：「安溪師說道理處，自朱子後，由元迄明諸儒，更無第二人。」（榕村語錄序）張敘曰：「由朱子而來，至於今又五百有餘歲矣，依傍者徒拾其皮毛，超躐者遂迷其宗派。惟安溪李文貞公，篤敬義之實學，得誠明之正傳，潔淨精微，尤深於《易》，而群經道要，乃一以貫之。凡所迷造，無不有以發前儒之所蔀，而覺來哲於無窮，其於朱子，蓋異迹而同神焉。則五百年來以公直接朱子者，乃萬世之定論，非敘一人之私言也。」李光地不僅精通孔孟之學，亦廣涉經史，旁及歷算、樂律、音韻，在《易》學領域，實爲繼朱子之後又一思想深邃之專家；李光地一生沉浮宦海，多遇凶險，但憑其

〔註21〕 同註 10，頁 10～11。

〔註22〕 同註 1，《榕村全集》卷十四，〈重建鵝湖書院記〉，頁 730。

〔註23〕 孫明章：〈李光地與後期閩學〉（《廈門大學學報》哲學社會科學版，總八十八期，1987 年），頁 144。

穩重機智，善以《易》義指導人生，故皆能逢凶化吉。其門下士楊名時、李紱、陳鵬年、趙中喬、冉覲祖、蔡世遠，並以德望重於時。他若張昺、張瑗、惠士奇、秦道然、王蘭生、何焯、莊亨陽之儔，類有清節、通經能文章、故清之諸鉅公稱善育材者，必以光地為首，彼實為清代不可多得之大學問家。

二、學術著作

李光地之學術著作宏豐，遍及經、史、子、集、叢書，考其所撰、纂、輯、校、編、注、刊刻之書共達七十餘種，五百餘卷之巨。〔註24〕一生筆耕不輟，其著作除收入《榕村全書》〔註25〕《榕村全集》、《四庫全書》、《四部備要》及《安溪李文貞公解義三種》叢書外，其另種單刻本約有七種之多。如：《榕村全書》收三十八種、一八九卷，附錄十種、四十九卷。比《榕村全集》多出：《中庸四記》一卷、《春秋燬餘》四卷、《榕村韻書》五卷、《榕村詩選》九卷、《程墨前選》二卷、《名文前選》六卷、《易義前選》五卷、《榕村續集》七卷。《集》中附錄有《周禮纂訓》二十一卷，李鍾倫撰；《文貞公年譜》二卷，李清植撰；《儀禮纂錄》二卷，李清植撰；《榕村譜錄合考》二卷，李清馥撰；《道南講授》十三卷，李清馥撰；《律詩四辨》四卷，李宗文撰。又另種單刻本有：《四書解義》七卷，康熙六年刻本；《安溪四種書注》五卷，道光十九年刻本；《榕村全集文錄》二卷，國朝文錄初集本；《榕村語錄續集》二十卷，1933 年付增湘藏刻本圖；《李文貞公易義》，清抄本（北圖藏）；《性理大全》六十六卷，康熙殿本（上圖藏）：《性理精義》十二卷，康熙五十四年刻本（四部備要本）。〔註26〕茲據《榕村全集》、《榕村全書》、《四庫全書》本，及有關叢書，將李光地編纂撰輯之學術著述，分列如下：

經　部

（一）易　類

《周易觀象》十二卷，此書取〈繫辭〉「觀其象辭，則思過半矣」之義，

〔註24〕同註10，頁414。

〔註25〕案：道光二十九年李維迪刻本《榕村全書》福建省圖書館，福師大圖書館和廈大圖書館均有收藏，見李秉乾：〈李光地著作簡目〉《福建論壇》文史哲版雙月刊第五期，1992 年），頁21。

〔註26〕同註25，頁20。

註《周易》全經，非只解彖辭。主發明義理，兼證以《易》象。唯解〈說卦傳〉「天地定位」一章，附舉先天諸圖，餘無一家及此，其說自抒心得，不甚附合程頤、朱熹之說。尊信古經，不妄纂改，唯〈繫辭〉中「侯之」二字作衍文，依從朱熹《周易本義》。其餘數例皆不採程、朱詭脫之說，有漢儒寫實之遺風，有清乾隆家刻《榕村全集》本，安谿李氏重刻本，清嘉慶十九年魁元堂刻本，《四庫全書》有收入。《四庫全書提要》云：「光地嘗奉命纂修《周易折中》，請復用朱子古本；是編乃仍用《注疏》本，蓋成書在前也。其《語錄》及《榕村全集》所載，頗申明先天諸圖；而是編則惟解〈說卦傳〉『天地定位』一章，附舉此義，然小不竟其說。餘皆發明《易》理，兼證以《易》象，而數則略焉。蓋亦謂邵子之學為《易》外別傳也。其解〈繫辭傳〉『知者觀其象辭，則思過半矣』二句，曰『象辭所取，或有真用其爻義者，或有通時宜而爻義吉凶準以為決者。故以是觀之，不中不遠，惟其合始終以為質，故時物不能外。』云云。《觀象》之名，蓋取諸此。」

《周易通論》四卷，此書綜論《易》理，所論各自為篇，前二卷發明上下經大旨，後二卷闡論〈繫辭〉、〈說卦〉、〈序卦〉、〈雜卦〉之義。並冠以〈易本〉、〈易教〉二篇，次論卦爻象象、時位應德、〈河圖〉、〈洛書〉，以及占筮掛扐、正變環互，皆一一詳悉，而推明其所以然，其於宋《易》可謂融會貫通，卓然成一家之言。其文平正暢達，無艱澀之語。凡所論述，多得宋學精微，故為世所重。其論〈復〉、〈无妄〉、〈離〉、〈中孚〉四卦為聖賢之心學，時人讚其「發前人所未發」，收入《榕村全書》、《榕村全集》、《四庫全書》、《易經集成》中。《四庫全書提要》曰：「其書冠以《易本》、《易教》二篇，次及卦爻象象、時位反覆、辨說詳盡無遺。光地於《易》學最為深邃，得其傳者如楊名時等諸人，各有著述，皆以光地為宗，而終不及其師之純粹；雖其言專主義理而略象數，未免沿襲宋儒流派，尚未能求之漢學以參伍而折衷之，然平正通達，不為艱深奧渺之談，於四聖之精微，實能確有所見。其論〈復〉、〈无妄〉、〈離〉、〈中孚〉四卦為聖賢之心學，尤發前人所未發，而鬼神之情狀，繼善成性之說，亦與《中庸》、《論語》相為表裡，正非村塾講章勦竊庸腐之家所可得而擬議矣。」

《周易折中》二十三卷，包括卷首一卷、內容二十二卷，其書前有康熙二十五年序，云：「朕自弱齡，留心經義五十餘年，未嘗少輟，但知諸書大全之駁雜，奈非專經之純熟。深知大學士李光地素學有本，《易》理精神，

特命修《周易折中》。」〔註 27〕其經文與傳文分開編排，依從古本，以程頤《伊川易傳》、朱熹《周易本義》為主，參考群言，不偏主一家。凡實足以發明經義者，皆兼收并採，而　切支離幻渺之說，盡皆不錄，此書收入《四庫全書》、《易經集成》中，《四庫全書提要》指出：「自宋以來，惟說《易》者至夥，亦惟說《易》者多歧。門戶交爭，務求相勝，遂至各倚於一偏。故數者《易》之本，主數太過，使魏伯陽、陳摶之說竄而相雜，而《易》入於道家；理者《易》之蘊，主理太過，使王宗傳、楊簡之說溢而旁出，而《易》入於釋氏。明永樂中官修《易經大全》，龐雜割裂，無所取裁，由群言淆亂，無聖人以折其中也。」又云：「是編冠以《圖說》，殿以《啟蒙》，未嘗不用數而不以盛談河洛致晦玩占觀象之原；冠以《程傳》，次以《本義》，未嘗不主理而不以屏斥讖諱并廢互體變爻之用。其諸家訓解，或不合於伊川，紫陽而實足發明經義者，皆兼收並採，不病異同。惟一切支離幻渺之說，咸斥不錄，不使溷四聖之遺文。蓋數百年分朋立異之見，至是而盡融；數千年畫卦繫辭之旨，乃至是而大彰矣。至於經傳分編，一從古本，尤足正費直以來割裂綴附之失焉。」

　　《象數拾遺》一卷。

　　《李文貞公易義》不分卷，此書為清鈔本，藏中國國家圖書館（北京）中。

　　《周易義例》一卷，此書藏故宮博物院圖書館。

　　《周易觀象大指》二卷，此書收入《《榕村全集》中。

　　《易義前選》五卷，《周易直解》十三卷。〔註 28〕

（二）詩　類

　　《詩所》八卷。

（三）書　類

　　《洪範說》二卷，《尚書解義》二卷。

（四）禮　類

　　《禮記纂編》一卷、《禮學四際約言》一卷。

〔註27〕李光地：《周易折中》（臺中：瑞民書局，民國 87 年 12 月），頁 3～4。

〔註28〕此二書見於高令印：《福建朱子學》（福建：人民出版社，1986 年初版），頁
　　　　396，高先生謂《周易直解》為北京圖書館藏嘉慶九年南城梅氏刻本。

（四）樂　類

《古樂經傳》五卷。

（五）春秋類

《春秋燧餘》四卷，《日講春秋解義》六十四卷。

（六）四書、孝經類

《四書解義》七卷，《讀論語札記》二卷，《讀孟子札記》二卷，《大學古本說》一卷，《中庸章段》一卷，《中庸餘論》一卷，《孝經注》一卷。

（七）小學類

《榕村韻書》五卷。

（八）地理類

《泰山脈絡記》一卷。

子　部

（一）儒學、理學類

《性理》一卷，《尊朱要旨》一卷，《朱子語類四纂》五卷，《二程子遺書纂》二卷，《古文精藻》二卷，《榕村講授》三卷，《正蒙注》二卷，《名文前選》六卷，《程墨前選》二卷，《朱子禮纂》五卷。

（二）曆算、術數類

《曆象本要》一卷，《卜書補義》一卷，《握奇經注》一卷，《陰符經注》一卷，《參同契注》一卷。

集　部

（一）楚辭類

《離騷九歌注》一卷

（二）別集類

《韓文考異》十卷，《韓子粹言》一卷。

（三）總集類

《榕村詩選》九卷，《律詩四辨》四卷。

（四）文集類

《榕村全集》四十卷，《榕村續集》七卷，《榕村別集》五卷。

（五）語錄類

《榕村語錄》三十卷，《榕村語錄續集》二十卷。

（六）編纂類

《四書六經解說》三十三卷，《音韻闡微》十八卷，《御定月令輯要》二十五卷，《御定星曆考原》六卷，《詩經傳說》十一卷，《春秋傳說》十五卷，《御纂性理精義》十二卷，《御纂朱子全書》六十六卷。

第二節　李光地《易》學之淵源

古之學者，其學術思想之淵源，莫不承自於家學、師長之啓迪、友朋之切磋，再則因襲前人研究成果、鎔鑄舊說而發展出新意者；《禮記·學記》云：「獨學而無友，則孤陋而寡聞。」《論語》中有言及孔子曰：「述而不作。」曰：「好古敏求。」曰：「文王既沒，文不在茲乎！」故上考洙泗之聖，猶宗本堯舜學脈；韓愈之慧，猶推原尼山之旨，此知水必有源，人必有本，學必有宗。今考李光地《易》學之淵源，蓋可分為家學淵源、師友之啓迪及前代諸家學派對其有影響者二項，茲分別論述如下：

一、源於家學、師友之啓迪

李光地，其先世自閩北尤溪徙入閩南安溪，傳至六世樸菴公李森，因有武功，受爵於朝，為邑右族。至其父惟念公李兆慶時，家道已中落，但其學問「淹博宏深」，為縣學中之「庠生」（秀才之最高一等）。順治十八年，取得「貢生」之銜，一生尊崇朱熹，篤嗜「正學」，反對「明季講師蔑棄宋學之書」，故為光地購置《六經》、《性理大全》、明人蔡清之《四書蒙引》、《易經蒙引》、林希元之《易經存疑》等著作，供其朝夕誦讀。故光地於十八歲即纂《性理》一部，此乃導致光地一生標榜朱子之學有重要關係。而閩中鄉先輩有《易》學大師李贄、黃道周者，二人屬陽明派，安溪一帶之學術皆受其籠罩，李光地之治《易》思想受其影響亦深，晚年李光地曾憶曰：

> 當明季時，如李贄之《焚書》、《藏書》，怪亂不經，即黃石齋的著作，亦是雜博欺人。其時長老，多好此種，卻將周、程、張、朱之書譏

笑，以爲事事都是宋人壞卻。惟先君（李兆慶）性篤好之。〔註29〕

彼時在安溪長老心中，朱熹乃秦檜一流之人物，李光地曾云：

> 某自幼聞得長老言，朱子說秦檜有中興之功，岳武穆（岳飛）強橫，
> 即任之果專，亦恐不能成功。及後讀朱子書，何嘗有此！〔註30〕

在安溪，甚且孔子之權威亦爲動搖焉！李光地曰：

> 其幼時，曾聞耆老云：「孔子之書，不過是立教如此，非是要人認以
> 爲實。」豈不是癡人說夢！明末人都是此見，風氣雖嘉靖以後方壞，
> 卻是從陽明開此一派。〔註31〕

安溪長老皆爲抗清失敗，隱居妙峰山之遺臣，彼等與黃道周曾共舉義事；黃道周爲明末學者，字幼玄，號石齋，明熹宗天啓二年進士，以文章風節高天下，精通《易》學與天文曆數，著有《易象正》、《三易洞璣》、《大函經》等著作，曾任崇禎帝之經筵講官，南京弘光帝之禮部尚書，擁戴唐王（隆武皇帝）於浙江，反清復明，兵敗被俘於江寧（今江蘇南京），不屈死。清軍入浙江，隆武帝移都福州，據安溪民間傳言，清軍攻入福建，李光地之從兄李光龍曾接應隆武帝至安溪，隱居於湖頭妙峰山寺，化名「南方僧」。而殘明遺臣皆會聚於妙峰山，推崇道周之學，然彼皆信陽明學說，李光地及其長輩與遺臣皆有來往，而受其影響，如光地之六叔李日煜則「生平不喜宋儒學問，而視黃石齋爲聖人」，李光龍曾給光地講《周易》，李光地云：

> 癸未進士光龍先兄，明末避亂於寒舍，偶出對命對，云：「飛龍在天」，
> 蓋以自喻。予不解，渠爲解釋其義，令對。彼時到底腹中無料，久
> 不能對。〔註32〕

據《文貞公年譜》所載，李光地二十一歲，曾讀書妙峰山，而其所讀之書有「陸王之書」，李光地云：

> 廿一至廿五歲，看陸子靜、王陽明集及諸雜書。〔註33〕

明末清初時，陽明之說與程朱之學乃相對立者，李氏受陽明學說影響，故往復解《易》時，亦對程朱之說有所修正，正是受隱居遺臣之影響。又李光地之治《易》學，其族中人亦多有所助益；如從兄李光龍、族叔李偕芳，而光

〔註29〕 同註4，《榕村語錄》卷二十九，頁523。
〔註30〕 同註4，頁384。
〔註31〕 同註4，頁429。
〔註32〕 同註4，頁772。
〔註33〕 同註4，頁773。

地於廿一至廿五歲之間除讀陸王之書外，亦讀「諸難書」，〔註34〕「難書」即黃道周之《易》學著作，如《三易洞璣》，李氏受黃道周之影響，故其注《易》不以朱熹《易》注爲然，然亦無局限於一家之說，而是於諸家同異，條分縷析，用爲熟研覃思之地，再有創見。

李光地於翰林院學習時，曾往民間，拜明朝遺老孫奇逢爲師，孫奇逢（西元 1584～1675 年），字啓泰，號鐘元，世稱夏峰先生，直隸容城（今屬河北）人。少倜儻好奇書，而內行篤修，負經世之學，欲以功業自著。明萬曆舉人，因不滿吏治腐敗，天啓年間，與東林黨人交往甚密，閹黨魏忠賢殘酷迫害東林黨人，左光斗、魏大中、周順昌被誣下獄時，一般人皆懼禍引避，惟孫奇逢與其友鹿善繼傾身營救。清軍入關後，河北諸城相繼失陷，孫奇逢乃親率子弟，調和官紳固守容城，清兵久攻不下而去。明亡，孫奇逢乃隱居蘇門（今河南輝縣境內）夏峰村，讀《易》講學，率弟子躬耕自食，四方來問者甚眾，湯斌、魏象樞皆其門人。一生十一次徵召不起，康熙中卒，年九十一。孫奇逢說《易》不專攻圖書。大意發明義理，切近人事，以《象傳》通一卦之旨，由一卦通六十四卦之義，凡所訓釋，皆先列己說，後附舊訓。其學以慎獨爲宗，初主陸九淵、王守仁，晚更和通朱熹之說〔註35〕，即以爲程朱陸王各有其長短，常取其所長而避其所短。方李光地於翰林院學習時，得知孫奇逢尚健在，年雖八十，而論道著書不習，乃欣然與左都御史魏象樞前往拜見請教，李光地記曰：

> 望其神氣，清健如五六十歲人，獨耳偏塞。然有所問叩，輒酬酢如應響，蓋所謂能以目聽者，古之眞人歟！〔註36〕

康熙十二年（西元 1673 年），李光地告假返鄉時，曾往孫奇逢住處，向其辭行，孫贈書於光地，並曰：「某平生師友，盡在閩中。」〔註37〕故知李光地之《易》學思想曾受孫奇逢影響，誠屬不虛。

二、源於前代諸家學派

李光地之治學淵源，依徐世昌《清儒學案》所言：

〔註34〕同註9，頁 14。
〔註35〕張善文：《歷代易家與易學要籍》（福州：福建人民出版社，1998 年 4 月），頁 141。
〔註36〕同註1，《榕村全集》卷十二，〈孫北海五經翼序〉，頁 620。
〔註37〕同註1，《榕村全集》卷十二，〈孫北海五經翼序〉，頁 620。

> 學以濂、洛、關、閩爲門徑，以六經四子爲依歸，尤深于《易》，奉
> 敕纂《周易折中》，融貫漢宋，兼收並采，不病異同，一切支離幻渺
> 之說，咸斥不錄，……於程朱之說頗有出入，而理足相明，有異同
> 而無背觸。〔註38〕

李光地研《易》，首尊朱熹，次爲程頤，屬義理派《易》學家，其著《周易折
中》；所謂「折中」，顧名思義，乃是調和義理、象數兩派《易》學偏執一端
之矛盾，即將諸家之《易》說，「折中」於程朱《易》學，尤其爲「折中」於
朱子之《周易本義》。故《周易折中》在經傳次序上，乃依朱熹《周易本義》，
將〈彖〉、〈象〉、〈文言〉以經文中析出，各自獨立成篇。經傳之後，首列朱
熹《周易本義》，次爲程頤《伊川易傳》。因李氏以爲《周易》之《本義》爲
朱熹所獨得，義理以程頤《伊川易傳》爲詳，故以《程傳》列於朱熹《周易
本義》之後，而光地又以爲程朱「實繼四聖而有作」，爲繼伏羲、文王、周公、
孔子之後，《易》學成就最爲突出之二人，李光地云：

> 聞嘗論《易》之源流。四聖之後，四賢之功爲不可掩。蓋自周子標
> 太極之指，邵子定兩儀以爲之次，而伏羲之意明。程子歸之於性命
> 道德之要，其學以尚辭爲先，而文、周之理得。朱子收而兼用之，
> 又特揭卜筮以存《易》之本教，分別象占以盡《易》之變通。於是
> 乎由孔聖以追羲、文，而《易》之道粲然備矣。〔註39〕

《周易折中》秉承朱子讀《易》之法；「今人讀《易》，當分三等，看伏羲之
《易》，如未有許多象數文言說話，方見得《易》之本意，只是要作卜筮用；
及文王周公分爲六十四卦，添入〈乾〉元亨利貞，〈坤〉元亨利牝馬之貞，已
是文王周公自說出一般道理矣，然猶是就人占筮說，如占得〈乾〉卦，則大
亨而利于正耳；及孔子繫《易》，作〈彖〉〈象〉〈文言〉，則以元亨利貞爲〈乾〉
之四德」。〔註40〕由此可見《易》學爲由淺入深，由粗而精、由簡而繁之演進
過程。如朱子於呂伯恭「教人只得看伊川《易》，也不得致疑。」「局定學者
只得守此個義理」之腐儒習氣，痛加駁斥：「若如此看文字，有甚精神？卻要

〔註38〕徐世昌：《清儒學案》（國防研究院、中華大典編印會，民國 56 年 10 月），頁
　　　695～696。

〔註39〕曾春海：《易經哲學的宇宙與人生》（臺北：文津出版社，1997 年 4 月），頁
　　　143～144。

〔註40〕參見陳進坤：〈周易折中「明本義」而「知大義」的易學思想〉，同註 10，頁
　　　254～255。

我活做甚？」「緣此使學者不自長意智，何緣會有聰明？」〔註41〕而李光地為
能解朱子主「《易》為卜筮說」之意，於《周易通論》曰：

> 《易》言理是也，然畫卦繫辭之初，則主於卜筮以明民，非如他書
> 直闡其理，直述其事者也。〔註42〕

李氏繼承、發揚朱子此種獨立思考、自長意智，發展真理之氣魄，如此可知。

　　李光地之《周易折中》除主程朱之說，在〈義例〉上則再提及「歷代諸
儒敘述源流，講論指趣，其說皆不可廢」，「周子張子邵子皆于《易》理精邃，
雖無說經全書，而大義微言往往獨得」，故「以世次義類」相互說明，與程朱
之論互相補充。李光地收集漢魏之董仲舒、司馬遷、班固、虞翻、王弼；隋
唐之王通、孔穎達、崔憬；宋代之范仲淹、歐陽修、周敦頤、邵雍、王安石、
司馬光、張載、程顥、陸九淵、王應麟；元代之許衡、吳澄、胡一桂、胡炳
文、俞琰；明代之薛瑄、蔡清、林希元、來知德等十多家之說，其在正文之
注疏上，所採用歷代諸家《易》說，多達二一八家，引用宋明《易》學家之
說竟達一五九家（宋代九十八家），此皆有《易》學思想之淵源；如李光地《周
易折中》在《本傳》與《程傳》之後，又立「集說」一目，兼以歷代諸《易》
學家之說有益於經者；對於其說與朱程判然不合者，又本著廣見多聞之原則
改進，以備稽異闕疑之用，又於每段經傳之後加「案語」，「案語」估計大抵
為李光地所加，代表其學術思想，各自有淵源，茲舉其一例，列述如下：

　　〈繫辭傳·上〉：「聖人立象以盡意，設卦以盡情偽。」李光地「集說」
引崔憬註曰：

> 言伏羲仰觀俯察而立八卦之象，以盡其意。「設卦」謂因而重之為六
> 十四卦，情偽盡在其中矣。

又引吳澄之註曰：

> 立象，謂羲皇之卦畫，所以示者也。盡意，謂雖無言，而與民同患
> 之意，悉具於其中。「設畫」，謂文王設立重卦之名。盡情偽，謂六
> 十四名，足以盡天下事物之情。

又加「案語」曰：

> 「立象」，朱子謂指奇偶二畫，崔氏、吳氏則謂是八卦之象，以為得
> 之，崔氏說又較明也。

〔註41〕黎靖德：《朱子語類》（臺北：文津出版社，民國 75 年 2 月），頁 1650。
〔註42〕同註1，《榕村全集》，《周易通論》，頁 4307。

又《折中》一書所援引俞琰之說，亦屢見不鮮，有取卦主、爻位爲說者，有以比應、取象爲釋者，茲亦各舉一例如後：

（一）卦　主

〈隨〉卦初九爻辭：「官有渝，貞吉，出門，交有功。」李光地「集說」引俞琰之註云：

> 〈隨〉之六爻專取相比相隨，不取其應。初九震體，震以剛爻爲主，官也。官體貴乎有守，然處隨之時，不可守常而不知變也，變者何？趨時從權，不以主自居也，故曰官有渝。初九乃成卦之主爻，主不可以隨人，故不言隨而言交。

（二）爻　位

〈小過〉卦六二爻辭：「過其祖，遇其妣。不及其君，遇其臣，无咎。」李光地「集說」引俞琰之註曰：

> 遇妣而遇於祖，雖過之，君子不以爲過也。遇臣則不可過於君。故曰「不及其君遇其臣」。〈象〉言可小事不可大事，不宜上宜下，而六二柔順中正，故其象如此，其占无咎。

（三）比　應

〈萃〉卦六三爻辭：「萃如嗟如，无攸利，往无咎，小吝。」李光地「集說」引俞琰之註曰：

> 萃之時，利見大人。三與五非應非比，而不得其萃，未免有嗟歎之聲，則无攸利矣。既曰无攸利，又曰往无咎，三與四比，則其往也，捨四可乎？三之從四，四亦巽而受之，故无咎。第無正應，而進比於四，所聚非正，有此小疵耳。

（四）取　象

〈剝〉卦初六爻辭：「剝牀以足，蔑貞，凶。」李光地「集說」引俞琰之註曰：

> 陰之消陽，自下而進，初在下，故爲剝牀而先以牀足滅於下之象，當此不利有攸往之時，唯宜順時而止耳。貞凶，戒占者固執而不知變則凶也。

李光地《易》學著作除捍衛程朱、稱引歷代《易》學家外，其《易》學思想受儒家學說影響亦深；尤推崇孔子之《十翼》，李光地曾云：

孔子讀《易》，卻是一字不放過，所以挑剔爻詞，只添一、二字，便醒出本意來。〔註43〕

李氏尊崇孔子，其《周易折中》之立意，即孔子提倡之「中庸之道」。李光地又以《道德經》第十四章：「視之不見曰夷，聽之不聞名曰希。」之「希」、「夷」引出《參同契》之《易》理，《參同契》爲早期道教之作，東漢魏伯陽以玄理貫通《易》理、融合而成丹道之書。李光地著《參同契注》，此書分「鼎符」、「後語」、「納甲」、「總論」，李光地於「後語」中云：

吾昔從希夷，得識造化機。四聖心如灼，三教見同揆。如何天地判，中乃其〈坎〉、〈離〉。惟茲一交互，千門萬徑蹊。顛倒無終極，明者察其微。大哉《易》元旨，火記豈外茲。〔註44〕

由上可知，李氏以老子之語，誠圖瞭解《參同契》之奧妙，闡明《參同契》與《周易》之關係，其《參同契注》所重者爲本原之理，即注意發掘《參同契》本身所含之《周易》哲理，於求「本」上，《參同契注》與《周易折中》又是一脈相承，而李光地於注解《參同契》時，並不迴避《參同契》中黃老思想與「煉丹爐火」之問題，如其於《參同契注・鼎符》之中篇，即以發掘黃老道家之微言爲主，李光地曰：

黃老所言，以靜爲動，以柔爲剛，無用爲用。患吾有身，耳目與口，以爲三要，亦曰三寶，以明自視，以聰自聞，以兌自言，三者歸根，無怨無喜，無咎無譽。廓然歸虛，元神常聚，魂魄相抱，性命同居，和氣充塞。〔註45〕

此爲李氏對黃老道家修性養命思想之疏解；戰國以來道家學派崇尚黃帝、尊奉老子，故黃老並稱。黃老道家與儒家學派尚陽思想相輔爲用，道家尚陰，反映於養生煉性上，便有宗柔主靜之法，李光地受道家影響，故亦爲其《易》學淵源之所在。

　　綜觀李光地《易》學之淵源，有源於家學者；乃光地之父——李弘慶，從兄李光龍，族叔李偕芳等，對李光地之《易》學啓迪有蒙養之功；而源於鄉先輩友朋者，如：李贄、黃道周、孫奇逢等，於光地之《易》學影響有切磋輔助之功；而於《易》學前賢諸子傳承，則闡發伏羲、文王、周公、孔子

〔註43〕同註29，頁152。
〔註44〕同註1，《榕村全集》，〈榕樹別集〉卷之二，〈鼎符〉，頁7301。
〔註45〕同註1，頁7294。

四聖之道，稱崇程伊川、朱熹，參伍周濂溪、邵康節，上窺漢魏《易》學之
堂奧，下擷元明《易》學之精義，並深極儒道學說之要旨。大抵李光地《易》
學思想源流，雖不廢象數，但仍以義理爲主，而歸本於程朱，又受黃道周象
數學影響；由黃道周而朱震，而邵雍，一直溯源至漢儒《易》學，故其《易》
學除能博採諸家，兼取眾說，轉益多師外，並能獨抒己見，發爲偉大之著述，
終而成就一家之言，誠屬難得。

第三節　李光地釋《易》之方法

　　古來前賢釋《易》之法甚夥，或明爻位之律則，或發注經之條例；或取
卦爻以爲釋，或宗《十翼》以發微；或援群經以相貫，或擷諸子以證說，或
驗史事以闡趣；或申承乘比應之故，或闡卦德卦象之理；或申以圖書，或釋
以象數；李光地於《易》理研究頗深，在《榕村語錄》中嘗自述其讀《易》
心得及方法曰：

> 凡著書，須大主意定，若只在字句上著腳，無用。某初治《易》，有
> 了幾年工夫，逐爻看想，覺得三百八十四爻都不相粘。後將每卦鍊
> 作一篇文字，然後逐字逐句順將去，其初以爲一二處不明白，且混
> 將去，那知此一二點黑處，正是緊要處。有一字一句作梗，便是大
> 主意不確。到得無一字不順，就是虛字都應聲合響，纔印證得大主
> 意不錯，則逐字逐字又大有力也。立大主意與逐字句求解，蓋相爲
> 表裏。至尊最得意《折中》中〈義例〉一篇，〈啓蒙附論〉道理非不
> 是，卻不似〈義例〉是經中正大切要處。〔註46〕

李光地以爲《易》字字皆有其涵義，每一卦皆有其完整之道理，而其比較程
頤及朱熹之研究方法，以爲伊川治《易》逐爻、逐段欲究明道理，卻未必得
當。朱熹治《易》不逐爻逐段，不同意伊川教尹和靖看《易》，一日僅看一爻，
便謂《易》是聯片的，「如何一日只看一爻」。〔註47〕李氏以爲朱子尊崇先天
圖，得《易》本原之理，確認《易》原爲占筮之書，且朱子謂《易》之成書
雖歷三古四聖而成，然而「四聖一心」。因此，貫通卜筮《易》與義理《易》，
或兼攝象數《易》與義理《易》爲朱熹治《易》的立場，亦爲李光地所承受

〔註46〕同註4，頁155。
〔註47〕同註4，頁154。

的立場。〔註48〕李光地曰：

> 遵《本義》說《易》，自應分別「象」、「占」兩字明白。然「象」必
> 有所自來，卦爻所具之才德，時位是也。「占」必有所施用，大而行
> 師建國，細而婚媾征行，與夫舉一端以包其餘，言大包細，言細包
> 大者。〔註49〕

李光地於《周易折中》、《周易通論》、《周易觀象》中，於釋《易》之方，
言之甚詳，茲就其說：時、位、德、應、比、卦主等大要，分別敘述如下：

一、時

所謂「時」者，蓋以卦之性質而論，謂不同之時機、場合、事物與態度。
王弼《周易略例・明爻通變》節云：

> 卦以存時，爻以示變。〔註50〕

〈明卦適變通爻〉節亦云：

> 夫卦者，時也；爻者，適時之變者也。〔註51〕

卦有卦時，爻有爻時。爻位變易，卦即有變。故卦與爻皆象徵行事之依循導
向，時一變，世易時移。而六十四卦卦義往往有一卦多義之現象，如〈屯〉
卦有「迍邅」、「屯聚」二義，〈豫〉卦有「詳慮」、「猶豫」、「豫樂」三義，〈大
過〉卦有「超過甚多」、「大過錯」二義，〈萃〉卦有「聚集」、「憂悴」二義，
〈蹇〉卦有「難竹」、「忠直」二義，〈井〉卦有「水井」、「陷阱」二義，〈渙〉
卦有「散渙」、「奐飾」二義等，是故六十四卦所代表之時態及事態，非僅六
十四種而已。〔註52〕李光地亦以時釋《易》理，其《周易折中》云：

> 薛收問一卦六爻之義。王氏通曰：「卦也者，著天下之時也；爻也者，
> 傚天下之動也。趨時有六動焉，吉凶悔吝所以不同也。〔註53〕

〈義例〉又曰：

> 消息盈虛之謂時，〈泰〉、〈否〉、〈剝〉、〈復〉之類是也；又有指事言

〔註48〕曾春海：〈李光地的易學初探〉(《清代經學國際研討會論文集》，中央研究院
中國文哲研究所，民國83年6月)，頁198。

〔註49〕同註4。

〔註50〕樓宇烈：《王弼集校釋》(臺北：華正書局，民國81年12月)，頁598。

〔註51〕同註50，頁604。

〔註52〕黃沛榮師：《易學乾坤》(臺北：大安出版社，1998年8月)，頁119。

〔註53〕同註27，頁69。

者，〈訟〉、〈師〉、〈噬嗑〉、〈頤〉之類是也；又有以理言者，〈履〉、

〈謙〉、〈咸〉、〈恆〉之類是也；又有以象言者，〈井〉、〈鼎〉之類是

也；四者皆謂之時。〔註54〕

此處李光地言「時」有四種樣態：〈泰〉、〈否〉、〈剝〉、〈復〉之類係指人與事
處在居上下位之人是否能就事論事，依循公理正義裁決制衡。〈履〉、〈謙〉……
等言人在不同安危之處境中，是否能以戒慎恐懼憂患之心，誠敬之德因時處
順。〈井〉、〈鼎〉之類以象言時者，例如：〈鼎〉卦 ䷱ 乃象一烹飪之物器形制，
六五象二耳對植於上，初六象是分崎於下，九二、九三、九四象腹部，其周
圓內外，高低厚薄，皆有其鑄造之結構形式之理，合理則鼎至正而成安重之
象。若所鑄造之實質與結構形式之理不符應契合，則有折足，覆公餗之凶。
其象如此，其時義示人應知人善任，或勉人修德育才以勝任自己所居之職位，
如是，方能行事趨吉避凶，持盈保泰。而〈繫辭傳・下〉有云：「爻者，材也。
爻也者，效天下之動者也。是故凶生而悔吝著也。」李光地於《周易觀象》
注曰：

以卦爻辭言也，象辭為一卦之質幹。爻辭效人事之群動，吉凶悔吝
之故，顯乎其間矣。〔註55〕

李光地又於《周易通論・論時》云：

王仲淹曰：趨時有六動焉，吉、凶、悔、吝所以不同。……夫時也
者，六位莫不有焉。各立其位以指其時。……蓋必其所謂時者，廣
設而周於事，所謂動而趨時者，隨所處而盡其理。然後有以得聖人
貞一群動之心，而於辭也，幾矣！是故，一世之治亂、窮、通、時
也。一身之行、止、動、靜，亦時也。因其人，因其事、各有時焉
而各趨之云爾。〔註56〕

《易》卦中既以六十四「時」以明人事，而一「卦」（時）之中，由於爻位之
高低貴賤，其吉凶亦有不同。〈乾・象〉云：「六位時成」足可為證。故「時」、
「位」二者，乃《周易》卦爻辭最精微之義理。〔註57〕李氏以為一世之治、
亂、窮，通常繫於世局之變動遷移，人一身之行、止、動、靜乃取決於所面

〔註54〕同註27，頁105。

〔註55〕同註1，《榕村全集》卷十一，〈周易觀象〉，頁5090。

〔註56〕同註1，頁4342～4344。

〔註57〕黃沛榮師：《周易彖象傳義理探微》（臺北：萬卷樓圖書有限公司，2001年4
月），頁30。

臨之人與事。一卦六爻位，意指事情不但各有其性質與理趣，且自始至終有一動態之發展歷程，此歷程依該書與不同之人、環境之互動，有其六階段之脈絡情境。人與事及處境立場（位）之交互往來與攝受之六種歷程階段中，各有其時義。效天下之動之爻辭乃模擬人事之群動，亦即趨時之六動，隨所處而研議其是否盡事理，而言人行事其間之依違得失，與吉凶悔吝之故，《易》理要人「六位時成」，各依時變以成就日新，凡事因時而化，此為其以「時」釋《易》之最佳闡述。

二、位

《周易》六十四卦每卦各有六爻，分處六級高低不同之等次，稱為爻位；六爻之爻位，象徵事務過程中所處之或上或下、或貴或賤之地位、條件、身份等。六級爻位自下而上依次遞進，名曰：初、二、三、四、五、上。此種由下及上之排列，《易緯·乾鑿度》釋云：「《易》氣從下生。」即表明事物之生長變化規律，往往體現從低級向高級之漸次進展。而六級爻位之基本特點，約可概為：初位象徵事物發端萌芽，主於潛藏勿用；二位象徵事物嶄露頭角，主於適當進取；三位象徵事物功業小成，主於慎行防凶；四位象徵事物新進高層，主於警懼審時；五位象徵事物圓滿成功，主於處盛戒盈；上位象徵事物發展終盡，主於窮極必反。舊說或取人之社會地位譬喻爻位者，如謂初為士民，二為卿大夫，三為諸侯，四為三公、近臣，五為天子，上為太上皇。凡此六者，陰陽所以進退，君臣所以升降，萬人所以為象則也。故陰陽有盛衰，人道有得失，聖人因其象、隨其變為之設卦。方盛則托吉，將衰則寄凶；因而一卦之中，爻有六位，其「吉」、「凶」視爻位之不同而有別，是故〈乾〉卦〈彖〉曰：「六位時成」也。〈繫辭·下傳〉云：

> 二與四同功而異位，其善不同，二多譽，四多懼，近也。柔之為道
> 不利遠者，其要无咎，其用柔中也。三與五同功而異位，三多凶，
> 五多功，貴賤之等也。其柔危，其剛勝邪？

〈繫辭傳〉「二多譽，四多懼」、「三多凶，五多功」云云，可謂深中肯綮；二、五之吉，蓋因居中也。所謂「中」者，指二或五爻，因二爻居下卦之中，五爻居上卦之中也，〈彖傳〉常以「中」說爻，並據以釋其吉凶之所以然，如：
（一）凡爻居二、五者，謂之「中」，如〈蒙卦·彖傳〉：「初筮告，以剛中也。」
案：〈蒙〉卦 ䷃ 陽爻居二位，陽爻為剛，陰爻為柔，二居下卦三畫之中，

故謂「剛中」。

〈比卦・象傳〉：「元筮，元永貞，无咎，以剛中也。」

案：〈比〉卦䷇陽爻居五位，五居上卦三畫之中，故所謂「剛中」者，謂九五也。

〈同人・象傳〉：「柔得位，得中而應乎乾，曰同人。」

案：〈同人〉䷌陰爻居二位，故所謂「柔得位，得中」者，謂六二也。

〈睽卦・象傳〉：「柔進而上行，得中而應乎剛，是以小事吉。」

案：〈睽〉卦䷥陰爻居五位，陽爻居二位，又《易》以初四、二五、三上爲應爻，故所謂「得中而應乎剛」者，謂六五居上卦之中，而與下爻九二陽爻相應也。

又凡陽爻居五位，陰爻居二位，謂之「中正」，如：〈訟卦・象傳〉：「利見大人，尚中正也。」

案：〈訟〉卦䷅陽爻居五位，故所謂「中正」者，謂九五也。

〈離卦・象傳〉：「柔麗乎中正，故亨。」

案：〈離〉卦䷝陰爻分居二、五之位，爲上下卦之中，然六五以陰爻居陽位，雖中而不止，而六二則以陰爻居陰位，既中且正，故所謂「中正」者，謂六二也。而中正又稱「正中」或「中直」，凡卦爻辭有「中正、正中、中直」者，其占皆吉；有「中」者，其占亦多吉。

（二）《易》傳於六爻所居之位，又有所謂「當位」或「不當位」之說。凡陽爻居一卦之初、三、五位，陰爻居一卦之二、四、上位者，皆謂之「當位」，或稱「得位、正位、位正當」等；反之，若陽爻居一卦之二、四、上位，陰爻居一卦之初、三、五位者，則謂之「不當位」，或名爲「位不當、失位、非其位、未得位」等。而凡稱當位者，多繫以吉辭；不當位者，則其辭多凶。

《易》傳而下，其以爻位釋《易》而著者，首推王弼，其爻位說，承自《易》傳，惟亦出新說，如其主「初、上無位」之論；王弼以爲一卦雖有六爻，然初、上二爻不論其位，故凡謂爻位者，皆指二、三、四、五爻而言，其《周易略例・辯位》曰：

〈象〉无初、上得位，先位之文。又〈繫辭〉但論三、五、二、四同功異位，亦不及初、上，何乎？唯〈乾〉上九〈文言〉云：「貴而无位」，〈需〉上六云：「雖不當位」。若以上爲陰位邪？則〈需〉上六不得云不當位也；若以上爲陽位耶？則〈乾〉上九不得云貴而无

位也。陰陽處之,皆云非位,而初亦不說當位、失位也。然則,初、
上者,是事之終始,无陰陽定位也。故〈乾〉初謂之潛,過五謂之
无位。未有處其位而云潛,上有位而云无者也。歷觀眾卦,盡亦如
之,初、上无陰陽定位,亦以明矣。〔註58〕

此說屈翼鵬先生則已提出懷疑之證據,〔註59〕李光地於《周易折中・義例》
中論「位」則對王弼之說,提出特殊理論,其以爲「初,上兩爻之無位」乃
無爵位之位,李光地曰:

貴賤上下之謂位,王弼謂中四爻有位,而初、上兩爻無位,非謂無
陰陽之位也,乃謂爵位之位耳。五,君位也。四,近臣之位也。三,
雖非近而位亦尊者也。二,雖不如三、四之尊,而與五爲正應者也。
此四爻皆當時用事,故謂之有位。初、上則但以時之始終論者爲多。
若以位論之,則初爲始進而未當事之人。上爲既退而在事外之人
也,故謂之無位。然此但言其正例耳,若論變例,則如〈屯〉、〈泰〉、
〈復〉、〈臨〉之初,〈大有〉、〈觀〉、〈大畜〉、〈頤〉之上,皆得時
而用事,蓋以其爲卦主故也。五亦有時不以君位言者,則又以其卦
義所取者臣道,不及於君故也。故朱子云:常可類求,變非例測。
〔註60〕

李光地之說係出於程朱之學,朱熹《朱子語類》嘗言:

問:「王弼說『初上無陰陽定位』,如何?」曰:「伊川說:『陰陽奇
偶,豈容無也?〈乾〉上九,貴而無位;〈需〉上六,不當位,乃爵
位之位,非陰陽之位。』此說極好。」〔註61〕

此段言語,可見朱子贊同初、上兩爻無位;非謂無陰陽之位,乃謂爵位之位,
李光地因襲其說,於《周易通論》又補充說明:

考〈象傳〉,凡言位當不當者,獨三、四、五三爻爾。初、二皆無之。

〔註58〕 同註50,頁613。

〔註59〕 屈翼鵬先生云:「按〈既濟〉六爻皆得位,〈象傳〉曰:『剛柔正而位當也。』
〈未濟〉六爻皆失位,〈象傳〉曰:『雖不當位,剛柔應也。』則是初以陽爲
當位,上以陰爲當位,非無陰陽定位也。至〈需〉上六〈象傳〉:『雖不當位』
之語,乃衍一位字。〈乾・文言傳〉:『貴而无位』,正謂以陽居上爲不當位,
非謂無陰陽之位也。」見屈翼鵬先生:《先秦漢魏易例述評》(臺北:臺灣學
生書局,民國74年9月),頁153~154。

〔註60〕 同註27,頁105~106。

〔註61〕 同註41,卷六十七,頁1666。

> 蓋所謂位者，雖以爻位言，然實借以明分位之義。初，居卦下；上
> 處卦外；無位者。二雖有位而未高者也。惟五居尊，而三、四皆當
> 高位。故言位當不當者，獨此二爻詳焉。〔註62〕

李光地除認爲初、上無爵位之位，第二爻雖有爵位，但其爵位未高，所起之
作用有限，不論當位與否，其對實質之事態影響甚微，故存而不論，此種獨
重三、四、五，三爻之論，實爲李光地論「位」上之特殊見解。

三、德

卦德，八卦之德也；乃指《易》卦之基本性質、品德與功用。一般而言，
從卦象引申出之義理、與卦象有密切之關係。《周易·說卦》言八卦卦德爲：
「〈乾〉，健也；〈坤〉，順也；〈震〉，動也；〈巽〉，入也；〈坎〉，陷也；〈離〉，
麗也；〈艮〉，止也；〈兌〉，說也。」又《周易·象傳》常以八經卦之卦德或
卦象，以分析六十四別卦之卦體，可見〈象傳〉作者深具上下卦之觀念。以
卦德言，〈乾〉爲剛、健，〈坤〉爲柔、順，〈坎〉爲陷、險，〈離〉爲明、麗，
〈震〉爲動，〈艮〉爲止，〈巽〉爲入，〈兌〉爲說（悦）。〔註63〕李光地於《周
易折中·義例》釋「德」云：

> 剛柔中正不中正之謂德。剛柔各有善不善，時當用剛，則以剛爲善
> 也。時當用柔，則以柔爲善也。惟中與正、則無有不善者。然正尤
> 不如中之善。故程子曰：正未必中，中則無不正也。六爻當位者未
> 必皆吉。而二五之中，則吉者獨多，以此故爾。〔註64〕

依李氏之見，事務發展剛柔之性有善有惡，惟有「中正」仍具善无惡者，而
「中」與「正」相較，「中」顯得更重要，因居中必正，而「正」則不一定居
中；如此，「中」便有至善之德，故發言行事應以「中」爲指導原則。李光地
於《周易通論》「論德」亦曰：

> 何以謂之德也？有根於卦者焉，健、順、動、止、明、說之類是也。
> 有生於爻者焉，剛、柔、中、正之類是也。德無常善，適時爲善，
> 故健、順、動、止、明、說之德，失其節則悖矣。剛柔之道，逆其
> 施則拂矣。〈屯〉宜用動者也，〈蹇〉宜用止者也，〈豐〉宜用明者也，

〔註62〕同註 42，頁 4344。

〔註63〕黃沛榮師：《易學乾坤》（臺北：大安出版社，1998 年 8 月），頁 67。

〔註64〕同註 27，頁 106～107。

〈因〉宜用說者也，〈需〉宜用剛者也，〈訟〉宜用柔者也。……推此類之，則所謂德之善者可見矣。惟中也、正也，則無不宜也，而中為尤善。〔註65〕

李光地以中、正論「德」，「正」指六爻之位，初爻、三爻、五爻為陽位，若一卦中分居此三位之爻為陽爻，則呈陽居陽位之處境，稱為「正」或「當位」，雖無有不善，然亦未必皆吉。第二爻、四爻及上爻為陰位，若一卦中分居此三位之爻為陰爻，則呈陰居陰位之處境，其理亦然。所謂「中」指分居內卦、外卦之中位，亦即第二爻及第五爻。觀居中位之爻辭與居非中位而仍為正之爻辭觀之，則吉辭屬居中位之爻辭獨多。李光地對「正」不如「中」之善者觀點，於《周易通論》中又解釋曰：

《易》之義莫重於貞，然亦有貞凶者矣。有貞吝貞厲者矣！其事未必不是也，而逆其時而不知變，且以為正而固守焉，則凶危之道也。中則義之精而用之妙，凡所謂健、順、動、止、明、說、剛、柔之施，於是取裁焉，先儒所謂中則無不正者，此也。〔註66〕

依李光地之意，《易》義重視貞，貞之釋義雖取正且固，然而處事應變之宜，切忌「逆其時而不知變」。儒家守經常達權變之處事原則，旨在秉持正理正道，於萬變殊然之具體情境中，因人制宜，因地制宜，因事制宜，處世能以常應變以變貞常，所謂「擇乎中庸而心行其善」，因「正」不如「中」善，〔註67〕故尚「中」乃是李光地釋卦德大旨之所在。

四、應、比

《易》傳中，凡處上下卦之六爻，下卦與上卦相對當位置之爻即初爻與四爻，二爻與五爻，三爻與上爻有對應關係，謂之應，而陽爻與陰爻、陰爻與陽爻相應，謂之「有應」；陽爻與陽爻、陰爻與陰爻，謂之「無應」。王弼《周易略例》：「夫應者，同志之象也。」《易緯・乾鑿度》云：「物有陰陽，因而重之，故六畫而成卦，三畫以下為地，四畫以上為天，物感以動，類相應也。《易》氣從下生，動於地之下，則應於天之下；動於地之中，則應於天

之中；動於地之上，則應於天之上。初以四，二以五，三以上，此之謂應。」
如〈否〉卦 ䷋ 爲例，此卦體中，初六爻應九四爻，六二爻應九五爻，六三爻
應上九爻。而凡應者其辭多吉，不應則多凶。又《易》傳中；爻與爻之相鄰
關係，初爻與二爻，二爻與三爻，三爻與四爻，四爻與五爻，五爻與上爻，
皆呈現「比」之關係，而上爻對下爻而言，爲「乘」；下爻對上爻而言爲「承」，
李光地以「應」、「比」釋《易》理，其於《周易折中‧義例》云：

> 應者，上下體相對應之爻也、比者，逐位相比連之爻也。《易》中比
> 應之義，惟四與五比。二與五應爲最重。蓋以五爲尊位，四近而承
> 之，二遠而應之也。然近而承者，則貴乎恭順小心，故剛不如柔之
> 善。遠而應者則貴乎強毅有多，故柔又不如剛之善。夫子曰：二與
> 四，同功而異位。二多譽，四多懼，近也。柔之爲道，不利遠者，
> 其要无咎，其用柔中也。夫言柔之道不利遠，可見剛之道不利近矣！
> 又可見柔之道利近，剛之道利遠矣！夫子此條，實全《易》之括例。

〔註68〕

李氏此說乃指《易》之爻位在位序上對稱且對應之兩爻呈一陰爻一陽爻者，
相互感應而有所往來互濟之謂，而李氏又以爲〈象傳〉中亦有一陰爻應眾五
陽爻者及一陽爻應眾五陰爻者，及鑒於卦義之所宜，不拘於陰陽之對偶，而
取以陰應陰而吉，或以陽應陽而吉者，其於《周易通論》云：

> 然〈象傳〉有以眾爻應一爻者，亦有以一爻應眾爻者，乃不拘於兩
> 體二爻之對，〈比〉、〈小畜〉、〈同人〉、〈大有〉、〈豫〉之類，皆是也。
> 有時義所宜，以陰應陰而吉，以陽應陽而吉者，又不拘於陰陽之偶，
> 〈晉〉、〈小過〉之王母、祖妣，〈睽〉、〈豐〉之元夫、夷主之類，皆
> 是也。有以承乘之爻爲重者，則雖有應爻而不取，如〈觀〉之觀光，
> 〈蹇〉之來碩，〈姤〉之包魚，〈鼎〉之金鉉，而〈隨〉則有失丈夫
> 之失，〈觀〉則有闚觀之醜，〈姤〉則有无魚之凶，此類皆是也。其
> 餘但就其爻之時位才德起義，而不繫於應者，不可勝數。〔註69〕

李氏又以爲凡應以第二爻位與第五爻位之相應最吉，因此兩爻皆具中德，且
又居當時之位；其次，則初爻位與第四爻位亦有取相「應」之義者。第三爻
位與上爻位取相「應」之卦例者絕少，而取「應」義且判爲善者更少之。又

〔註68〕同註27，頁 107～108。
〔註69〕同註1，頁 4350～4351。

就卦爻釋義取「應」義者，以六五應九二無不吉，最具特色，李光地於《周易通論》云：

> 爲以陰求陽德，上而下交，則在上者有虛中之美，居下者有自重之實，〈蒙〉、〈師〉、〈泰〉、〈大有〉之類是也。如取應義者，在於九五六二，則時義所當，亦有相助之善，然求陽者在於下位，則往往有戒辭焉，〈屯〉、〈比〉、〈同人〉、〈萃〉之類是也。初與四亦然，如六四初九取應義，是四求初也，則吉，〈屯〉、〈賁〉、〈頤〉、〈損〉是也，如九四初六取應義，是初求四也，則凶，〈大過〉、〈解〉、〈姤〉、〈鼎〉是也，然吉者在四，而在初者不可變，上雖下交，而下不可以失己也。〔註70〕

至若「比」之意爲何？李光地於《周易通論》云：

> 承乘者謂之比，凡比爻，惟上體（上卦）所取最多，蓋四承五，則如人臣之得君，五承上，則如人主之尊賢，……九五比上六者，皆爲剛德之累，上六從九五者，則爲從貴之宜，非尊賢者比也，下體（內卦）三爻所取比義至少，初與二，二與三，間有相從者，隨其時義，或吉或否，至三與四，則隔體無相比之情矣，亦有因時變例取者，〈隨〉三、〈萃〉三是也。〔註71〕

依李光地之意，九五代表在位之國君，上六代表無爵位之賢者，若九五爻比上六爻，則象徵剛德之累，縱使上六從九五，非尊賢之比義，僅象從貴之宜矣。綜合「應」、「比」之義，李氏於〈義例〉中以爲凡「比」與「應」，必一陰一陽，其情乃相求而相得。若以剛應剛，以柔應柔，則謂之無應，以剛比剛，以柔比柔，則亦無相求相得之情。以此例類推，《易》中以六四承九五者，凡十六卦，皆吉辭；以九四承六五，亦十六卦，則不能皆吉，而凶者多，如〈離〉卦之焚如、死如、棄如。〈恆〉卦之田无禽，〈晉〉卦之鼫鼠，〈鼎〉卦之覆餗，而《易》中以九二應六五者，凡十六卦，皆吉，如〈蒙〉卦之子克家，〈師〉卦之在師中，〈泰〉卦之得尚于中行；以六二應九五者，亦十六卦，則不能皆吉，而凶吝者有之，如〈否〉卦之包承也，〈同人〉卦之于宗吝也，〈隨〉卦之係小子失丈夫也，皆非吉辭，〔註72〕可證。

〔註70〕 同註1，頁4353。
〔註71〕 同註1，頁4354～4355。
〔註72〕 同註27，頁108～110。

五、卦　主

卦主爲〈彖傳〉之解經方法，指一卦中有一爻以爲主之意，此係〈彖傳〉作者分析爻位爻義之目的，乃在闡明　卦之主爻，而〈彖傳〉解經常舉某爻以解卦，如：

　　☷☶〈蒙〉〈彖〉曰：「初筮告，以剛中也。」

　　☵☰〈需〉〈彖〉曰：「〈需〉，有孚，光亨，貞吉，位乎天位，以正中也。」

　　☰☵〈訟〉〈彖〉曰：「〈訟〉，有孚窒，惕，中吉，剛來而得中也。」

然而觀〈彖〉之文並無「卦主」之說，故知「卦主」之稱乃後人所加，最早提出「卦主」之論者當推京房〔註73〕，如：

　　☰☴〈姤〉：「陰爻用事，……陰遇陽；……尊就卑，定吉凶只取一爻之象。」陸績注：「多以少爲貴。」（《京氏易傳・姤》）

　　☲☰〈大有〉：「少者，爲多之所宗，六五爲尊也。」（《京氏易傳・大有》）

〔註73〕 按《京氏易傳》之眞僞，黃沛榮師《易學乾坤》有云：「《漢書・藝文志・易類》著錄《孟氏京房》十一篇，《災異孟氏京房》，六十六篇，《京房段嘉》十二篇。《隋書・經籍志》有《周易》十卷，京房章句。《新唐書・藝文志》則作《京氏章句》十卷。今傳《京氏易傳》四卷，名稱、卷數皆與諸志著錄不相符，而始見於宋晁公武《郡齋讀書志》。故近人沈延國〈京氏易傳證僞〉云：『唐李鼎祚《周易集解》十卷，采及京房之說；而於《京氏易傳》，竟未引及。若唐有斯書，學者豈能弗引？唐陸德明《經典釋文》，僅世位之說與《京氏易傳》符；餘皆異。惟《釋文》只引《周易京房章句》，不及出《京氏易傳》；且世位爲上下經序卦之本，其所引微，必據章句。若據《京氏易傳》，豈能宮次同（宮次即世次）而餘皆異哉？第《京氏易傳》略取京氏遺法而已。且古籍流傳，必有淵源可緒，考《京氏易傳》，前无著錄，至宋忽現；又經晁氏景迂糾繆，即非景迂僞作，亦必唐宋間術士之書，經景迂潤色，而始顯者也。房著述雖佚，兩《漢書》引《京房易傳》者，凡七十餘事，類皆可據者也。今本《京氏易傳》之内容，……，世應飛伏，父母兄弟等，皆術士之說。雖有法可推，然悉出術家。其法淺陋，何能與京房占驗之法相較哉！……《漢書・五行志》及《谷永傳》、《後漢書・郎顗傳》等所載京房之作，其文皆古樸宏厚，效法〈洪範〉。而《京氏易傳》文辭淺陋，殊無倫類。體裁相較，眞僞立見。』沈氏論此書之可疑，頗有是處。唯是謂爲晁說之（景迂）所僞，則嫌拘鑿。按：《釋文》於每卦卦名下，皆注有各卦宮世之次。如〈乾〉卦云：『此八純卦。』〈蒙〉卦云：『離宮日世卦。』〈需〉卦云：『坤宮遊魂卦。』〈比〉卦云：『坤宮歸魂卦。』與京說相合而未言所本。然則《京氏易傳》雖或出於宋人之手，然其分宮卦次，亦淵源有自矣！」同註52，頁32～33。

☷ 〈復〉：「一陽爲一卦之主。」（《京氏易傳‧復》）

但此說並未引人注意，〔註74〕至魏王弼出，始提倡「卦主」說，王弼於《周易略例‧略例下》云：

> 〈彖〉者，通論一卦之體者也。一卦之體，必由一爻爲主，則指明
> 一爻之美，以統一卦之義，〈大有〉之類是也。〔註75〕

王弼以爲全卦意義主要由其中一爻之義決定，是對《周易‧彖》爻位說之發揮，一爻爲主說雖不能完全解釋卦爻辭同卦爻象之間之內在聯繫，但卻反映從繁多變動事物中尋求主要矛盾、從複雜爻象中探討簡易原理之理論思維，依王弼之意，卦主乃卦體所由之主，只要掌握此所由之主便能確立一卦之義，故王弼注《易》常立某爻爲卦主。至李光地時，則提出「成卦之主」與「主卦之主」之說，而其爲示好於康熙，故所言之主，絕大多數爲五爻，〔註76〕李光地於《周易折中‧義例》云：

> 凡所謂卦主者，有成卦之主焉，有主卦之主焉，成卦之主，則卦之
> 所由以成者，無論位之高下，德之善惡，若卦義因之而起，則皆得
> 爲卦主也。主卦之主，必皆德之善，而得時得位者爲之，故取於五
> 位者爲多，而他爻亦間取焉。其成卦之主，即爲主卦之主者，必其
> 德之善，而兼得時位者也；其成卦之主，不得爲主卦之主者，必其
> 德與時位，參錯而不相當者也。大抵其說皆具於夫子之〈彖傳〉，當
> 逐卦分別觀之。若其卦成卦之主，即主卦之主，則是一主也。若其

〔註74〕 參見劉玉建：《兩漢象數易學研究》，其言：「所謂卦主，是說一卦六爻中，總有一爻能代表及反映一卦整體意義。〈彖傳〉大多是總論一卦的主要意義，故卦主說當源于〈彖傳〉。至魏王弼，尤倡卦主說，故人們常常認爲卦主說創立于王弼，事實上並非如此，京房在其《易傳》中已經明確地提出了卦主說。過去，人們常常只知京房用于占筮的世應說，而未明其卦主說，或者把京房的卦主說與其占筮意義上的一卦之主——世爻，混爲一談。其實，京氏卦主說，當是其解《易》的體例，從這種意義上說，其與世爻無關。世爻則是京氏用于占筮的另外一種卦主說，此種卦主說與解《易》无關，故京氏以「世爻」稱之。」（南寧廣西教育出版社，1996年9月），頁227。

〔註75〕 同註50，頁615。

〔註76〕 參見劉大鈞：〈讀周易折中〉，其言曰：「論及『卦主』，雖然『卦主』之說始于王弼，而由〈彖〉釋〈无妄〉卦曰：『剛自外來而爲主于內』思之，先儒或有此說，而《折中》編纂者進而將其分爲『成卦之主』與『主卦之主』，並對六十四卦之『卦主』進行了全面分析。《折中》編者之所以特別重視『卦主』，恐怕主要是爲了給皇上看，故所言之主，絕大多數爲五爻。」（《周易研究》，1997年第二期），頁13。

> 卦有成卦之主，又有主卦之主，則兩爻皆爲卦主矣！或其成卦者兼
> 取兩爻，則兩爻又皆爲卦主矣！」〔註77〕

依李光地所言之「成卦之主」，即以每卦本身爲中心，凡構成　卦之爻，此爻
不分其位之高低，（即不管此爻處於何爻位），亦不論其品德之善與惡，（即不
管此爻位是否處於「中位」之二、五兩爻位上，以及是否「當位」），只要以
其爲構成一完整之六爻卦，此卦即爲「成卦之主」，而「主卦之主」即指在卦
中起主要作用之爻，「主卦之主」須以「德、善」爲本，故必處於居「中位」
之二、五爻位上，而在二、五兩爻位上分析選定其「主卦之主」時，又以「得
時」、「得位」之爻爲主。〔註78〕李光地於《周易通論》中又曰：

> 聖人繫〈彖〉之時，雖通觀其卦象卦德以定名辭之義。然於爻位尤
> 致詳焉。蓋有因爻位以名卦者，〈師〉、〈比〉、〈小畜〉、〈同人〉，……
> 之類是也。有名雖別取，而爻位之義發於辭者，〈屯〉、〈蒙〉之建侯、
> 求我，指初、二，〈訟〉、〈蹇〉、〈萃〉、〈巽〉之大人，指九五之類是
> 也。是二者，皆謂之卦之主爻。〔註79〕

古代作《易》者在繫〈彖〉時，在取卦名時，有因爻位而名卦者，如〈師〉、
〈比〉。又有卦名雖別所據而取，而爻位之義有發乎於辭者，如〈蒙〉卦之「求
我」指初二，〈訟〉卦之「大人」指九五，居以上此兩類爻位之爻皆爲該卦之
主爻，俟各卦六爻爻辭之繫，則辭有吉凶，義有輕重，卦名之涵義更可因六
爻辭意顯明，如〈謙〉之九三曰「勞謙」，卦之名謙緣此爻義，故卦辭與爻辭
之意義相參相發明也，正如《周易通論》所言：

> 蓋爻之意雖根於卦而後可明，而卦之意亦參於爻而後可知，卦爻相
> 求，則所謂主爻者得矣。〔註80〕

李光地於〈義例〉中依據六十四卦之〈象傳〉爻辭而逐卦推出該卦之主爻卦
主，如：

> 〈蒙〉以九二六五爲主，蓋九二有剛中之德，而六五應之，九二在
> 下，師也，能教人者也，六五在上，能尊師以教人者也。
> 〈小畜〉以六四爲成卦之主，而九五則主卦之主也。蓋六四以一陰

〔註77〕同註27，頁114～115。
〔註78〕參見朱啓經：《易經卦主分析》（北京：中國醫藥科技出版社，1994年12月），
　　　頁1～2。
〔註79〕同註1，頁4322。
〔註80〕同註1，頁4324。

畜陽，故〈象傳〉曰：「柔得位而上下應之。」九五與之合志，以成
其畜，故〈象傳〉曰：「剛中而志行。」

黃沛榮師曾歸納〈象傳〉述及主爻之爻位，爻義者凡四十六卦，統計其主爻
分布於十二爻類之次數依次為：九五（二十四次）、九二（十六次）、六五（十
一次）、六二（六次）、初九（三次）……，並結論云：「足見〈象傳〉作者非
唯貴『中』，更貴『剛中』也。」〔註81〕李光地於〈義例〉卦主論，所獲總結
為：「大抵《易》者成大業之書。而成大業者必歸之有德有位之人，故五之為
卦主者獨多。」茲舉〈乾〉之成卦之主與主卦之主皆為九五爻分析之，以明
其例，如：《周易折中》曰：

〈乾〉以九五為卦主，蓋〈乾〉者天道，而五則天之象也。〈乾〉者
君道，而五則君之位也。又剛健中正，四者具備，得天德之純，故
為卦主也。觀〈象傳〉所謂「時乘六龍以御天」，「首出庶物」者，
皆主君道而言。〔註82〕

案：〈乾〉為上乾☰下乾☰純陽之卦。〈乾〉為天，〈乾〉言「天道」。如：
〈乾‧象〉曰：「天行健，君子以自然不息」。〈乾‧彖〉曰：「大哉乾元，萬
物資始，乃統天，……時乘六龍以御天。」而六爻卦之第五爻即「天位」，〈乾‧
九五〉之爻辭：「飛龍在天，利見大人。」〈文言‧乾〉云：「飛龍在天，乃位
乎天德。」故九五爻即〈乾〉講「天」之成卦之主。又〈乾〉為君，〈乾〉以
「天道」講「君道」，〈乾〉卦辭曰：「乾，元、亨；利、貞。」〈文言‧乾〉對
此解釋曰：「元者，善之長也；亨者，嘉之會也；利者，義之和也；貞者，事
之幹也。君子體仁，足以長人；嘉會，足以合禮；利物，足以和義；貞固，
足以幹事。君子行此四德者，故曰：『乾，元亨利貞。』」而九五爻即陽居陽
位，居中得正，居尊而有「中庸之德」之君王之位，故九五爻應為〈乾〉之
主卦。〈文言‧乾〉云：「大哉乾乎！剛健中正，純粹精也。」在〈乾〉體六
爻中，「剛健」而居「中」得正者僅九五爻，故九五爻即可確定為〈乾〉之「卦
主」。

以上所舉李光地釋《易》五法，足見其旁通之廣，精研之深，而其中有
承前人之說者，如「卦主」說；實本諸〈象傳〉及王弼《周易略例》，又有別
出新說以解《易》者；用以補前人之不足，及進步前人之意，如對「位」之

〔註81〕同註57，頁66～67。
〔註82〕同註27，頁115。

解析，而其貫通卜筮《易》與義理《易》之法則，信手解來，輕重得宜，深淺稱當，實有其特殊之貢獻矣。

第四節　李光地之《易》學思想

　　中國傳統之學問重點爲經學，乃中國傳統社會人最基本之治學態度，歷代學者皆以注釋聖人經典爲能事，而除《尚書》外，《周易》可謂爲一部最古老之經典，其爲預測吉凶禍福之「占筮之書」，自周秦之際至清李光地之二千多年中，學者們咸借釋《易》以闡發其思想，並試圖引出「論道經邦，燮理陰陽」之大經大法，李光地爲清代一學者及政治家，雖時爲康熙卜卦，預測吉凶禍福，然其所重者乃在借《易經》闡發思想，李氏曾論《周易》要旨云：

> 《易》之爲書也，大而言之，則六經之原，天地鬼神之奧也。切而言之，則動息語默、酬物應事，修之吉而悖之凶，蓋有不可斯須去者。然其爲書，始于卜筮之教而根於陰陽之道，故玩辭必本於觀象，而不爲苟用。非徒以象數爲先也，象數而理義在焉。〔註83〕

此說爲李氏《易》學思想之綱要，今爲詳述其實，茲分博采眾家、尊崇宋《易》、自成一家，折中求本、以《易》學致用、融《易》理於政事以成實學，交易與變易、相生相對之矛盾觀三者述之。

一、博采眾家、尊崇宋《易》、折中求本、自成一家

　　李光地編纂之《周易折中》第一特點爲博采眾說，紀昀等人於此書之《提要》中云：「李光地採摭群言，恭呈乙覽，以定著是編。」〈序〉中開首亦謂：「《易》學之廣大悉備，秦漢而後無復得其精微矣。至有宋以來，周、邵、程、張闡發其奧，唯朱子兼象數天理。」又該書〈凡例〉亦云：「今案周子、張子、邵子皆於《易》理精邃。雖無說經全書，而大義微言，往往獨得，又歷代諸儒，敘述源流，講論旨趣，其說皆不可廢。……。不獨與程朱之言，互相發明，亦以見程朱之書，有源有委，合古今以爲公。」〔註84〕《周易》於先秦

〔註83〕同註1，《榕村全集》卷十，〈進易論序〉，頁526～527。
〔註84〕參見紀昀等編：《文淵閣四庫全書》，第三十八冊（臺北：臺灣商務印書館，民國72年7月），頁1～2。

時期，孔子已推崇備至，兩漢之際，《易》注紛出，有訓詁章句之學，有陰陽
災異之學；魏晉時，《易》為三玄之首；唐時，孔穎達奉詔作《周易正義》，
自稱「則天地之道」，「協陰陽之宜」；李鼎祚撰《周易集解》，蒐羅漢唐諸象
數之說，為宋代《易》象數學奠定根基；宋時，除象數學盛行，理學家程頤、
朱熹據《易》闡明儒理，歷元明清數百年，為世所尊。明代官修《周易大全》
即集歷代學者撰寫各種注疏之作而成，李光地之《周易折中》與《周易大全》
有一定關係，然《周易大全》選擇材料不嚴格，李光地乃「折中而取之」，《周
易折中‧凡例》曰：

> 《大全》所采諸家之說，惟宋元為多，今所收，上自漢、晉，下迄元、
> 明，使二千年《易》道淵源，皆可覽見。列朱義於前者，《易》之本
> 義，朱子獨得也。《程傳》次之者，《易》之義理，程子為詳也。二子
> 實繼四聖而有作，故以其書繫經後。其餘漢、晉、唐、宋、元、明諸
> 儒，所得有淺深，所言有粹駁。並採其有益於經者，又繫朱程之後，
> 其或所言與朱程判然不合，而亦可以備一說，廣多聞者，別標為附錄
> 以終之，稽異闕疑。用俟後之君子，是亦朱子之志也。〔註85〕

李氏特尊朱熹，故其《折中》之《易》學則折中於朱子，在正文之注疏上，
此書採集上自漢、晉，下迄元明之《易》說，由其書前之「引用姓氏」考之，
其引用先儒者，計漢有一十八家，晉三家，齊一家，北魏一家，隋一家，唐
十一家，宋九十八家，金二家，元二十二家，明六十一家，共計達二百一十
八家，而以宋代《易》學家為多，而就其治學之宋《易》觀之，又以程、朱
之理學《易》為主，《周易折中‧凡例》曰：

> 然《易》之為書，實根於象數而作，非它書專言義理者比也。但自
> 焦贛、京房以來，穿鑿太甚。故守理之儒者，遂鄙象數為不足言。
> 至康節邵子，其學有傳，所發明圖卦蓍策，皆《易》學之本根，豈
> 可例以象數目之哉！故朱子表章推重，與程子並稱。《本義》之作，
> 實參程、邵兩家以成書也。後之學者，言理義，言象數，但折中於
> 朱子可矣。〔註86〕

李氏推崇朱子，但其學術觀點，卻與朱子不完全相同，〔註87〕若其有與朱熹

〔註85〕同註27，頁36～37。
〔註86〕同註27，頁38。
〔註87〕按：楊流、陳伯欣：〈李光地的易學成就與《周易折中》〉有云：「李光地雖尊

觀點不同之《易》解，多收入「集說」中，如釋〈彖上傳〉云：「〈隨〉，剛來
而下柔，動而說，隨。」時，「集說」引王宗傳曰：「或曰，《易》
家以〈隨〉
自〈否〉來，〈蠱〉自〈泰〉來，其義如何？曰，非也。〈乾〉〈坤〉重而爲〈泰〉
〈否〉，故〈隨〉〈蠱〉無自〈泰〉〈否〉而來之理。世儒惑於卦變，殊不知八
卦成列，因而重之，而內外上下往來之義，已備乎其中。自八卦既重之後，
又烏有所謂內外上下往來之義乎！〉〔註88〕此說表達李光地之學術觀點，故
其於「案語」中曰：「王氏說最足以破卦變之支離，得《易》象之本旨。」朱
熹主「卦變」之說，故在《本義》中列有「卦變圖」，圖中三陰三陽之〈隨〉
〈蠱〉二卦，自〈泰〉〈否〉而來。李氏在此借引他人之文稱朱熹爲「世儒」，
並敢批評朱熹「卦變」之說爲「支離」，此在彼時實爲難得。〔註89〕又其釋〈坤〉
卦卦辭：「西南得朋，東北喪朋，安貞，吉。」一語，《榕村語錄》云：「《傳》
（程頤之《易傳》）說壞了西南，《本義》（朱熹之《周易本義》）又說壞了東
北。然細尋義理，在西南則不妨得朋，在東北則宜喪朋耳，不可偏說一面。」
〔註90〕由此可證。

　　古來《易》學家之義理派與象數派常互相抗衡，各執一端，依李氏觀之，
並非爲理想之解《易》方法，故其於《周易折中‧凡例》曰：

> 漢晉間説《易》者大抵皆淫於象數之末流而離其宗。故隋唐後，惟
> 王弼孤行，爲其能破互卦、納甲、飛伏之陋，而專於理以譚經也。
> 然弼所得者乃老莊之理，不盡合於聖人之道。故自程《傳》出，而
> 弼説又廢。今案溺於象數而枝離無根者，固可棄矣。〔註91〕

依李氏之意，其對象數派與義理派各有褒貶；彼既不廢象數，又不廢義理。
既不專言象數，又不專言義理，而是由《周易》本身出發，既吸取象數與義
理兩派之「合理」成份，又削去其枝蔓之說，以合於「中正」之道，歸於《易》
之本，即對漢學、宋學持兼收並蓄之態度，不病異同，而成一家之言矣。

崇程朱，但並不一味盲從，不附會更不掩飾其過失。如〈文言傳〉的『九四
重剛而不中』，《本義》認爲『重剛』的重字爲多餘的字，李光地不以爲然。
又如『后得主而有常』，《本義》引用《程傳》，認爲『主』之下缺一『利』字，
應爲『后得主利，而有常』，李光地認爲這是宋人所加，與古文不符。能辨別
是非，分清正誤，充分闡明自己的主見。」同註10，頁278。
〔註88〕同註27，頁918～919。
〔註89〕同註76，頁14。
〔註90〕同註4，頁164。
〔註91〕同註27，頁37～38。

二、以《易》學致用、融《易》理於政事以成實學

李光地於其畢生修身、治國之實踐中，尤重《易》學致用之理，其重實踐，廣閱歷爲入〈易〉門必由之路，所謂「《易》之爲用，無所不該，無所不遍」，故其於天地陰陽之道中，發展出施諸人事之「論道經邦」實用哲學，首先其強調通君民上下之情，李光地曰：

> 天地交則泰，上下交則治，天地不通則閉塞而成冬矣。君與臣民之情闊絕，則天下無邦矣。是故堯之捨己從人，舜之好問好察，禹之懸鋒懸鞀，周公之握髮吐哺，皆所以求交也。〔註92〕

由此處觀之，可知李氏主君與臣民之情須互相通達，否則將導致亡國喪邦，上古三代帝王即善於體察下情，故君王須傾聽人民之呼聲，如此「上下之情通泰」有利於政治之清明。故其在釋《易經》之〈損〉卦及〈益〉卦時，進一步發揮君民上下關係之思想，李光地於《周易觀象》云：

> 必損下而後益上，則損者至矣，烏得益乎？弗損於下而益於上，然後謂之大益，而无咎可貞，且利有攸往也。〔註93〕

> 損上益下者必貴，於自上而下下，言澤必下究也。民説无疆，則王道大光矣，所以名益。〔註94〕

李氏以爲國君不應以損害人民之利益以滿足自己之利益，因而不損害人民之利益，始能給國君帶來「大益」，方能做到「攸往」，故其主張「損上而益下」，如水往低處流，人民得利，定使「王道大光」矣。

除君主須體察下情外，李氏亦主「小人勿用」說，《周易》〈師〉卦「上六」之爻辭爲：「大君有命，開國承家，小人勿用」，李光地對「小人勿用」做闡述曰：

> 小人勿用，謂既撥亂世反之正，則當建官惟賢，不可復用小人，以釀他日之亂階耳。「用」者，所謂「是崇是長，是信是使」，是以爲大夫卿士，非不用以「開國承家」也。……自古戰勝之後，多致驕盈，而小人固以得志。聖人之特爲設戒者以此。故〈既濟〉于「三年克之」下，亦曰「小人勿用」。〔註95〕

〔註92〕李光地：《榕村全集》卷二，頁 109。
〔註93〕同註 1，頁 4886。
〔註94〕同註 1。
〔註95〕同註 4，頁 170。

李氏以爲打天下時，固然不可用小人，治天下更不能用小人，然歷代帝王常於得天下後，即「多致驕盈」，如此，天下必亂，故爲政者必須改革，李光地釋〈革〉卦，發出改革之見，其《周易觀彖》云：

> 改革之道甚大，不可以易而爲，必遲之至於巳日之久，乃去其故，
> 則人心孚信，而可以得元亨矣。然必其道合於至正，然後革之時，
> 無有偏弊，革之後不復更張，一革而得其當，故悔可亡也。〔註96〕

針對改革，李氏反對妄動，亦反對「固守其常」，前者「凶」，後者「危」，皆不會有結果，而李氏又強調國君須有憂患意識，此憂患意識爲「憂患天下」，非「只爲一身」，應爲「吉凶與民同患」，從「憂患天下」之立足點出發，李氏發揮於勝利時，不可有驕滿之心，其曰：

> 滿招損，謙受益。禹益豈以退舍左次爲謙哉。蓋自武功之意，未有
> 不驕且滿者。……故欲釋三苗以爲外懼，而重舜之修德。桓公會葵
> 而驕，晉襄歸淆而淫，霸業所以墮也。武帝克匈奴而悔，太宗擒頡
> 利而懼，漢唐之祚所以康也。江左平而羊車肆，朱梁滅而伶官盛，
> 二君之禍皆不旋踵。是故豈獨祖宗之功不可恃，身之功亦不可恃也。
> 恃身之功而始於治，卒於亂，唐之開元天寶是也。〔註97〕

以上所述，李氏總結從上古至隋唐五代興衰治亂之歷史經驗，其以爲虞舜、夏禹有憂患意識，而能「修德」；漢武帝、唐太宗亦有憂患意識，故能使國勢延勢不衰，〈繫辭·下傳〉：「《易》之興也，其於中古乎！作《易》者，其有憂患乎！」《周易折中》引谷家杰曰：

> 憂患二字，以憂患天下言，乃吉凶同患意，民志未通，務未成，
> 聖人切切然爲天下憂之，於是作《易》，故《易》皆處憂患之道。
> 〔註98〕

李氏以爲《易經》大抵在勉人要有憂患意識，在〈既濟〉後，仍要存以〈未濟〉之心，保持謙虛謹慎、不驕不躁之風，李光地曰：

> 觀乎〈序卦〉、〈雜卦〉，皆以〈未濟〉終篇，非欲其終於「未濟」
> 也。謂夫雖當巳濟之時，而常存未濟之心，此則所謂懼以終始，《易》
> 之道也。故六十四卦、三百八十四爻，而一言以蔽之，終日乾乾

〔註96〕同註1，頁4935。
〔註97〕同註1，《榕村全集》卷二，〈讀書筆錄〉，頁111～112。
〔註98〕同註27，頁1538。

是也。〔註99〕

李氏以為，國君治國不僅須有憂患意識，人生亦得有憂患意識，其於釋〈豫〉卦「六五」爻辭：「貞疾，恆不死。」中，引出「生於憂患而死於安樂」之理，李光地曰：

> 貞，常也；恆，亦常也。言因多疾之故而得以終其性命而不死也。……常有危難，則警戒震動，而不得以宴安；有德則能恐懼修省，而不溺於宴安，如人之有病者，每能謹疾愛身，則不至於大病而傷其壽年矣，是因常疾而常不死也。孟子所謂「生於憂患而死於安樂」者，正合此爻之意。〔註100〕

依李氏之意，人若常生小病，須特別注意調養，防病治病，以免生大病，雖「常病」卻「常不死」；人若常遇危難，亦應謹慎戒懼，進德修業，以防患於未然，此即「生於憂患死於安樂」之理。

李光地研《易》遵循程朱之義理說，著重於闡明義理之實用，使《易》學能切實用於當代，試觀《文貞公年譜》所載：

> 上……嘗從容問鼎覆餗之義。公曰：《易》例以九四應初六者多凶，為居大位而昵匪人也。以九四承六五者亦多凶，為位近君而任剛德也。鼎四既犯二例，又卦中三陽者，鼎腹至四則腹滿矣！物不可滿，滿則必覆。祿位固爾；功名亦然；即學問而有自滿之心，德必退矣。上為悚容，嘉許者久之。〔註101〕

〈鼎〉卦「九四」爻辭曰：「鼎折足，覆公餗，其形渥，凶。」據《本義》注解：「九四居上任重者也，而下應初六之陰，則不勝其任矣。」李光地以「應」、「承」之例說明「滿則覆」之理，而不談「不勝其任」，朱熹以爻位之「應」、「承」聯繫說明爻位關係，進而註明「不勝其任」；李氏即以「腹滿必覆」警戒他人，「自滿德必退」，故知，李光地善於藉用蒙康熙尊重信任之機，任帝王師，援道法既導且戒帝王，期能通經致用，於此可見。

三、相生相對之矛盾觀──對待之陰陽（交易）與流行之陰陽（變易）

李光地由《周易》中提出「對待」（矛盾）乃事物發展變化（流行）之動

〔註99〕《榕村全集》卷十，〈進易論序〉，頁529。
〔註100〕同註1，頁4716。
〔註101〕同註1，頁11257～11258。

力，李光地曰：

> 易有交易，有變易，交易是對待，變易是流行。蔡虛齋謂：「對待是
> 形，流行是氣。」某謂：「形有對待，亦有流行；氣有流行，亦有對
> 待。如天與地，是對待，是交易，而无施之氣，入地生物；水土之
> 氣，上爲雲雨，非流行變易乎？」〔註102〕

李氏反對蔡虛齋有關形有對待而無流行、氣有流行而無對待之說，其以爲「對
待」（矛盾）已表現於形中，亦表現於氣中，將「對待」貫穿於一切事務之中；
則有對待，有交易；方有流行，有變易，此即言，任何事物皆存在於自始自
終之矛盾運動，「交易」、「對待」爲矛盾之互相對立，「變易」、「流行」爲矛
盾之相互作用，「對待」非外在而是內在；是對立之雙方共處於統一體之事物
內在矛盾，〔註103〕李光地又曰：

> 讀《易》全要看明「陰陽」二字，向來看「陰陽」是兩物，只是此
> 往彼來，此來彼往，循環交互，今觀之不然。有陰便有陽，有陽便
> 有陰。如心神、陽也，形體，陰也；形神豈能相離？只是各有用事
> 之時。天依形，地附氣，豈有離間？亦只是各有用事時耳。〔註104〕

由上可知，李光地駁斥將陰陽視爲事物外在對立之觀點，而以爲陰陽乃是事
物之內在矛盾，是每一事物中共有互相存之兩者，故「交易」與「變易」定
是合而爲一。此說勝於朱子，《朱子語類》曰：

> 陰陽有個流行底，有個定位底。一動一靜，互爲其根，便是流行底，
> 寒暑往來是也。分陰分陽，兩儀立焉，便是定位底，天地上下四方
> 是也。《易》有兩義：一是變易，便是流行底；一是交易，便是對待
> 底。〔註105〕

又曰：

> 交易是陽交於陰，陰交於陽，是卦圖上底，如「天地定位，山澤通
> 氣」云云者是也。變易是陽變陰，陰變陽，老陽變爲少陰，老陰變
> 爲少陽，此是占筮之法。晝夜寒暑，屈伸往來者是也。」〔註106〕

朱熹以爲「交易」爲陰陽交易之象，變易即象數《易》與義理《易》之結合，

〔註102〕同註4，頁150。
〔註103〕同註9，頁173。
〔註104〕同註4，頁150。
〔註105〕同註41，頁1602。
〔註106〕同註41，頁1605～1606。

〔註107〕李光地肯定朱子之說，並表明自身《易》學之立場，其《周易通論·論象》曰：

> 《易》之爲道有不易，有交易，有變易。……交易者合同而化者也，變易者流而不息者也。…故曰八卦相錯者，猶相交也。天與地交，山與澤交，雷與風交，水與火交，推之重卦，則凡兩卦相合者，莫不各有交焉。此天地萬物之情，所以感通無間。而聖人之作《易》也。既圓而列之，以明其對待之交，又因而重之，以明其錯綜之無所不交也。〔註108〕

〈說卦傳〉第三章云：「天地定位，山澤通氣，雷風相薄，水火不相射，八卦相錯。」八卦雖依各別之體性定分而對待，然「剛柔相濟，八卦相盪」意指八卦在兩兩對待中又有互動交易之情，如是而起雷、霆、風、雨、寒、暑之變易，李光地又曰：

> 交易者，陰中有陽，陽中有陰，互藏其宅者也。變易者，陰極而陽，陽極而陰，互爲其根者也。互藏其宅，故其情相求而相須，互爲其根，故其道相相生而相濟。〔註109〕

由上可知，「交易」指陰陽雖相待，實則陰陽相函，迭相交往。「變易」則取用敦頤〈太極圖說〉言太極之動靜以分陰分陽而兩儀主焉，陰陽互爲其根，陰極則變而爲陽，陽極則變爲陰。「交易」既出於陰陽間之相求而相需，而「變易」既指陰陽間含具著相生而相濟之道。則《易》以陰陽定位爲本，本定則陰陽間有所動靜、消息、往來。如是，流行之陰陽，自定位之陰陽而起，流行之陰陽與定位之陰陽不相離爲二，交易與變易合而爲一矣。

〔註107〕按：曾春海：〈李光地的易學初探〉有云：「交易之說係朱子遠紹劉牧〈易數鈎隱圖序〉首句：『夫《易》者，陰陽交之謂也。……是故兩儀變易而生四象，四象變易而生八卦，重卦六十四卦，於是乎天下之事畢矣。』近承邵康節的〈先天伏羲八卦方位圖〉。『交易』指謂陰陽交之之象，亦即就象數《易》的《易》象而言。『變易』之說係朱子遠紹胡瑗《周易口義》釋〈繫辭上傳〉『生生之謂《易》』所云：『生生者，陰生陽，陽生陰也。』且據〈繫傳〉《易》窮、變、通、久義謂『生生之謂《易》』係大《易》之作專取變易之義。朱子另方面亦近承程伊川於〈易傳·序〉所言：『《易》，變易也。隨時變易以從道也。』朱子謂伊川只基於陰陽流傳義言變易，未言及陰陽交互義的變易，朱子認爲言《易》須兼此二意，亦即象數《易》與義理《易》之結合。」同註48，頁208。

〔註108〕同註1，頁4515～4516。

〔註109〕同註1，頁4447。

第五節　李光地之《易》學識見

李光地學博而精，其對經學、理學有深入之研究，而於《易》學之鑽研，李光地較同時代之其他《易》學家傑出之處，即在別家攻擊朱子之失，李光地則堅持捍衛朱子，然其亦非盲從之，而是敢於獨立思考，自有識見，李光地曾曰：「年來覺得《周易》一經，惟孔子透到十二分。不獨依書立義，義盡而止，有時竟似與原文相反，卻是其中至精至妙之義，覺有透過之處。此經漢人只以術數推演，至輔嗣始從事理解，但發明處少，只算得一分。《孔疏》亦算得一分。周子《易通》之作，直通身是《易》，但於本文未有詮釋，算得七分。程子雖有傳，精彩少遜，算有六分。邵子〈先天圖〉，精妙無比，但說理處略，亦算有六分。朱子集成，復從占筮中見理，又透過一分，算有七分，至元明以來，不見作者矣。」〔註110〕作爲康熙一代《易》學名臣，推崇程朱不足爲奇，然奇在彼與程朱之總評分，不過六、七分而已，故李氏定有自己之《易》學識見，以彰表其特色，茲以處理經傳分合問題、恢復朱子《本義》原貌，探研《周易參同契》，以性理說《易》三者分述之。

一、處理經傳分合問題、恢復朱子《本義》原貌

一般而言，《周易》經與傳之分合問題，一直爲學術界所爭論不休，由史料觀之；先秦時期，《周易》之經傳乃爲分開。至漢代，經傳仍未混雜，至魏晉王弼始將經傳相雜而成今本《周易》之編次，〔註111〕至宋朱熹力圖恢復《漢書・藝文志》所稱《易經》十二篇，上下經及《十翼》之原貌，其依據呂祖謙本之經傳編次而作《周易本義》，《本義》篇首有言：

> 其卦本伏羲所畫，有交易、變易之義，故謂之《易》。其辭則文王、周公所繫，故繫之周。以其簡袠重大，故分爲上下兩篇。經則伏羲之書，文王、周公之辭也。幷孔子所作之傳十篇，凡十二篇。中間

〔註110〕同註4，頁152～153。

〔註111〕按：張惠言：《易學十書・周易鄭氏義》有云曰：「《古文周易》，上下二篇，孔子作〈彖〉、〈象〉、〈繫辭〉、〈文言〉、〈說卦〉、〈序卦〉、〈雜卦〉別爲十篇，前漢費直傳《古文周易》，以〈彖〉、〈象〉、〈繫辭〉、〈文言〉解說上下經是也。費氏之《易》至馬融始作傳，融傳鄭康成，康成始以〈彖〉、〈象〉連經文。……魏王弼又以〈文言〉附於〈乾〉、〈坤〉二卦。故自康成而後，其本加『〈彖〉曰』、『〈象〉曰』，自王弼而加『〈文言〉曰』」。（臺北：廣文書局，民國66年7月），頁890。

頗爲諸儒所亂，近世晁氏始正其失，而未能盡合古文。呂氏又更定
著爲經二卷，傳十卷，乃復孔子之舊云。〔註112〕

朱了既依呂祖謙本之經傳編次而作《本義》，將經與傳分開，恢復「《易經》
十二篇」之原貌，然吾人現今所見之《周易本義》，已將〈彖傳〉、〈象傳〉、〈文
言傳〉附隨各經文之後，此爲後人之更改，有關朱子《周易本義》爲後人改
編之事，顧炎武《日知錄》（卷一）「朱子周易本義」述之云：

《周易》自伏羲畫卦，文王作〈彖辭〉，周公作〈爻辭〉，謂之經；
經分上下二篇。孔子作《十翼》，謂之傳。……自漢以來爲費直、鄭
玄、王弼所亂，取孔子之言逐條附于卦爻之下，程正叔《傳》因之，
及朱元晦《本義》，始依古文。故于「周易上經」條下云，中間頗爲
諸儒所亂。近世晁氏始正其失，而未能盡合古文。呂氏又更定著爲
經二卷傳十卷，乃復孔氏之舊云。洪武初，頒五經，天下儒學，而
《易》兼用程、朱二氏，亦各自爲書。永樂中修《大全》，乃取朱子
卷次，割裂附之《程傳》之後，而朱子所定之古文，仍復淆亂。「彖，
即文王所繫之辭，傳者，孔子所以釋經之辭也。後凡言傳放此」，此
乃「彖上傳」條下義，今乃削「彖上傳」三字，而附于「大哉乾元」
之下；「象者，卦之上下兩象，乃兩象之六爻，周公所繫之辭也」，
乃「象上傳」條下義，今乃削「象上傳」三字，而附于「天行健」
之下。「此篇申〈彖傳〉、〈象傳〉之意，以盡〈乾〉、〈坤〉二卦之蘊，
而餘卦之說因可以例推云」，乃「文言」條下義，今乃削「文言」二
字而附于「元者善之長也」之下，其「彖曰」、「象曰」、「文言曰」
字，皆朱子本所無，復依《程傳》添入。後來士子厭《程傳》之多，
棄去不讀，專用《本義》。而《大全》之本，乃朝廷所頒，不敢輒改；
遂即監版《傳》、《義》之本，刊去《程傳》，而以程之次序爲朱之次
序。〔註113〕

依據前述，分裂朱子《本義》而附在《程傳》之後者，非始於永樂年間，遠
在宋代董楷時，即已如此。考董楷《周易傳義附錄》十四卷〔註114〕，其學出

〔註112〕朱熹：《周易本義》卷之一，《周易》上經（臺北：華聯出版社，民國 78 年
　　　　12 月），頁 1。

〔註113〕顧炎武：《日知錄集釋》（臺北：臺灣中華書局，民國 55 年 3 月），頁 3～4。

〔註114〕董楷編著《周易傳義附錄》十四卷，此書不知編於何時。今據元人董眞卿《周
　　　　易會通》自序曰：「天台董楷蓋嘗會編于咸淳之世。」置於咸淳年間。

於朱子弟子——陳器之，該書編於咸淳丙辰，合伊川《易傳》與朱子《本義》為一書，惟程子《傳》用王弼本，而朱子《本義》則用呂祖謙所定古本。董楷將《易傳》置於前〔註115〕，故割裂朱子《本義》，散附《程傳》之後，如此而流傳至明代永樂年間。至明初，《周易大全》又取董氏本為底本，故仍沿其誤，並因「欽定」而廣為流傳。以朱了之地位、聲望與影響，其書之編次原貌，竟會在有明一代，被人離析曲改，李光地為避免「分經合傳」之病，而強調傳注釋義，「不欲雜附經中，以溷正意」之旨，於撰寫《周易觀象》十二卷時，正如《四庫全書總目》所云「是編乃仍用注疏本」，亦即只得仍用王弼本，其不敢將經傳分開，只是「光地嘗奉命纂修《周易折中》，請復用朱子古本。」〔註116〕李光地在「作《易》傳《易》源流中，《折中》恢復《本義》原貌，將經與傳分編，一從古本」，此為其識見。

二、探研《周易參同契》

　　《周易參同契》一書，據明正統道藏《參同契注》長生李眞人序論所云：《周易參同契》為東漢魏伯陽所著〔註117〕。據《神仙傳》載：「魏伯陽，吳人

〔註115〕按：黃沛榮師〈清人「雜著」中之易學資料〉有云：「朱彝尊〈書周易本義後〉云：『朱子《易本義》，析為十二卷，以存《漢志》篇目之舊，較之程子《易傳》依王輔嗣本，原不相同；惟因臨海董氏楷輯《周易傳義附錄》一書，乃強合之，移易《本義》次序，以就《程傳》。明初兼用以取士，故不復分；其後習舉子者專主《本義》，漸置《程傳》於不講。於是鄉貢進士吳人成矩叔度署奉化儒學教諭，削去《程傳》，乃不從《本義》原本更正，其義則朱子之辭，其文則仍依《程傳》次序，此何說哉？』丁丙《善本書室藏書志‧一》「周易本義十二卷」（元刊本，朱竹垞藏書）下引序語略同。此外，杭世駿《訂訛類編‧四》「易經成矩刻本」條亦記此事云：『《愛宜堂宦游筆記》（滿州納蘭常安履坦著）云：《易》有上下經、孔子《十翼》共十二篇，古本原不相混，自費直、王弼以傳附經而程子從之，呂大防、晁說之、呂祖謙等皆以為當仍其舊，而朱子《本義》則悉遵古本，今成矩將經傳并合，仍刻朱子原序于首，云復孔氏之舊。試問矩所刻者，果孔氏之舊乎？』可知刪《程傳》之而不復《本義》之舊者，乃明奉化儒學教諭、吳人成矩也。」同註52，頁281～283。

〔註116〕同註84，頁611。

〔註117〕按：劉國樑注釋、黃沛榮師校閱《新譯周易參同契》有云：「《周易參同契》撰著於東漢桓帝前後，主要根據是：1. 與此書撰寫有關的淳于叔通在漢桓帝時曾任洛陽市長；2.《眞誥》卷十二注引述此書，謂桓帝時淳于叔通受術於徐從事；3. 後蜀彭曉大約著成於東漢桓帝前後，約當西元二世紀六○年代。」（三民書局，八十八年11月），頁6。

也。本高門之士，而性好道術。……作《參同契》、《五相類》，其說如似解釋《周易》，假借爻象而實論作丹之意」。《隋書·經籍注》未著錄此書，《舊唐書·經籍志》始有《周易參同契》二卷，《周易五相類》一卷，今所傳最古之《參同契》注本，乃後蜀彭曉《周易參同契通眞義》三卷，將全書分爲九十章，以應「陽九」之數，又以《鼎器歌》一篇字句零碎，難以分章，獨附於後，《周易參同契鼎器歌明鏡圖》云：「參同契者，參，雜也；同，通也；契，合也；謂與諸丹經理通而義合也。」故此《周易參同契》是關於《周易》理論、黃老學說、煉丹實踐三合一之著作，全書論述鼎器、藥物、火候三大內容，彭曉於〈周易參同契分章通眞義序〉中云：

> 公撰《參同契》者，謂修丹與天地造化同途，故托《易》象而論之，……故以〈乾〉〈坤〉爲鼎器，以陰陽爲堤防，以水火爲化機，以五行爲輔助，以眞鉛爲藥祖，以玄精爲丹基，以〈坎〉〈離〉爲夫妻，以天地爲父母，互施八卦，驅役四時，分三百八十四爻，循行火候，運五星二十八宿，環列鼎中、乃得水源潛形，寄庚辛而酉轉火龍，伏體逐甲乙以東施。易曰：「聖人有以見天下之賾，而擬諸其形容，象其物宜。」公因取象焉〔註118〕

由上可知，《參同契》乃借《周易》其卦爻象數之象徵性符號，又以天文律歷圖讖等術語作比喻，其核心內容是以修煉內丹爲主旨，長壽成仙爲目的，其要意是以陰陽二者之配合、進退變化，闡明修煉之功理及功法。魏伯陽又恐怕世人於陰陽二者之變化難以捉摸，故借八卦納甲之法，十二月消息卦、日月晦明朔望作爲周天進退之火候。經中所言天干之甲、乙、丙、丁、庚、辛者乃指月之昏旦出沒，仍分六卦之方位，以〈乾〉〈坤〉爲鼎爐，以〈坎〉〈離〉配水火爲藥物，以六十卦定升降。闡明金者爲日之所生，銀者爲月之所育。日月互用，水火合成，龍虎相須，陰陽制伏，而成眞丹。李氏潛心探研《參同契》，作有《參同契注》，此書分〈鼎符〉、〈後語〉、〈納甲〉、〈總論〉等章，其傑出之處，在於堅持陳摶、朱熹之正確觀點，李光地曰：

> 某因《參同契》悟得《易經》道理，《參同契》只說一身，其實一身即天地。凡陰皆魄也，凡陽皆魂也，陰以陽爲本，陽以陰爲基。天之神氣，包乎地外，然離地便散漫無歸，卻要貫注地中，以成歲功；

〔註118〕轉引自任法融注：《周易參同契釋義》（西安：西北大學出版社，1993 年 9 月），頁 3。

地若不資天之神氣；便成頑塊，何能生物？〔註119〕

又曰：

《參同契》言甚簡易，其言天地陰陽，即吾身之陰陽也。……問：「《參同契》之說《易》，與吾儒合否？」曰：「彼不過漢儒之言耳。」〔註120〕

北宋陳摶本爲儒生，自少年時，勤奮好學，「及長，讀經史百家之言」（《宋史‧隱逸傳》），曾參與科舉考試，進士舉落第後，不求祿仕，離家修道，潛心研《易》，其將老子道家學說與《周易》原理結合，又據《周易參同契》之象數模式，將道學家河上公所作之〈太極圖〉加以變通，制作〈無極圖〉，依據《易》傳而繪制《易龍圖》，導致北宋《易》圖書之學大行，彼時《易》圖書之學之傳授已是儒道相融矣。

南宋大儒朱熹於考究陳摶《易》圖時，即進一步探討《參同契》，朱子作《周易本義》後，又撰寫《周易參同契考異》；李光地頗爲尊崇朱子，故而亦對《參同契》之祕義進行研究，清代周中孚在對李光地所作《參同契章句》之提要中云：

《參同契》本道家之書，……厚庵（光地）因朱子有《參同契考異》一卷，乃亦爲之，所謂亦步亦趨也。……夫朱子遭逢世難，不得已而托諸神仙故隱其名氏曰鄒訢。今厚庵身都將相，大有事在，而亦惑溺于此，此則可已而不已也。（《鄭堂讀書記》卷六十九）

朱熹與李光地皆推崇《周易參同契》，然朱熹採取彭曉注本，僅調整合併其章節，明代楊慎極力攻擊彭本，著《古文參同契》，主要以「四言」、「五言」之形式爲準，予以重編，未見新意。李氏以畢生五十多年精力，鑽研是書，著重從內容著眼，獨立重新釐定章句，加以注解，區分《參同契》與《三相類》，各爲上、中、下篇；另寫一篇〈鼎符〉概括其義，頗具慧眼。而李光地既以楊慎所得古本爲據，於疏通過程中，注意綜合串講，從總體上把握《參同契》之要義，闡明《參同契》與《周易》之密切關係。在《參同契注‧鼎符‧上篇》中，李光地云：

〈乾〉〈坤〉設位，而〈坎〉〈離〉行。至哉二用，萬物資生。鼓舞寒暑，雷霆以形。〈坎〉者天魄，〈離〉者地癸。二者相交，《易》道

〔註119〕同註4，頁355。
〔註120〕同註4，頁358。

乃并。《易》始〈乾〉〈坤〉，終於〈既〉〈未〉，中六十卦，互爲始終。
〔註 121〕

以上所言乃李光地對《參同契》上篇（彭曉本）一、二章之綜說，《參同契》之原文爲：

> 〈乾〉〈坤〉者，《易》之門戶，眾卦之父母。〈坎〉〈離〉匡郭，運
> 轂正軸。牝牡四卦，以爲橐籥。覆冒陰陽之道，猶工御者準繩墨，
> 執銜轡，正規矩，隨軌轍。處中以制外，數在律曆紀。月節有五六，
> 經緯奉日使。兼并爲六十，剛柔有表裡。〔註 122〕

大體言之，《參同契》爲一煉丹書，其藉《易》象，以隱語方式表達之，「象徵」是其基本特點之一。煉丹雷鼎器與藥物，無論內丹外丹概不例外，爲暗示煉丹之原理，魏伯陽於《參同契》中以〈乾〉〈坤〉爲鼎器之象，〈坎〉〈離〉爲藥物之象。陽爐配陰鼎，剛火配柔符，依六十四卦，循環互用，周而復始，以合於一年四季春夏秋冬二十四節氣七十二候之往來，通於一日十二時辰之交替，作爲煉丹火候掌握之依據。由此觀之，《參同契》雖爲丹家之語，卻隱藏《易》之大義，李氏之《參同契》正是從其基本點進行闡述者，其以〈坎〉爲「天魄」，〈離〉爲「地熒」，此爲取「日月爲《易》」之說，以「天魄」指日，「地熒」指月，日月相交而「《易》」見；六十四卦，由〈乾〉〈坤〉始，終於〈既濟〉、〈未濟〉，終則復始，於是「周」之大義備矣〔註 123〕，故李光地之《參同契注》所重求《易》「本」之理與《周易折中》之本意有一脈相承之妙。

李氏以爲道教與儒家學說有相通之處，故其能吸收道教之思想資料以發揮儒家之心性學說，宋時朱熹曾化名「鄒訢」注道教經典之《參同契》，不敢公開表彰道教；而李光地則公然支持，李光地曰：

> 《參同契》道理，就是吾儒亦用得著一半。其要在慎言語，節飲食，
> 懲忿窒慾而已。〔註 124〕

李氏此處所言「用得著」之一半乃指道家「慎言語、節飲食、懲忿窒欲」之修養工夫，而那「用不著」之另一半則爲指「白日飛升」、「羽化登仙」之宗教信仰，李氏借《參同契》以發揮儒家之心性修養論，李光地曰：

〔註 121〕同註 1，頁 7291。
〔註 122〕同註 117，頁 3～4。
〔註 123〕同註 76，頁 17。
〔註 124〕同註 4，頁 357。

> 《參同契》不取銅、鐵之類，而取丹、砂、鉛、汞者，取其中有至
> 寶，以喻人軀殼中有至寶耳。……四者不加淘洗烹煉，不過是丹、
> 砂、鉛、汞，加淘洗烹煉，便有至寶。人不去修煉，不過是一皮
> 囊，與草木朽腐，一經修煉，便可成聖賢，豈非至寶？〔註125〕

依此觀之，李光地乃道上用丹砂鉛汞以煉「仙丹」之比喻，以說明人可通過
心性修養之修煉，顯現自身固有之善性而成「聖賢」。此爲因《參同契》悟得
《易經》道理，借助道教經典而達對儒家經典之頓悟。

　　對於道家學派修性養命之法，魏伯陽以爲必須抱住耳目口三寶，使其進
入虛靜狀態而形神合一，其《參同契》云：

> 耳目口三寶，固塞勿發揚。眞人潛深淵，浮游守規中。旋曲以視聽，
> 開闔皆合同。爲己之樞轄，動靜不竭窮。〈離〉氣內營衛，〈坎〉乃
> 不用聰。〈兌〉合不以談，希言順鴻濛。三者既關楗，緩體處空房。
> 委志歸虛無，無念以爲常。〔註126〕

李光地於道家修性養命思想之疏解，其主張守柔主靜之法，李氏於《參同契
注‧鼎符》之中篇云：

> 黃老何言？以靜爲動，以柔爲剛，無用爲用。患吾有身，耳目與口，
> 以爲三要，亦曰三寶，以明自視，以聰自聞，以兌自言，三者歸根，
> 無怨無喜，無咎無譽，廓然歸虛，元神常聚，魂魄相抱，性命同居，
> 和氣克塞。〔註127〕

　　綜上所述，李光地於探研道家《參同契》之際，除能解析《參同契》之
奧祕，亦能鉤深大《易》之精髓，通篇言簡意賅，對後代之學術界裨益良多。

三、以性理說《易》

　　李光地爲傑出之《易》學家，亦爲清初理學名臣，其於《易》學最尊程
朱，程朱爲宋代理學大儒，李光地又堅持朱學之「性即理」說〔註128〕，所謂

〔註125〕同註4，頁357～358。

〔註126〕同註117，頁123。

〔註127〕同註45。

〔註128〕黃保萬：〈李光地與《尊朱要旨》〉云：「如果說在理、氣論上，李光地嚴守『理
　　　　先氣後』，目的在於以朱學理本論來反對羅順欽的氣本論；那麼，在心、性論
　　　　上，李光地便是堅持朱學的『性即理』說來反對王守仁的『心即理』說。」
　　　　同註8，頁225。

「性爲眞源，理爲實際」，故李光地常以理學說《易》，還因時因地因人以闡明《易》理，大抵圍繞於卦爻辭之本義加以闡發，如在《周易折中》闡述〈大過〉卦上六爻辭：「過涉滅頂，凶，无咎。」曰：

> 此爻，《程傳》以爲履險蹈禍之小人，《本義》以爲殺身成仁之君子，《本義》之說，固比《程傳》爲長，然又有一說，以爲〈大過〉之極，事無可爲者，上六柔爲說（悅）主，則是能從容隨順，而不爲剛激，以益重其勢。故雖處過涉滅頂之凶，而无咎也。〔註129〕

李氏比較《程傳》與《本義》之不同，雖以《本義》之注解較有長處，但以其本身理學成就，又引用另一說法，加以闡明「從容隨順」，而無甚災禍。如此更切於實際應用，以理說《易》在於實用。

李光地張揚宋《易》，以性理解《易》，其注解卦爻辭之義，又以觀天道消息盈虛寓喻社會人事，是「發前人之所未發」，如在《周易折中》闡述〈中孚〉卦九五爻辭：「有孚攣如，无咎」，特別指出：

> 此爻是〈象〉所謂孚乃化邦者也，人君之孚與在下者不同，居下位者，中有實德，不遷於外而已，人君則以孚天下爲實德，故必誠信，固結於天下，然後爲无咎也。〔註130〕

李光地於此處以《本義》之「剛健中正，中孚之實而居尊位」〔註131〕及《程傳》之攣然「人君之道，當以至誠感通天下，使天下之心信之，固結如拘」，〔註132〕之兩條注解加以具體化說明，使《易》理更爲明晰，此爲以性理說《易》之明證。

李光地在《易》學上自成一家，清李慈銘《越縵堂讀書記》云：「《易》之講象數者，漢家法也；講理蘊者，宋家法也。……惠氏棟，漢之大宗；張氏惠言，其繼大宗者矣。若李文貞，宋之嫡子；朱文端，其嗣嫡子者矣。我朝《易》學，有此四家，紹往嬗來，便足以卓立一代。」〔註133〕李光地一生治學，對漢學與宋學皆持兼收並蓄之態度，《折中》以朱熹《易》學爲主，廣播諸家之說，並探討各家《易》說之深入，從而提出自己之見解，更重視實際運用，故其研《易》既有清代文字章句訓詁之樸學方式，更具有宋明理學

〔註129〕同註27，頁452。
〔註130〕同註27，頁827。
〔註131〕同註112，頁2〇49。
〔註132〕程頤：《易程傳》（臺北：文津出版社，民國79年10月），頁544。
〔註133〕李慈銘：《越縵堂讀書記》（臺北：世界書局，民國64年7月），頁5。

求義理甚解之精神。如其以「中」字，踏實運用此方法，以印證前人對《易》學「時」、「位」、「應」、「比」之吉凶原理。其卦主說，不但論述成大業者必歸之有德有位之人，且指點出每卦卦理之全體大用之關鍵所在，啟迪後學甚鉅。而其重視「變易」與「交易」之情況，能掌握「用皆以趨時」之關鍵，以處理社會現實問題，避免喪失時機而得良效，堪稱實用。在以《易》學致用上，李光地爲禁止朝廷官吏與民爭利，以權謀私，爲澄清吏治，清除腐敗，其借發揮《易經》〈巽〉卦之意義指出；「〈巽〉者，入也，非謂一陰能入，謂二陽能入一陰以散之也。……國家有藏姦伏慝，必搜索整治而後消散，亦是此理。」〔註134〕其研《周易參同契》，別樹一格，而於「中學」能採眾善之長，對新進之「西學」，亦能開通向學，汲汲研求，取其精華，以用於《易》理之闡發。如康熙四十二年，御賜之西洋《幾何原本》一書，李光地既研習精熟而應用於《折中》之注釋，如釋〈坤〉卦六二爻辭：「直方大，不習无不利」，其在「案」語中曰：

> 〈乾〉爲圓則〈坤〉爲方，方者〈坤〉之德，與圓爲對者也。故曰至靜而德方，若直則〈乾〉德也。故曰夫〈乾〉其動也直；大亦〈乾〉德也。故曰大哉〈乾〉元。今六二得〈坤〉德之純，方固其質也，而始曰直，終曰大者。蓋凡方之物，其始必以直爲根，其終乃以大爲極。故數學有所謂線、面、體者。非線之直，不能成面之方，因面之方面積之，則能成體之大矣。〈坤〉惟以〈乾〉之德爲德，故因直以成方，因方以成大。順天理之自然，而無所增加造設於其間，故曰：不習无不利。〔註135〕

李氏於此處直釋〈乾〉〈坤〉對卦，〈坤〉順於〈乾〉之卦義入手，「直」、「大」原爲〈乾〉之德，「方」始爲〈坤〉之質，但〈坤〉卻順於〈乾〉，可以〈乾〉之德爲德，且陰陽互宅互根，〈坤〉之「方」之根乃〈乾〉之「直」，其始於「直」而終於「大」，並以「幾何原理」分析由直（線）而成方（面），由方而成大（體）之義。中西學理結合，別開生面，尤勝於程朱諸家之說。又如於〈豐〉卦九三爻辭：「豐其沛，日中見沫」之解說，在「案語」中云：

> 《易》中所取者雖虛象，然必天地間有此實事，非憑虛造設也，日中見斗，甚而至於見沫，所取喻者，固謂至昏伏於至明之中，然以

〔註134〕同註4，《榕村語錄》卷十〈周易二〉，頁185。
〔註135〕同註27，頁161。

實象求之，則如太陽食時是也。食限多則大星見，食限甚則小星亦
見矣。〔註136〕

以上所述，乃李光地於日食之闡述，其用實際天象以闡明「日中見沬」亦具
實際意義，故李光地之《易》學研究，除能「素學有本，《易》理精詳」，亦
能博通古今，洞徹根底，學貫中西，對後世學術之貢獻，可謂大矣。

〔註136〕同註27，頁764。